网络犯罪
国际法治理研究

焦园博 著

INTERNATIONAL LAW GOVERNANCE
RESEARCH ON CYBERCRIME

法律出版社
LAW PRESS · CHINA
北京

图书在版编目(CIP)数据

网络犯罪国际法治理研究 / 焦园博著. -- 北京 :
法律出版社, 2023
ISBN 978-7-5197-7664-0

Ⅰ. ①网… Ⅱ. ①焦… Ⅲ. ①互联网络-计算机犯罪-国际刑法-研究 Ⅳ. ①D997.9

中国国家版本馆CIP数据核字(2023)第041298号

网络犯罪国际法治理研究
WANGLUO FANZUI GUOJIFA ZHILI YANJIU

焦园博 著

责任编辑 赵明霞 魏艳丽
装帧设计 汪奇峰

出版发行 法律出版社
编辑统筹 法商出版分社
责任校对 张翼羽
责任印制 胡晓雅
经　　销 新华书店

开本 A5
印张 7.25　**字数** 176千
版本 2023年6月第1版
印次 2023年6月第1次印刷
印刷 北京盛通印刷股份有限公司

地址:北京市丰台区莲花池西里7号(100073)
网址:www.lawpress.com.cn
投稿邮箱:info@lawpress.com.cn
举报盗版邮箱:jbwq@lawpress.com.cn
销售电话:010-83938349
客服电话:010-83938350
咨询电话:010-63939796

书号:ISBN 978-7-5197-7664-0
定价:48.00元
凡购买本社图书,如有印装错误,我社负责退换。电话:010-83938349

序

自人类社会经历互联网技术革命以来，网络空间已经成为人类社会生活的重要领域。网络技术在为人类带来翻天覆地般变革的同时，也为人类社会的秩序维持带来前所未见的挑战，所谓有光的地方便有阴影，网络空间中既有对人类社会性的美好表达，也有对人类社会性的反叛。尤其近些年来，网络空间中的越轨行为日益猖獗，其中不少行为更是达到刑事犯罪层次，且其危害范围遍及全球。

对于国际社会而言，目前网络犯罪问题在全球范围内的严重程度令人无法忽视，就网络犯罪治理问题达成更深入的合作已经是不可回避的国际议题，国际法作为国际社会中打击犯罪行为的关键体系，其治理体系的完善进程理应得到世界各国的更多关注。

本书正是基于以上诉求分析所作出的努力，以国际法为主视角，以刑法为辅助视角，探析国际社会在网络犯罪治理议题中的合作前途。以下是本书主要内容概览，供读者了解本书主要观点，主要分为三大部分。

第一部分:从互联网发展早期使用的“计算机犯罪”概念,到如今我们所普遍使用的“网络犯罪”概念,其间的演化过程提醒我们,犯罪行为也在滥用网络空间的连通性,通过对网络空间的常态性侵蚀,在暗网等领域甚至已经形成产业链式的犯罪空间。更值得关注的是,网络犯罪与传统犯罪相比具备更强的跨国性,然而打击网络犯罪的国内措施无法及于本国领土之外,由此导致现阶段在网络犯罪治理目标与国际社会主权现实之间存在张力。国际法作为国际政治与国际道德之间的平衡性治理措施,在打击网络犯罪方面的价值不可忽视。国际社会当前的网络犯罪国际法治理措施尚处于起步阶段,自 2001 年欧委会制定《网络犯罪公约》以来,全球各区域开始着力制定自己的治理文本,乃至寻求建立相关的组织机制,各类文本、组织之间相互影响,在二十年间已经形成大致覆盖全球主要国家的网络犯罪国际法治理体系。从整体来看,当前网络犯罪的国际法治理体系面临阵营分割、民主欠缺等困境,其背后更深层次运作因素实则为国际关系博弈,国际社会在补充、完善网络犯罪国际法治理体系的内容时,将不得不从此种政治现实出发。

第二部分:当前网络犯罪国际法治理主要涉及的内容包括管辖规则、实体规则、程序规则。国际社会需要在上述规则中寻求各自立场、政策之间协调。在管辖规则方面,应对传统国际法中的属地管辖、属人管辖、保护性管辖权、普遍性管辖权等管辖原则重新予以审视,尤其在属地管辖、属人管辖两种具有更广泛适用领域的管辖原则方面,应当对客观、主观属地原则以及主动、被动属人原则分别有所取舍,保证犯罪管辖权的建立基于更为真实、紧密的联系;在实体规则方面,当前网络犯罪治理文本最常涉及的罪名中,依据主要文本实践可以将之分为基于系统、数据要素的犯罪行为,基于使用方法的犯罪行为,以及基于内容表达的犯罪行为,在分析各类文本、国家之间对于不同类型犯罪治理政策的基础上,治理体系需要尽可能地在规则细节中达到立场平衡;在程序规则方面,当前各个文本、国家之间在执法、司法阶段的程序理念方面存在差异,在所采取的程序措施方面不尽相同,治理体系需要尽可能地在各国程序规则之间寻求协调。

第三部分:从整体来看,网络犯罪国际法治理体系的完善需要确立更务实的前进路径,以妥善应对体系所面临的困境,使体系走向更为全球化的治理道路。在治理场景方面,联合国作为网络犯罪研究方面最具影响力以及执行力的国际组织,国际社会理应在其框架下建立更为国际化的治理文本及机制;在治理路径的主体议题方面,确立更为国际性的新机制需要分别针对实体、程序规则进行研究,积极借鉴已有文本、组织的优良实践;在治理路径的周边议题方面,更为国际性的新机制的确立需要在国家行为体与非国家行为体、发达国家与发展中国家之间建立良好的国际合作,来增进网络犯罪国际法治理体系的民主性。对于中国而言,在积极参与国际社会治理议程的时期,网络犯罪治理领域的中国话语权必须得到彰显,为此,中国需要在话语理念、话语角色、话语交互方面有所动作。在话语理念方面,人类命运共同体向网络犯罪治理领域的延伸是中国话语权的根基,在网络犯罪领域对“网络空间命运共同体”的内涵进行解读;在话语角色方面,中国要更加积极地确立自身的倡导者地位,有策略地与话语议程中的其他角色进行交流;在话语交互方面,中国既需要注重与其他大国共同确立良好的合作榜样,也需要注重对于其他发展中国家的支持、援助,更好地实现网络犯罪国际法治理体系的共商共建。

本书在首尾部分更侧重网络犯罪治理格局和规则博弈的分析,在中间部分则更侧重具体网络犯罪治理规则的分析,采取这种两边高中间低的模式,乃是希望将本书写作的出发点和落脚点都置于治理格局层面的改革推动,但此种格局变动必然要以具体规则为依据,才能保证此种改革具备饱满充实的基础论证,而非成为空中楼阁。

在总体写作视角上,本书追求以现实主义视角来阐明如何在网络犯罪国际法治理的分歧中找到治理共识,这也是作者在国际法研究中一贯主张的视角。在当前国际社会无政府的背景前提下,怎样将"规范治理"与"主权现实"更好地协调起来,无疑需要对国际法规则进行现实主义审视,并使此种审视在一定程度上契合国际关系领域的分析视角,以求将网络犯罪治理的现状描述得更为精确。当前网络犯罪国际法治理议题的紧迫性要求我们在更具操作性的方向上进行分析探讨,因此本书在上述视角指引之下,对网络犯罪治理规则进行话语意义上的分析探讨,借此来分析各国在政策或规则中所传达的立场,以及立场之间的可协调性,使网络空间在国际社会层面也能以更有序的状态服务于人类社会发展。

期待本书在能够引起各位读者对网络犯罪国际法治理这一问题的关注,也期待深耕于本领域的诸多理论研究者、实践操作者共同携手推进跨国网络犯罪治理,还网络空间一片朗朗乾坤。

目录

引　言

在网络犯罪日益猖獗的今天，各国都存在于全球范围内合作打击网络犯罪的需求，以弥补自身在打击跨国界网络犯罪行为方面的不足。本研究的主题为“网络犯罪国际法治理”，旨在通过分析、评判当前网络犯罪国际法治理的发展状态，提出全球网络犯罪治理规则的前进路径。即使网络犯罪治理议题或多或少地会受到国际政治博弈的影响，最终也不会消弭国际社会寻求秩序化网络空间的基本诉求。

一、网络犯罪国际法问题的研究背景及意义

当前有关网络空间国际法的研究在逐步兴起，其中诸如网络犯罪、网络战等诸多细分议题开始引起全球国家的关注。目前网络犯罪国际法的相关研究尚是新兴研究领域，还未受到足够重视，关于网络犯罪国际法整体治理框架的思考更是鲜有。本研究的基本内容即围绕上述缺失主题，重点阐述网络犯罪国际法

治理体系当前是何种状态，未来应当是何种状态，以及中国可以做些什么。

（一）研究背景

当前网络空间极大地便利了人类的社会生活，同样成为人类社会中越轨行为的新领域，全球因网络犯罪问题导致的损失每年度已达近6000亿美元，如今大数据、人工智能、区块链等技术的兴起，还在进一步强化上述趋势。例如，商业主体在运用大数据进行行为画像，实现精准营销、服务的同时，犯罪实施者也在运用大数据分析普通民众的行为，更精准地确定犯罪行为的受害者，乃至更精准地运用极具针对性的犯罪手段，其中尤其以网络诈骗行为为甚。从早期常见的侵入、干扰计算机系统、数据行为，到如今互联网上版权侵权、极端言论、垃圾邮件等行为的泛滥成灾，从仅见于互联网及其设备介质上的滥用工具行为，到如今诸如诈骗等传统犯罪类型在互联网中的如鱼得水，可见，网络犯罪已经从单一、独立的犯罪类型发展为多元、互通的犯罪类型，其间所承载的、形形色色的社会越轨行为，使其不再单纯地作为犯罪手段或工具而存在，而是切切实实地成了藏污纳垢的犯罪活动空间。

随着网络犯罪行为的日益猖獗，其不仅对普通民众在互联网环境中的个人权利造成侵犯，同时对国家公权力机关的治理权威形成挑战。在近20年间，世界各国在各自国家的国内法层面不断完善法律框架，或修订、解释已有刑事规范中的罪名，或新增有关网络犯罪的刑事罪名，以期通过打击网络犯罪行为营造更有秩序的互联网环境，使互联网更好地服务于社会经济、文化发展。随着打击网络犯罪的国内法的逐渐完善，世界各国开始在本国范围内构造相对稳定的互联网环境，问题在于：经由互联网的信息连通具备极强的跨界特性，网络犯罪在实施的过程中会有意或无意地涉及多个国家，致使相当部分的网络犯罪行为无法被察知或被有效制裁，且在未来此种情形只会越来越多；与上述情景相对应,在当前的国际社会中,主权理论所构造的壁垒尚且坚固,国家不得不在“维护自身主权、尊重他国主权”的前提下寻求“打击网络犯罪”,在早期各国还未就网络犯罪问题商讨合作事宜之前,各国在打击网络犯罪方面所面临的困境可以比喻为戴着镣铐跳舞。

诸如联合国、欧洲委员会(以下简称欧委会)等国际性组织最先认识到在国际社会层面进行网络犯罪治理合作的必要性,制定并颁布了一系列文件。有关打击网络犯罪的国际合作最先从各类区域性国际组织兴起,在地缘意义上更接近的国家之间往往在网络犯罪发展趋势、治理立场等方面更为相近,也更易形成国际法文件,目前世界上的主要地区都被一项或多项网络犯罪治理相关的文本覆盖。总体而言,围绕打击网络犯罪这一议题,为数不多的相关国际法文件之间形成或直接、或微妙的关联,因共同的目的,以及大致相似的治理目标而构成初具雏形的治理体系。从该体系的状态来看:已有国际法治理体系在文本完成度、文本关注点、文本参与度等诸多方面并不尽如人意,更重要的是,国际社会尚未就此议题形成全球意义上的法律文本。据此可以认为,发展时日未久的网络犯罪国际法治理体系仍有很长的路要走,对此领域国际法体系细节的考察,以及对该体系未来发展方向的预判已是迫在眉睫。

(二)研究意义

研究意义的阐述在于对现实研究诉求予以回应,以研究供给回应研究诉求,本研究意义的第一个维度,即面对全球网络犯罪多发,各国跨国界实施合作治理的基本诉求,本研究寻求发现网络犯罪国际法作为体系而言当前处于何种状态,进而探讨网络犯罪国际法治理体系应当是何种状态,为全球网络犯罪治理建言献策;本研究意义的第二个维度,即中国声音不可缺席于网络犯罪治理相关的国际议题,面对中国的话语诉求,本研究将寻求探讨中国介入网络犯罪国际法治理的立场及策略,为全球治理议题中的中国话语添砖加瓦。本研究的正文部分正是对以上两个维度的展开。

研究意义的第一个维度,即研究此题可以更系统地探究当前网络犯罪国际法治理体系的应然进路,以期更有效地在全球范围内打击网络犯罪。在此维度下,全球协作打击网络犯罪是最终目标,而其表层目标即构建完整覆盖、顺畅衔接的网络犯罪国际法治理体系。此种有序体系的塑造是意义重大的,其过程和结果皆有极大价值。从过程角度来看,构造此种体系的过程需要进行大量的协调工作,从确立体系运作的基本状态,到各国政策取向的折中协调,都是全球协作打击网络犯罪不可或缺的基本工作方面。其间的关键性工作涉及:阐明网络犯罪国际法作为体系而言当前处于何种状态,这是该研究领域尚未被透彻讨论的问题,若不能就此问题有清楚的认知,对于未来体系的设想与构建都容易跨入虚无主义和理想主义;阐明网络犯罪国际法作为体系而言的应然进路,在分析治理体系状态的基础上,通过挖掘治理状态下的各国立场,进而更好地了解治理体系在国际道德与国际政治间的平衡点,阐明如何在网络犯罪国际法治理的立场分歧中找到治理共识,使全球网络空间走向有序状态。上述工作过程都是为达成打击网络犯罪目标所不可或缺的,其间没有捷径可言。从结果角度来看,针对上述打击网络犯罪的最终目标,最为治本的治理措施即寻求全球性的网络犯罪治理文本。探讨建立此种全球性文本的可能性、可行性将是树立文本公信力,从而确保文本参与度的重要基础。为了达成上述目标,需以更为现实的视角厘清网络犯罪国际法治理中的立场分歧,将“网络犯罪国际治理”与“国际社会主权现实”更好地协调起来,进而阐述国际社会如何在立场折中中逐渐趋向于具有普适性的网络犯罪治理公约体系。这个目标如此重要,因此为了确保其不脱离国际社会的现实,需要我们基于现实主义视角提出达成目标的应对之策。此种现实主义分析视角将使网络犯罪治理的现状描述更为精确,也将更有效地增进国际社会中参与网络犯罪治理的行为主体之间的了解。从增进国际社会在网络犯罪治理的立场、观点方面协调的角度来看,上述目标是国际社会打击网络犯罪的必然进路。

研究意义的第二个维度,即此题所涉及的治理领域是中国参与全球治理的重要方面,通过研究此题可以确保我国更好地在网络犯罪国际法治理中彰显中国声音。更具体地说,即中国的网络犯罪治理立场如何得到合理阐发并得到其他国家认可。从网络空间总体治理的角度来说,鉴于网络空间全球互联互通的特点,国际社会只有在以网络主权、网络命运共同体、网络空间负责任国家行为等为代表的理念性基础议题方面达成共识,才有可能开展有效的国际合作,推动网络空间的共享共治。当前中国所秉持的治理理念需要得到更多国家的认可,对网络规范治理中的中国话语权需要进行深度思考,使中国所坚守的"网络主权"等理念成为网络犯罪治理中真正有内涵的概念,从而使中国的治理话语输出更具厚度。寻求在现实话语格局的基础上提出一套能够融入国际话语体系、可以得到普遍认可的网络治理表达方式,尤其是为国际法规范所承认的方式,将是此维度研究意义阐发的抽象性方面。从网络犯罪治理的角度来说,阐明中国的网络犯罪治理立场如何在国际法体系中得到彰显,将是此维度研究意义下更为具体的方面。我们当前需要强调中国在网络犯罪国际法治理中的地位与责任,将网络犯罪的治理需求与中国话语权的提升需求结合起来进行阐述,提出中国在打击网络犯罪中该如何发挥自身的作用,在致力于为网络犯罪国际立法议题建言献策的同时,亦为中国如何抓住其中的话语机遇提供高层次的策略支持与低层次的运筹支持。这既符合中国作为大国的责任与担当,亦是中国自身利益的现实需要。以上维度直接关系着中国在网络犯罪国际治理政策协调中的话语权,本研究致力于使中国的话语输出更具厚度,使我国的网络犯罪治理举措在国际社会中得到更充分彰显。

二、网络犯罪国际法问题的研究脉络

当前网络空间的诸种国际法制度尚不成熟,关于网络犯罪的国际法体系也不例外,相关研究呈现野蛮生长的状态,研究者们寻求运用各种理论、各类工具切入任何其所能涉足的网络空间研究领域。为完成本研究所设定的目标,研究中涉及的文献将延及具有通适性的网络空间治理的一般理论,以求在更为宽泛的视野下审视研究目标。总体来看,当前国内研究者在跟进分析整体国际社会的网络空间治理方面保持着较高的同步性,因此相关国内外研究的主要关注点基本处于同一语境之下。此外,当前国际社会中的各类行为体都在关注网络犯罪问题,国际组织更是在网络犯罪相关研究中具有重要地位,此类行为体的政策文件与决议文件作为最前沿的资料,在参考价值上更甚于学术文献。在此对与本主题相关的一些研究状态予以梳理,使读者在网络犯罪国际法治理这一议题上确立更为宏观的视角。

(一)网络空间治理的理念基础

对网络犯罪治理议题的探究需要建立在对网络空间治理理念的基础之上,在理念基础上讨论问题才能究其治理思路,在彻底透析各类网络空间治理思路的基础之上,针对网络犯罪的研究才能在知其然的基础上知其所以然。

对网络空间治理理念的学术研究自互联网在全球普及以来从未停歇,传播学在此方面的研究显示出极大的说服力,其中不少观点传递出国家治理在互联网环境中趋于式微的信息,其他学科则与此形成对比。例如,在政治学、法学等学科的研究中,不少观点则表达出传统秩序理念(如国家主权理论等)介入互联网的执着态度。其间,在整体观点看似对立的同时,又似乎在具体治理领域中表现出协调的统一性。

互联网作为革命性的信息传递方式，其治理问题也最早为传播学学者所关注，此学科下的研究常谈及传统治理秩序的解构，而极少述及新秩序的建构。其中较为有代表性的即曼纽尔·卡斯特(Manuel Castells)，〔1〕其主要观点即阐述网络作为一类创新传播介质的划时代意义，以及其对现在社会权力的解构。卡斯特的观点在极大程度上定性了传播学对网络进行研究的基调，以至于此后互联网研究者常常对国家强制力介入网络空间的事实持解构态度。20 世纪 90 年代具有代表性的《天涯成比邻——全球治理委员会报告》《没有政府的治理》〔2〕等研究影响了互联网初期治理理论的形成和发展，其核心的思想是：在全球化时代，政治权威正在从政府向社会扩散，治理体系也正在从政府主导的体系转向多层次，乃至没有政府的治理。最激进的发言当属举世瞩目的《网络空间独立宣言》(*A Declaration of the Independence of Cyberspace*)，〔3〕以上观点延及网络空间法律的相关研究中，并认为网络空间是由人类创造出来的新空间，在这一空间中传统的基于地理边界的法律和治理是不适用的，现实社会的法律是基于地理的边界，而网络空间的无边界性区分了虚拟世界与现实世界，应以全新的法律治理方式来契合网络空间的虚拟特性。

在更加具象的互联网场景中，越来越多的研究开始传递出强

---

〔1〕 其系列著作《网络社会的崛起》(2001 年)、《认同的力量》(2006 年)、《千年终结》(2006 年)被合称为“信息时代三部曲”。

〔2〕 参见[瑞典]英瓦尔·卡尔松、[圭]什里达特·兰法尔主编：《天涯成比邻——全球治理委员会报告》，中国对外翻译出版公司 1995 年版；[美]詹姆斯·N. 罗西瑙主编：《没有政府的治理》，张胜军、刘小林等译，江西人民出版社 2001 年版。

〔3〕 约翰·巴罗在该宣言中将网络空间视为一个独立于国家之外的新空间，一个自我治理的空间。他在宣言中宣称：在我们聚集的地方，你们没有主权。我们没有选举产生的政府，也不可能有这样的政府。你们没有道德上的权力来统治我们，你们也没有任何强制措施令我们有真正的理由感到恐惧。

烈的互联网可控的观点,尝试以沿用传统治理框架乃至通过构建全新治理框架的方式讨论此领域的治理措施建构。随着学者们更深入地了解互联网技术,越来越多的学者发现对互联网实施治理在技术上是可行的。[1]在明确技术层面的可行性之后,网络治理的相关观点在近些年来越来越受到重视。在21世纪初即已有研究指出网络治理的重要性,更多的观点开始强调国家强制力对网络空间的管控。在网络治理中引入国家这种"强制性权力"如今已经是现实实践和理论研究中的主流共识,网络自由主义已被边缘化。研究从各种角度切入,对网络空间与现实权力之间的关系进行解剖,米尔顿·穆勒(Milton Mueller)[2]指出互联网治理已经成为国际政治冲突的来源,必须要建立起一系列国际性的机制来规范政府参与互联网治理。

如今网络空间治理的相关研究,常见于国际关系、法学等学科当中,其主旨基本都是寻求将本学科的秩序构造思维延及网络空间,这在各国的治理实践中已经得到了印证。如今各国越来越多地通过制定各种国内立法和政策完善网络空间法治,美国先后通过《爱国者法》《国土安全法》《保护美国法》等法案,对网络进行更加严密的监控,中国《网络安全法》的出台也意味着网络空间已在整体层面走上法治化道路。

(二)网络犯罪治理的国际法舞台

随着网络空间治理议题逐渐受到国家重视,有关网络空间治

---

〔1〕 如劳伦斯·莱斯格(Lawrence Lessig)指出互联网本身即是"控制的架构",尤其是国家对互联网的控制不可回避,但他也同时指出网络空间的治理机制正在改变,它的治理就是他的代码,对代码的控制就是权力。对网络空间进行治理首先需要回答代码如何治理?代码作者是谁?以及谁控制代码的作者?参见[美]劳伦斯·莱斯格:《代码2.0:网络空间中的法律》,李旭、沈伟伟译,清华大学出版社2009年版。

〔2〕 参见[美]米尔顿·L.穆勒:《网络与国家:互联网治理的全球政治学》,周程等译,上海交通大学出版社2015年版。

理的国际法研究也逐渐开始被更多研究者关注。一些观点将网络空间中秩序与规则的发展演变概括为三个阶段,从"自我规制"到"国内法治"再到"国际法治"。〔1〕第一阶段"自我规制"时期网络秩序主要凭借网络行业自身的技术标准进行规制,居于主流的观念是将网络空间视为一个自由放任的自主体系。第二个阶段"国内法治"时期为20世纪90年代后期到21世纪初,各国纷纷进行国内立法对网络秩序进行规制,国家越来越多地通过制定各种国内立法和政策参与网络空间治理。第三个阶段"国际法治"时期为21世纪10年代至今,随着全球化进程的加快,国家的网络安全受到挑战,各国将更多的注意力用来关注国际网络秩序的维护,主权国家成为网络空间活动的重要主体。上述过程正逐步被验证,对网络犯罪问题的研究脉络也基本符合上述判断。

在网络犯罪治理的法律研究方面,"国内法治"阶段起于20世纪90年代,最早的研究者都是刑法方向的学者,早期网络犯罪的规范研究基本没有国际法的影子,对于网络犯罪治理的法律研究在2000年之后初步形成规模,学界对网络犯罪治理法律问题的关注趋势基本与中国的网络建设发展情况相符。网络犯罪治理国际法的相关研究在2010年之后方才真正起步,自此开始进入"国际法治"阶段,目前尚未积累出学说层次的研究厚度。以上研究脉络同样可类比适用于国外的相关研究中,国外在研究积累方面同样未能达到可勘称道的厚度。〔2〕

在"国际法治"时期,网络犯罪治理的国际法研究将长期处于

---

〔1〕 参见黄志雄:《网络空间国际法治:中国的立场、主张和对策》,载《云南民族大学学报(哲学社会科学版)》2015年第4期。

〔2〕 国外的网络犯罪规范研究的起步稍早,其中成规模的研究起于20世纪90年代。作为网络治理领域的热点话题,网络犯罪问题亦是国外学界的主要研究对象,可资借鉴的文献不在少数,其观点也较为多元。国外研究者重视司法实践,从司法中的实践问题出发,针对网络诈骗、网络盗窃、网络暴力行为等典型案例进行研究,对于网络犯罪中的司法证据规则问题进行了深入的探讨。

上升状态,并且将长期受到国际关系因素影响。总体来说,当前网络犯罪国际法治理的主流措施仍在于合作,在各国需要深入讨论网络犯罪国际合作的时期,国际社会整体却还没有针对网络犯罪问题达成值得欣喜的共识,其原因即在于国际社会没有从整体意义上全面地认识网络犯罪国际治理问题,各国基于寻求话语权的目的不断固化已有立场,导致在该议题上形成阵营分裂的状态。

从具体的研究脉络方面来说,网络犯罪的"跨国化"趋势在2000年前后才开始受到关注,2010年前后开始成为研究者的关注热点,此时从国际法层面对网络犯罪问题的讨论才真正开始兴起。在早期的相关国际法研究中,大多都围绕欧委会制定的《网络犯罪公约》(*Convention on Cybercrime*)进行讨论,国内外研究皆是如此。作为最早关注网络犯罪的国际法文本之一,欧委会《网络犯罪公约》因高水平的文本质量而被频繁参考,[1]网络犯罪相关国际法文献集中对该文本进行分析的时间跨度长达10余年。国外相关研究集中于欧洲地区,相当一部分研究旨在分析该文本与特定国家之间的关系问题,分析是否应当批准该文本、分析该文本与国内刑事规范的对比及适用情况、对公约中的具体条款展开分析。国内研究者在评析欧委会公约的基础上,主流观点皆指出我国应走另起炉灶的道路,寻求在联合国框架下实现网络犯罪的国际法治理,目前相关研究已对此展开较为系统的分析。

在新近的研究中,国际组织的地位开始得到更多重视,无论

---

〔1〕 涉及网络犯罪规制的三大区域性公约值得关注Convention on Cybercrime (Council of Europe,2001)、Convention on Cyber Security and Personal Data Protection (African Union,2014)、Convention on Combating Information Technology Offences (League of Arab States,2010),学者们围绕上述公约展开较多论述,尤其是作为欧洲制定并倡导的Convention on Cybercrime成为全球范围内讨论网络犯罪议题不可回避的话题,其缔约国专门发起了"伦敦议程"以推介此条约。

是本身作为研究者的国际组织，还是作为被研究对象的国际组织，都表现出较高的活跃度。关于网络犯罪国际治理的研究中，国际组织颁布的文件具有重要意义，出自联合国相关职能机构的文件尤其具有影响力。此类文献视野宏大、数据翔实，在概括提炼网络治理相关的问题上最具权威性。联合国及其下设机构目前已就网络治理问题出台了众多文件，联合国对网络治理问题的关切由一系列的联合国大会决议所支持，[1]联合国毒品与犯罪问题办公室以及国际电信联盟在此领域已有专门报告出版，其中最主要的是关于网络犯罪问题的综合报告《网络犯罪综合研究报告》(*Comprehensive Study on Cybercrime*)。以上报告在对全球网络犯罪治理概况进行梳理的前提下，将网络犯罪治理引入法律框架内，重点提出法律实施与调查、电子证据、国际合作尤其是司法合作中的法律问题，对网络犯罪法律治理可能涉及的重点问题予以深度探讨。

全球性国际组织对网络犯罪问题的关注和持续投入，引起更多国家对此议题的关注，也使各国看到国际组织在该领域的治理潜能，此种趋势使得在联合国框架下制定全球性网络犯罪治理文本的前景更为明朗。如今在联合国体系下制定全球性网络犯罪公约已经列入联合国机构的讨论议程，未来势必将成为全球范围内讨论研究的热点。

(三)网络犯罪国际法治理的中国声音

所谓大国外交必重国际法，国际法作为话语的载体，在我们致力于彰显中国声音的这一时期，势必会得到研究者的重视。作

---

〔1〕 即“从国际安全角度看信息和电信领域的发展”(Developments in the Field of Information and Telecommunications in the Context of International Security)，其中中国亦参与到一些决议中，如“信息安全国际行为准则”(International Code of Conduct for Information Security)、“关于加强国际合作打击网络犯罪的决议”(Strengthening International Cooperation to Combat Cybercrime)等。

为全球治理的重要领域,网络犯罪治理是包括中国在内的全球各国责无旁贷的任务。网络犯罪治理作为未来国际法框架重点关注的领域,在相关规则的发展阶段即打好规则话语权的根基,不仅是中国作为大国的责任所使,亦是我国实现话语权的发展契机所在。

在网络空间的相关研究中,中国话语权相关的研究近些年来开始兴起,这与近些年来中国在外交事务上采取更加积极主动的策略有关。作为国际法治理的全新领域,探求网络空间治理的话语主动权也成为此类研究的重点关注方面。中国目前已颁布《网络空间国际合作战略》(2017),作为对中国治理立场予以表述的文件,其中对网络空间中国话语权的立足依据有着最为集中的表达,其权威性不能忽视,其中的表述也将是中国参与网络犯罪国际治理的立场所在。此外,我国在国内法层面不断完善网络空间立法,现行网络立法和网络治理模式已初具特色,处于网络犯罪治理体系发展探索的前沿,可为国际法视角下的网络治理提供大量一手实践材料,可以作为中国彰显自身合理话语诉求的话语样本。以上"立场文件+一手实践"将是中国在网络空间国际治理领域发声的基调所在。

在网络犯罪方面,如今随着我国国内法对网络犯罪规制体系的完善,未来学界的讨论重心将向更具普遍性的网络犯罪国际治理体系方面转移。对于网络犯罪问题来说,网络主权理论是现实国家对于网络空间犯罪实施治理的理论基础,具体而言它即是国家司法管辖权力在网络空间实现延续性的关键节点,"网络主权"无疑将成为网络犯罪治理研究方面的关键词之一。我国当前在"网络主权"概念的研究中有较多成果,"网络主权"也是我国在网络空间国际治理中主推的核心概念,已经成为中国话语权不可割离的部分。[1]此外,当前已有的网络犯罪治理国际法研究都在寻求中国立场的彰显,其主体立场基本都以治理体系民主化为核心诉求,因此在未来一段时期,于联合国框架下推进网络犯罪治理文本将是中国话语的发声重点,“联合国”无疑也将是研究的关键词之一。

近几年来我国研究者开始使用“网络命运共同体”的概念表述,将我国的“人类命运共同体”概念融入网络空间治理领域,开始形成一些极具特色的研究成果。当前中国已实现自身内部实力的极大提升,正处于外部发力阶段,如何以和平共赢思路赢得全球国家信任,为中国所倡导的人类命运共同体理念添砖加瓦,是我们当前国际交往的重心所在。“网络命运共同体”的话语权意义重大,此类研究如今已经开始在国际社会的各个治理领域生根发芽,将其与网络犯罪治理问题联结起来进行研究,将是未来本研究领域下的重点研究方面。

---

〔1〕 在第六届“世界互联网大会”上,我国发布了《网络主权:理论与实践》成果文件,受到各方瞩目。如今相关研究方面,“网络主权说”是国内普遍认同的观点,事实上诸多国际组织都在其颁布的文件当中使用了“网络主权”(cyber sovereignty)的表述,《塔林手册》中亦有关于“网络主权”的表述。国内目前有大量文献旨在“网络主权”方面进行建构性探索,旗帜鲜明地反对消解主权的“网络自身主权论”和弱化主权的“多利益攸关方治理模式”。作为新兴概念,当前学界对网络主权的研究尚处于理论“矿脉”的初期挖掘阶段,该问题仍有更大的研究潜力。

第一章　国际法治理的新领域：网络犯罪

根据国际电联(ITU)发布的《全球网络安全指数2017》(Global Cybersecurity Index 2017),信息通信技术带来的革命已经深入人类社会,2016年世界上的一半人口都已经是互联网用户,并预计到2020年将有120亿数量的各类设备与互联网建立连接。[1]如此广泛的技术影响,在第三次技术革命之中也不可谓不深远,人类社会如此热衷于建立互联网络,其前进方向归根结底在于:寻求在人类社会中建立更快捷的联系,挣脱地理距离对信息传递的束缚。如木心诗言:"从前的日色变得慢,车,马,邮件都慢。""慢"对于人类而言,如今其意义仅存在于寄托情感的诗意空间之中,人类社会对"快"的追求从古至今都未曾变更,建立更快、更便捷的人类社会网络,在可预

---

〔1〕 ITU, *Global Cybersecurity Index* 2017, ITU (July, 2017), https://www.itu.int/dms_pub/itu-d/opb/str/D-STR-GCI.01-2017-R1-PDF-E.pdf.

见的未来都将是人类社会的主要命题,如今信息通信技术中的4G/5G/6G升级换代都是人类追求快捷的印证。

今日由互联网所构建起来的社会联系,已在极大程度上增进了人类社会的活动效率。人们的交互范畴与程度已大大超越数千乃至数百年前,由此导致人类社会的交互行为呈现爆炸式增长,人们在互联网中花费的交互时间之多,足以使人们将互联网视为人类活动的新场域。在此种场域之中,人们代入既往社会的行为惯性,无论是行为模式还是行为目的,抑或行为动机往往都是传统社会行为的复现,此点在犯罪行为方面也不例外。

互联网为刑事法律体系带来的挑战远远超出了人们在30年前互联网进入人类社会时的预期。作为耳熟能详的概念,如今"网络犯罪"对人们已不再陌生,但作为被广泛使用的概念,其内涵尚不清晰,其外延尚未归拢,从上述意义来说,"网络犯罪"概念如今仍是开放的、成长的概念,"网络犯罪"词汇的极强延展性使之不完全适合作为法律术语。但我们在指代当前已有的与互联网具有密切关联的典型违法行为时,"网络犯罪"确已成为被广泛使用的概念。当人们在国内层面普遍认同网络犯罪作为社会越轨行为的危害性时,人们还需要面对网络犯罪的极强跨国性,以及因主权理论对国家执法、司法事务的制约所导致的国际治理困境。在上述问题越发严重时,国际法的价值也越发得以凸显。

一、网络犯罪的概念及演化

互联网作为一种连通性架构,其对于信息传递的颠覆性革命为社会发展带来深远影响。如今在此种架构之上的交互行为频次如此之高,以至于使无数交互行为在抽象意义上足以形成一种全新的行为空间,通常称为网络空间(cyberspace)。

网络空间与现实物理空间之间的关系如此密切,以至于在高度连接的未来世界中,很难想象“计算机犯罪”,或者任何犯罪能够不涉及与互联网协议连接相关的电子证据而单独发生。[1]如今网络犯罪针对的对象基本涉及现行刑法所保护法益的绝大多数方面,从国家安全、公共安全到公民人身财产权利,各方面皆有体现。以一个极简单的情境为例,如今移动互联设备(笔记本电脑、手机等)如此普及,大量犯罪行为在某个环节或多或少都会涉及此类设备(如使用互联设备检索作案方法,进行犯意、作案方式沟通,通过黑客手段侵入各类系统等),并且今后随着物联网的普及,人们身边的各类设施、设备基本都会接入互联网,传统犯罪行为与互联网的关联将会不断加深。

(一)网络犯罪概念阐释:基于连通性的分析

互联网对于现今以及未来社会犯罪形态产生的影响不可谓不深远,国际刑警组织(INTERPOL)将未来影响治安的主要因素归结为5个方面:全球治理的变化、新的社会分歧、环境变化、未来劳动力以及事实上加速其余4种因素的“技术与数字化”。其中互联网处于第5种因素的中心地位,现如今诸如数据分析、智能系统、识别技术以及其他信息技术大多都须以网络空间作为其基本媒介。在人类未能彻底认知互联网之前,任何依托于互联网的新技术都可能改变人类认知,同时为犯罪行为提供新的途径或平台,待到社会方方面面贯通互联网时,任何犯罪行为彼时都将

---

[1] UNODC, *Comprehensive Study on Cybercrime*, p. XVII, UNODC (February, 2013), https://www.unodc.org/documents/organized-crime/UNODC_CCPCJ_EG.4_2013/CYBERCRIME_STUDY_210213.pdf.

无法脱离互联网而存在。从上述意义来说,"网络犯罪"[1]未来或将从一种类型化的犯罪类别升级为普遍性犯罪行为的一个侧面。

作为前提我们需要明确"网络犯罪"是否为最恰当的概念表述？从对"连通性"的描述角度来说,"网络犯罪"更能凸显基于"连通性"犯罪行为的联系性特征,然而在法律实务中"网络犯罪"并非主流用语。国内立法中甚至更常提及"计算机犯罪""电子通信""信息技术",[2]此种做法的优势在于,"计算机""通信"系术语相比于"网络"系术语,在法律实务中出现更早、铺垫时期更长,因而其内涵更加清晰,法律实务工作者往往可以更清晰地认识到"计算机"与"通信"所指代的是什么,"计算机""信息"等概念可以为实务中常用的列举性定义提供更清晰的术语边界,更易满足罪名定义的确定性,因而"计算机犯罪"也成为常用概

---

〔1〕 目前还有文献在"网络犯罪"(Cybercrime)概念之外使用"互联网犯罪"(Internet Crime)概念,本书行文将不使用此种未被广泛使用的概念。"互联网犯罪"严格来说区分于"网络犯罪","互联网"从其初期发展来看即是"计算机网络",而计算机所构织的网络并非唯一的网络形式。在通信系统中,电信网络、广播电视网络皆是技术基础不同于计算机网络的网络形式,基于上述原因,两者实际上不宜混同使用。然而自三网融合技术实施以来,"互联网"一词的使用开始趋向于指代多元信息设备所构造的实体与虚拟的社会场域,在实际的语言场景乃至学术语言场景中,大量文献都在等同的意义上使用"互联网"与"网络"概念,由此致使少数文献在等同的意义上使用"网络犯罪"与"互联网犯罪"。为更准确地描述本书所指称的犯罪行为的广泛场域,本书将不使用未被广泛接受的"互联网犯罪"概念,以免产生迷惑。不过本书将在等同的意义上使用"互联网"与"网络",以适应不同的行文语境。有学者在阐述两者的关系时指出,"网络"与"互联网"之间如同"房子"与"房屋",两者在使用语境上有所区别,但在所指意象上实则等同。

〔2〕 UNODC, *Comprehensive Study on Cybercrime*, p. 12.

念。[1]此外还需要考虑此种做法的背景:21 世纪以来的技术发展使互联网领域不断涌现新的浪潮,如三网合一、大数据、区块链等,层出不穷的新鲜元素使实务执法部门疲于应对,此种情景对于要求罪刑法定的刑事活动而言更是灾难,在互联网行为入罪方面,不做回应则滞后于时代发展、频繁回应则无益于刑事规范的严肃性,于是沿用“计算机”“通信”等已有表述自然是水到渠成的做法,如此更有利于以最小的变动应对新的情势。

基于上述原因,有一种观点认为尽管我们需要对一些关切重大的“核心”网络犯罪行为进行定义,但“网络犯罪”作为整体概念而言并不完全适合作为一种法律术语。[2]“网络犯罪”作为非创制的用语,在衍生之初即存在被多重理解的可能性,此种多义性使之在一定程度上确实不适合作为法律术语。《网络犯罪综合研究报告》中指出的“‘网络犯罪’不适合作为法律术语”的建议无疑是务实的,但在此议题上确实需要适度的远瞻。从术语接受程度来说,“网络犯罪”作为政府、媒体、公众广泛使用的术语,更易被公众(包括学术研究者)理解和接受,事实上,目前大量研究者在述及网络空间的犯罪时,都在使用“网络犯罪”概念。通过法

---

[1] 就发展过程而言,我们如今所指称的“网络犯罪”与“计算机犯罪”息息相关,两者概念的混杂使用使“网络犯罪”作为一类概念而言也不甚明晰。在概念使用方面,“计算机犯罪”与“网络犯罪”两者用语长期并存,且关联紧密,“计算机犯罪”与“网络犯罪”甚至可以视作一体两面,从属性上可将计算机犯罪视为针对网络节点的犯罪,将网络犯罪视为针对计算机所构建之联系的犯罪。计算机作为网络活动的主要介质之一,早期刑事规范中认定的多数计算机犯罪也可以纳入广义上的网络犯罪之中,计算机作为网络活动的重要介质,从另一个角度也可以被看作网络活动的主要节点,针对计算机的犯罪也可视为对互联网秩序的破坏。总体而言,“计算机犯罪”以计算机设备为核心,强调犯罪行为与作为计算机主要功用的处理功能的关联,而“网络犯罪”则以互联网为核心,强调犯罪行为与作为互联网主要功用的连通功能的关联,其间用语的转变即蕴含如今普遍意义上所指称的“网络犯罪”的概念起源。

[2] UNODC, *Comprehensive Study on Cybercrime*, p. 1.

律法规对此概念进行刻意且适当的限缩,使其在一定程度上具备作为法律术语的明确性,事实上也并非难事。

目前不少学术著作都试图对"网络犯罪"进行定义,但各个国家的立法似乎并不注重对该概念给出严格的定义,即使提及此概念,也往往是结合上述实务性概念并采取列举性模式进行描述。从联合国网络犯罪问题政府间专家组的观点来看,界定网络犯罪的较好做法即是确定一个清单或"篮子",将构成网络犯罪的行为囊括其中,其优点在于能够着重于描述可以定罪的确切行为,故而网络犯罪最好被视为一系列犯罪行为。[1]采用列举性定义进行"网络犯罪"的概念界定,对于网络犯罪的界定而言确有务实价值,却无益于理论积淀,概括性定义在"网络犯罪"的概念界定中必不可少。

在对"网络犯罪"的界定中,进行概括性描述的必要性在于:其一,概括性描述可以更好地描述网络犯罪的社会性方面。随着互联网的社会性的明显加强,对于牵涉互联网的犯罪,不适宜再以偏技术性犯罪的眼光来看待,而是应当将之视为在社会体系运作过程中的犯罪。此种认知意味着网络犯罪与传统犯罪之间的区别仅表现为场域的不同,而且其犯罪的动机与目的已逐渐回归到传统社会学(犯罪学)的解释范畴,学术研究需要用足以形容此种场域的、更为抽象的概念表述此类犯罪,为此我们需要通过概括性定义描述此类犯罪的基本共性。在此基础之上再结合列举性定义,形成更为完善的网络犯罪概念。其二,概括性描述在一定程度上更具前瞻性。即使在计算机技术、通信技术方面产生新的技术变化,也不影响对概括性描述进行补充修订的可能性,反倒是列举性的定义在遭遇新的情形时将无以为继,根据新情势构造新的规范则又是另一场艰巨的条约谈判过程。例如,《欧洲委

---

〔1〕 UNODC, *Comprehensive Study on Cybercrime*, p. 12.

员会网络犯罪法案委员会指导性说明》认为,《网络犯罪公约》第1条(a)对"计算机系统"的定义已经涵盖超越传统主机或桌面计算机系统的技术发展形式,发展出多种形式,如现代移动电话、智能电话、个人数字助理、平板电脑或类似设备。[1]基于上述前车之鉴,适当在网络犯罪及相关概念的界定中采用概括性模式将有助于确立网络犯罪概念的延展性和前瞻性。

综合而言,更良好的做法无疑是兼采概括性定义与列举性定义,一方面需要抓住互联网"连通性"的主要特性进行概括性回应,另一方面需要对当前主要类型的网络犯罪行为进行列举式回应。在概括性定义方面,重点对"网络犯罪是作为一类基于连通性便利而实施的犯罪"进行阐述,强调网络犯罪行为是对互联网连通性中各类要素的不当使用;在列举性描述方面,当前网络犯罪中主要应予规制的犯罪行为主要涉及:破坏计算机数据或系统的机密性、完整性和可得性的行为,除此之外还有以谋取利益,或者造成损害为目的的与计算机或诸种网络设备有关的行为,以及计算机介质上的非法内容表达行为,上述所列均在当前主要"网络犯罪"类型的范畴内。

据此,"网络犯罪"可定义为:运用网络设施及其连通过程,侵害互联网正常连通性的行为,其中包括破坏网络设备、设施的数据(可被存储、读取、处理的信息)和系统(能够处理数据或信息的既定程式)的保密性、完整性、可得性之行为,滥用网络设备、设施及其连通过程(为连接不同设备、系统的目的)以达成非法目的的行为,以及利用网络设备、设施及其连通过程所实施的其他违反刑事法律规范的行为。上述定义并非旨在为网络犯罪治理给出

---

〔1〕 Cybercrime Convention Committee (T – CY), *T – CY Guidance Note*, T – CY (March, 2017). Guidance Note #1 on the notion of "computer system", p. 5, https://rm.coe.int/t – cy – guidance – notes – compilation/16809fc22c.

概念界定方面的对策,在更大程度上是对本书研究内容的描述,概念中反复围绕“连通性”展开对网络犯罪的讨论,此种观点也将是后续行文所持的基本立场。

(二)网络犯罪发展态势:从犯罪类型到犯罪空间

网络犯罪发展样态的变化都基于一个重要事实,即网络空间的极度扩张。在网络发展早期,不成规模的互联网络更多折射着社会生活的某个面甚至是点,但近年来互联网技术发展迅速,层出不穷的新技术使互联网更贴近人类生活,使互联网与人类社会的方方面面都产生联系,以至于未来社会将可能发展出使现实与网络归于融合的社会物理信息系统 CPSS(Cyber-Physical-Social Systems)。[1]互联网作为社会化空间的属性也使从空间角度认知网络犯罪成为可能。从“连通性”特性角度来说,“网络”一词本身应当理解为环境中的诸多对象(节点)及其相互联系的结构,因而如前文所述,“网络犯罪”所关注的主要方面不在于计算机或其他任何作为结构之介质的事物,其关注的方面在于构建联系的结构本身,此种结构即是“网络”(network)。网络在原初词义上即是社会关系的交织,乃是社会关系的集合与映射,“网络空间”(cyberspace)即是“网络的网络”(network of networks),可以理解为社会关系网络(social network)在全新的网络场域(cyber)中的再现。从以上视角来说,本篇对“网络犯罪”所持的认知态度即是将之视为:在一种构建及增进“连通性”的社会化空间之中所发生的犯罪行为,此种空间相对独立于传统物理空间,故此在更精确的意义上可以视之为新场域中的犯罪行为。此种新场域中的犯罪行为既可能是传统社会关系网络中犯罪行为的延伸,也可能是基于互联网特性的新形式犯罪行为,但其必然无法脱离于网络作

---

〔1〕 参见王飞跃等:《社会计算与计算社会:智慧社会的基础与必然》,载《科学通报》2015 年第 Z1 期。

为社会关系交织场域的“交互”属性。若须形成上述所述的空间，必然以极大量的交互行为为基础，倘若网络交互行为数量有限，其必然无法形成社会化的抽象空间，相反地，若我们已经看到了作为结论的社会化网络空间，则意味着网络交互行为必然已经成为有着相当数量基础的常态化行为。

在以上论述回归到网络犯罪议题上时，我们则可以将网络犯罪的发展演化过程，看作从一种从犯罪类型维度转化为一种犯罪空间维度的过程，简单来说即网络犯罪从偶发走向常态的过程，其间的变化随着基础网络交互行为的爆炸式增长而发展。

自21世纪以来，网络犯罪开始进入人们的视野，被人们作为一类全新的犯罪类型来看待。联合国决议指出：我们注意到，信息和通信技术的发展及因特网使用的日益增加为罪犯提供了新机会，致使犯罪活动上升。[1]在20世纪90年代，互联网的便捷交互特性吸引了大量追求效率的行业，尤其是各类商事企业投身其中，大量企业因互联网带来的便利得到飞速发展。最早拥抱互联网的商事主体，同时是最早面对网络犯罪威胁的群体，针对商事活动的犯罪行为此时也开始兴起，延及企业的计算机设备、数据及内部局域网等方面。20世纪90年代，网络犯罪刑事实践中最常被提及的破坏、篡改、删除计算机系统、数据的罪名，在实务中即经常在具有商业侵害背景的案例中被援用。在商业活动的引领推动下，互联网为社会发展提供的增速已不容小觑，然而各类互联网企业的崛起则开始为互联网交互活动提供更多的可能性，经济、政务、民生、娱乐等多方面内容与互联网相结合，社会各行各业都借此飞速发展。由此时起，裹挟在互联网潮流中的

---

〔1〕 United Nations General Assembly, A/RES/65/230 (*Annex: Salvador Declaration on Comprehensive Strategies for Global Challenges: Crime Prevention and Criminal Justice Systems and Their Development in a Changing World*).

犯罪行为也迅猛增长,进入互联网场域的犯罪行为也不再主要局限于商事活动中,其动机、对象都开始趋于多元,其所针对的客体从国家、社会安全及至各类人身、财产性私益。

网络交互的便捷性不仅吸引着犯罪行为进入互联网环境之中,如今甚至在更直接的程度上为各种各样的犯罪行为提供着助力。网络用户更易接触实现网络犯罪的方法及工具,正如网络安全组织共同强调的,大众可以购买利用计算机漏洞并控制大量计算机的计算机工具,这意味着网络罪犯将不再需要高水平的专业技能。[1]从更宽泛的视角来看,传统犯罪的实施者甚至也可以通过互联网更便捷地接触犯罪知识,获取犯罪工具,以及进行犯意、犯罪方法等犯罪信息沟通。在现阶段,互联网和个人网络设备的普遍存在意味着网络系统或数据能够辅助几乎所有犯罪行为,网络犯罪自此在数量级上开始超出作为一种犯罪类型的预期。

从网络犯罪的实践来看,当今网络交互行为的规模如此之巨,使得"网络犯罪"的规模也远超正常人的想象,大量网络交互行为的交织也在客观上造就了一种容纳犯罪的空间向度,此种认知转变过程是网络犯罪积少成多,在大量实践积累之上产生的可称为"常态化"的质变飞跃。此处常态化最直接的表现即在于网络交互行为如今堪比传统社会交互的体量,尤其是网络犯罪在针对普通个体时,便表现出犯罪行为的"大量"(bulk)特性,即面对非特定人群进行大范围的传播。传统犯罪鲜有此种模式,且即使存在,也无法与网络环境下的行为规模相比,互联网行为交互的快捷性,为更高数量级的侵害规模提供了可能性。此种情形在"僵尸网络"的影响下更为显著,通过 C&C 服务器(Command and

---

〔1〕 这一点在各个网络安全服务提供商的年度报告中得到反复体现。See, for example, Symantec, *Report on Attack Kits and Malicious Websites*, 2011; Fortinet, *Fortinet 2013 Cybercrime Report - Cybercriminals Today Mirror Legitimate Business Processes*, 2013; Trend Micro. *The Crimeware Evolution*, 2012.

Control Server)的控制,〔1〕网络犯罪行为人得以高频次、大范围地实施某种网络行为,如直接获取"傀儡机"的隐私信息,对特定目标网站进行DDoS(分布式拒绝服务攻击),利用"僵尸网络"发送垃圾邮件、预装恶意软件。〔2〕特别是针对个人而言,在移动网络崛起的环境下,"僵尸网络"C&C服务器对于个人隐私、个人数据的获取动机更甚于其他行为:移动设备的机能不及传统主机,但移动设备对于犯罪者而言,更大的优势在于具有更广的受众以及更低的防护措施,更适合作为"圈养"和"摄取"对象,且此种网络犯罪行为的频次与强度无论在个人还是机构层面都比我们所预想的规模要更大,其中不少犯罪行为甚至未被识别或察觉,越是网络活动的深度参与者,与此个体相关的身份或内容方面的行为越可能以当事人不知情的形式被盗用、滥用,其中涉及诸种个人财产账户的信息具有特别重要的价值。"僵尸网络"将网络犯罪的"大量"特性发挥到极致,特别是移动端设备的爆炸式增长更使已有的僵尸网络体量剧增,使网络行为的规模上升到传统犯罪不可比拟的层次。

如此规模的网络犯罪意味着互联网之上的犯罪行为如同互联网产业一样已经趋于成熟,其在互联网场域下已经发展出自身的生存逻辑,甚至可以构造出基于互联网的独特犯罪空间。此种逻辑是否与传统犯罪学有所牵连仍需要深入研究,但至少在很多方面此种逻辑已经显示出令人诧异的危害性,其中最典型的案例即"暗网"(darknet)。暗网作为互联网治理的法外之地,其背后潜

---

〔1〕 东欧国家是C&C服务器的主要聚集地,这从某个方面解释了东欧国家为何如此重视网络安全问题,对于《网络犯罪公约》《塔林手册》等国际性条约、文件,东欧国家都给予更为积极的响应。

〔2〕 "僵尸网络"C&C服务器所有者可以通过出租其僵尸网络获利,向那些想发送垃圾邮件、散布恶意软件和实施病毒攻击的行为人出租对受控电脑的访问权。

藏的诸多黑色产业链已然开始逐渐为世人所知晓,全球最大的贩毒网络"丝绸之路"[1]网站即是在暗网当中运营。暗网未必被用于非法目的,但其极强的隐蔽性使其成为各类犯罪行为的天然温床,如卢梭所言:"人类在自然状态里的行动从来没有任何道德性。"[2]暗网事实上也正是因为其大量被运用于非法目的而为世人所知。美国国会研究服务局(Congressional Research Service)公布的《暗网》报告指出:从罪犯到恐怖分子再到国家间谍,一系列恶意行为者都在利用网络空间,他们可能依靠暗网来帮助他们进行活动以降低风险。一般而言,作为常态交互场域的新犯罪空间既然是社会化的,即意味着其野蛮生长的时期不会永远持续下去,多元社会力量的博弈与演化将把网络空间推向我们所熟悉的传统社会化秩序之中。在网络空间中大多数用户对于社会化秩序的诉求将直接导致国家强制力的介入,作为犯罪场域的网络也将踏上传统社会所走的自由与秩序的平衡之路。但是在自然状态下野蛮生长起来的暗网,却没有受到最基本的社会强制力约束,作为网络交互的边缘空间,其带来的影响值得深思。

(三)空间化网络犯罪的解读与监管

网络交互如今不再是人类社会活动中的可选行为,无论参与者是否愿意,我们都在主动拥抱或者被动接受无处不在的网络交互,网络交互行为常态化已是事实。如今我们已将大量注意力和交互途径转移至互联网之上,网络交互行为已经如此频繁以致其

[1] "丝绸之路"(Silk Road)由罗斯·威廉·乌布里希特(Ross William Ulbricht)于2011年创建;2013年9月联邦探员取缔"丝绸之路"网站;2013年10月,联邦调查局(FBI)逮捕了其创建者乌布里希特。2015年5月,乌布里希特因非法运营"丝绸之路"网站被判处终身监禁。乌布里希特从"丝绸之路"的非法销售中收获了超过1300万美元的佣金。"丝绸之路"主要用于销售非法药物,同时提供数字商品,包括恶意软件和盗版媒体,以及伪造证件,包括假护照和社保卡,还涉及儿童色情、暗杀等方面。

[2] [法]卢梭:《社会契约论》,何兆武译,商务印书馆2003年版,第25页。

本身即“社会化”(socialization)[1]的领域,故而我们将承载着网络交互行为的此种领域称为“网络空间”(cyberspace),更有专有音译名词称为“赛博空间”。换一个角度来看,“cyberspace”的词源经历了“cybernetics” - “cyber” - “cyberspace”的转变,即是其含义从“控制论”转向“信息交互”再到“社会交互”的过程,亦即cyber 的本质即是交互。[2]此种交互因“人”的参与而变得“社会化”。在此种社会化空间之中,对网络犯罪行为的解读与监管也要与时俱进,从其社会性和空间性角度切入,才是未来研究网络犯罪问题的基本出发点。

互联网作为空间而言承载着传统社会空间的价值理念,因此分析其中的犯罪问题也可以从传统的社会理论入手。日常活动理论是外国犯罪学学者在研究网络犯罪时最常使用和提及的理论之一,指人类的活动模式与犯罪有密切的关系。他们在理论中提出三个引致犯罪的要素,分别是有犯罪动机的人、合适的目标及缺乏有能力的监察人,在这 3 项要素出现时,犯罪的机会便会上升。[3]作为社会化的空间,日常活动理论提及的犯罪动机者、合适目标、监管者也适用于互联网。

早期互联网在理念方面盛行自由主义,监管者这一因素长期

---

[1] 关于“社会化”,社会学的观点指出:“对个体来说,社会化是一个社会适应的过程;对社会而言,社会化是一个约束和控制的过程。”参见刘永芳等编著:《社会心理学》,上海社会科学院出版社 2004 年版,第 29 ~ 30 页。

[2] 参见孙智信等:《网络全域:Cyberspace 的概念辨析与思考》,载《火力与指挥控制》2012 年第 4 期。

[3] 日常活动理论由犯罪学家劳伦斯·科汉(LawrenceCo - hen)和马尔克斯·费尔森(MarcusFelson)在论文《社会变化与犯罪率趋势以日常活动为视角》一文中最早提出。他们认为,犯罪行为的发生,与日常活动中的某些因素密切相关,人们的一些日常生活方式,往往有利于犯罪的发生,即有犯罪动机的人、合适的目标及缺乏有能力的监察人。马尔克斯·费尔森后来在原先 3 项要素的基础上又添加 3 项元素,分别是对犯罪动机者有约束力的操纵者、负责保护合适目标的监护者及负责看管物业场地的地点管理者,共有 6 项因素成为犯罪者的推力及反推力。

处于缺位状态,犯罪动机与犯罪行为指向的合适目标都处于野蛮生长的状态。进入21世纪以来,互联网长期处于高速发展的状态,大量传统社会的目标在没有防范的状态下拥抱互联网,这些目标在繁荣生长的同时承受着得不到法律有效保护的风险。在此种状态下,在现实空间中由于自身的身份和地位而未必会实施犯罪的个体,便可能在网络空间中实施某些罪行,好在此时值得实施犯罪的合适目标在规模上仍然有限。此种情形表明,越是缺少规范与强制力的环境,越有可能产生有犯罪动机的人。

随着互联网的进一步繁荣,互联网的繁荣使适合犯罪的目标规模极大扩张,相对应地,也会引发更多犯意与犯罪者,此时监管者开始系统性地介入,互联网环境中的原始状态一去不返,虽然监管者的力量仍然不充分,但监管者的在场仍然对存在犯罪动机的个体起到极大的威慑作用。如今监管者在互联网环境中实施监管的能力与效率仍在不断提升,不过监管者的系统性介入与互联网自由主义之间产生矛盾。对此,劳伦斯·莱斯格指出,应将互联网视作一类"控制的架构",〔1〕他从根本上对网络自由主义的观点进行了批驳,〔2〕并指出互联网本身即是适合监管者介入的。不过目前看来,监管者尚未充分完善其治理体系,互联网似乎还没有彻底对犯罪行为形成应有的威慑,互联网参与者的技术措施、安全意识的不对等使互联网作为控制架构的控制性得不到完全的体现,技术与意识的不对等仍在催化新的犯罪动机与新的犯罪目标。如今互联网技术日益专业化、复杂化,网络空间充斥

〔1〕 参见[美]劳伦斯·莱斯格:《代码:2.0 网络空间中的法律》,李旭、沈伟伟译,清华大学出版社2009年版,第43页。

〔2〕 网络自由主义以约翰·巴洛及其所著《网络空间独立宣言》为典型,其中指出:"我们没有选举产生的政府,也不可能有这样的政府。所以,我们并无多于自由的权威对你发话。我们宣布,我们正在建造的全球社会空间,将自然独立于你们试图强加给我们的专制。你们没有道德上的权力来统治我们,你们也没有任何强制措施令我们有真正的理由感到恐惧。"

着各类具有“黑箱”属性的技术,使治理措施在介入网络犯罪议题时面临门槛。网络空间运作所依赖的各类计算机技术,一些技术的专业程度已经超出常人所能理解的范畴,形成不可捉摸的“黑箱”,〔1〕使受害目标面临预知能力不足,监管者面临监管能力不足的风险。〔2〕从20世纪90年代至今,此种“黑箱”的风险不断升级换代,基于“黑箱”的信息不对称性成为大多数场合诱发网络犯罪行为的重要动机。即使对于网络犯罪的治理挑战在不断升级,各国仍在持续关注并创新网络犯罪治理体系。

从实际效果来说,在进入21世纪之前大多数国家都未能针对网络犯罪制定良好的政策及法规,在打击网络犯罪方面的表现并不成熟,治理措施仍在诸多方面受到限制。第一,在技术水平上,当前的互联网技术还未能建立可靠的识别及追踪机制,犯罪中具备较高程度的互联网因素时,执法部门往往没有有效工具及路径进行侦查;第二,在打击实践上,侦查犯罪的执法部门在侦查操作中常常运用传统侦查方式,未必可以满足网络犯罪侦查的需求;第三,在规范制定上,刑事法律规范对网络犯罪的规制具有滞后性,即使传统刑事规范可以覆盖网络空间中的诸多法益,然而基于刑法的谦抑性,传统刑事规范对于很多行为性质不甚明晰的网络侵害行为,事实上无法实现最有效的适用与规制。

随着上述各方面的改善,网络犯罪的规制如今也开始走上正

---

〔1〕 See Joshua A. Kroll, Solon Barocas, Edward W. Felten, Joel R. Reidenberg, David G. Robinson, Harlan Yu. *Accountable Algorithms*, University of Pennsylvania Law Review, Vol. 165, p. 633(2017).

〔2〕 对于受害目标和监管者而言,上述差距的不可理解性表现为两个方面,一方面即对涉及网络的相关技术的不可理解,即对此种“黑箱”本身的认知缺失;另一方面即因上述不可理解所引发之后果的不可理解,未能对自身处于信息不对等的劣势一方的后果有充分的认识。监管者角色未来若要致力于网络犯罪治理体系的完善,势必要面对并弥合上述差距,如此将能在绝大多数场合中实现对犯罪动机者的约束和对犯罪合适目标的保护。

轨,对于网络空间犯罪行为的治理,未来总体将趋于乐观。从互联网近20年的发展轨迹来看,互联网秩序措施的加强也印证了将互联网视为控制架构的合理性。各类新技术的开发也在为执法部门提供便利,诸如区块链〔1〕等技术的发展也在强化互联网的价值传递功能,区块链有助于实现更加可信的互联网,这也将在极大意义上影响网络空间犯罪行为的生态,客观上对犯罪行为形成抑制效果。

随着对互联网潜力的深入挖掘,21世纪以来执法部门对网络犯罪的关注度已有显著提高。网络犯罪(包括计算机犯罪)相关话题在近20年以来都是各个国家在制定刑事政策、刑事法律规范时不曾忽视的重要方面。总体上我们仍能从传统刑事法律体系中找到网络犯罪的规范依据,最典型且最常见的网络犯罪行为如网络诈骗、网络赌博、网络色情等,基本都可以通过涉及诈骗、赌博、淫秽物的相应刑事条文进行规制,这也是早期国内法得以通过解释传统刑事法律规范来规制网络犯罪的主要原因。随着网络犯罪治理能力、治理水平的提升,有关网络犯罪治理的法律体系开始趋于多元。对于网络犯罪的法律应对,当前国内法不仅以变通适用既有法律的方式治理犯罪,也通过在已有的刑事法律中新增罪名,或通过创制专门法律的方式惩治犯罪,各国目前开始倾向于对刑法、刑事诉讼法以及其他现行单行刑事法律进行完

---

〔1〕　区块链主要是一种价值交换技术,在点对点(P2P)技术的基础上通过公钥/私钥加密算法实现数据的准确传输的技术,它体现的核心价值是私密性、准确性和可验证性。区块链可以防止人类篡改已被确认的数据,如实记录已经完成的交易和其他行为,并在此基础上自动执行行为的后果。区块链技术是大数据所催生的"社会物理学"的一部分,它旨在用数理方法处理社会关系,因而可能取代法律的一部分作用,体现着自由至上主义的政治意识形态,试图通过去中介化的技术手段来削弱(如果不是瓦解)政府和金融机构存在的必要性。区块链可能改变法律运作的方式,减少法律运作的成本,但不可能完全取代法律。参见郑戈:《区块链与未来法治》,载《东方法学》2018年第3期。

善,以涵盖网络犯罪的基本定罪问题。在当前阶段,对于大多数国家而言,首要任务仍然是通过采取多种方式完善治理漏洞,而非致力于构造极具逻辑性的法律治理体系。《网络犯罪综合研究报告》指出,当要求报告网络犯罪的相关法律时,各国返回的问卷中涉及的法律包括刑法、高技术犯罪法、刑事诉讼法、窃听法、取证法、电子通讯法、信息技术安全法、个人数据和信息保护法、电子交易法、网络安全法、国际合作法等多种门类、多种层次的法律。[1]特别是在涉及定罪这一实体性问题时,定罪量刑的正当性与诸多"本土化"因素相关,立法者对可罪行为的选择与界定体现着本国的独有政策考量(政治体制、文化传统等),从而使各国之间在罪名样态上可能存在更大偏差。

总体而言,在网络犯罪问题上确立法律监管已是主流措施,但当网络犯罪行为涉及跨国因素时,犯罪治理机制在总体上仍呈现缺位状态。互联网将全球整合为一个整体空间,此种虚拟跨域空间与现实地域分隔之间形成碰撞,当网络犯罪治理议题来到国际社会时其挑战性更甚于国内。网络犯罪行为在跨国性上更甚于传统犯罪,当前在我们仍未就跨国有组织犯罪实现有效治理时,网络犯罪已然提出更大的挑战,与此相对,当前国际社会在网络犯罪合作治理的议程进度上却并不乐观。各国在网络犯罪治理中的关注点不同,且各国都在网络犯罪治理议题中存在话语诉求,使网络犯罪的国际规制议题研究成为当前的重中之重。探索建立针对全球互联网整体空间的犯罪治理框架,尤其是建立依托国际法的犯罪治理机制,将是长久维持全网网络安全的关键环节。

---

〔1〕 See UNODC, *Comprehensive Study on Cybercrime*, p. 53. 由于英美法系国家在法律体系上不区分刑事与民事规则,原则上使得网络犯罪相关的内容可能出现在任何相关法律中,即使此种法律在名称上有可能看起来更接近民事法律。

二、网络犯罪的跨国性及跨国界治理

互联网使不同地域之间的沟通易如反掌,同样使犯罪行为实施更加便利,这在20世纪甚至还无法想象。当前网络犯罪更加猖獗,网络犯罪的国际治理却并未跟进,一方面,国际社会对于网络犯罪议题的关注远未达到该议题的应有程度;另一方面,不多的注意力还要受到政治博弈的裹挟,使作为治理对象的网络空间反而成为国家间的博弈领域。分析网络犯罪国际治理的外部环境因素,将是展开网络犯罪国际治理对策研究的前提。

(一)网络时代的身份认同与地理约束

当前全球各国之间的联系不断增强,人类社会已经在全球联系的基础上得到极大发展。全球化浪潮将世界各国凝聚在一起的同时,也在不断穿透主权壁垒,建立深化全球人类之间的联系。在个体之间的联系被加强时,主权国家的主权权力也遭到了消解,可以说全球化已经对传统的主权理论形成挑战。

全球化对主权国家的挑战可归结于"身份认同"与"地理约束"的矛盾:在全球化之前,主权国家不仅染化其公民的价值观,也为其公民提供长久而稳定存在的价值环境,主权国家正是以空间上的相对封闭性实现了对信息传播的空间管控,借此维持其独立的价值取向,并最终保持国家主权的合法性;〔1〕随着全球化的到来,上述情景正在远离现实,个人对国家的认同与依附随着个人对世界公民身份认同感的加深而淡化。"国家通过设立超国家机构以求在全球舞台上巩固其权力的企图,却进一步损害了它的主权;国家通过向区域和地方下放行政权力以求重建合法性的努力,反而被其更亲近于政府、疏离于民族国家的新式民众,搞得成

〔1〕 参见任孟山:《信息空间与地理空间:网络传播与国家主权的张力》,载《现代传播(中国传媒大学学报)》2011年第6期。

效甚微。”[1]国家借由地理约束所维持的价值已被全球化所冲淡,全球化时代的个体正以其全新的身份认同融入全球化时代。

作为全球化信息基础的互联网,在塑造这种新态势中所发挥的作用不言而喻,“从后威斯特伐利亚的视角来看,世界上不存在隔离”。[2]正是互联网在信息技术层面的进步跨越了空间与时间的限制,在创造个体的身份认同转变中起到了无可替代的核心作用,使以地域性为存在前提的民族国家以及其赖以建立的主权国家理念受到严重削弱和冲击。[3]因而在跨界传播的网络信息技术与传统国家之间,始终存在一种不可弥合的张力,可以说网络急剧颠覆了基于物理空间边界的规则制定体系,[4]互联网这一传播技术的出现将每一个人都纳入全球网络中,使得传统的时间与空间消解了。[5]互联网的冲击已经导致国家对个人行为控制的弱化,国家在国际关系中的主体地位进一步弱化,甚至使国家安全能力遭到削弱。面对互联网引发的种种问题,主权国家如何自处已是迫在眉睫的问题,关注并塑造网络治理体系对于国家而言意义重大,如一些观点所述:当前网络安全的核心症结在于网络空间中安全公共产品的供应不足与国家在网络空间中的治理失能。[6]转变传统主权理论对于地理约束的依赖,弥补国家在治

---

〔1〕［美］曼纽尔·卡斯特:《认同的力量》(第2版),曹荣湘译,社会科学文献出版社2006年版,第297页。

〔2〕 See Georgios I. Zekos. *Cyber - Territory and Jurisdiction of Nations*. Journal of Internet Law, Vol. 15, p. 3(2012).

〔3〕 参见鲁传颖:《主权概念的演进及其在网络时代面临的挑战》,载《国际关系研究》2014年第1期。

〔4〕 参见［美］彼得·博恩里科:《法的门前》,邓子滨译,北京大学出版社2012年版,第396页。

〔5〕 参见蒋晓丽、赵唯阳:《后互联网时代传媒时空观的嬗变与融合》,载《社会科学战线》2016年第11期。

〔6〕 参见董青岭:《多元合作主义与网络安全治理》,载《世界经济与政治》2014年第11期。

理中缺位的状态正是全球化形势下的各国政府最为迫切的课题之一。

互联网在消解传统主权的同时,基于互联网的犯罪行为也在消解传统刑事司法体系。传统刑事司法体系作为传统主权的衍生,基于地理约束构建自身合法性也是传统刑事司法体系的特性,通过对一定地理空间范围内的实质管控,传统刑事司法体系得以有效建立其在域内打击犯罪的整个框架,在维护域内秩序的过程中确保价值环境的稳定性,进而建立自身的合法性和权威性。网络犯罪的出现则为削弱传统刑事司法体系的合法性带来挑战,面对破坏域内价值稳定性的网络犯罪行为,传统刑事司法体系开始无法有效地针对犯罪行为实施管控与惩戒,乃至于在入罪界定上都可能产生疑惑。可以说,互联网时代的个体在建立全新身份认同的过程中,也在为犯罪者建立全新的认同,大量的网络犯罪实施者已经认识到经由互联网实施犯罪可以逃离主权国家的管辖,主权国家所建立的地理约束及其衍生的国家强制力将无法加诸己身。总结而言,互联网构建的连通性给传统主权带来全新挑战,此种挑战引发的态势不仅仅是角色转变这么简单,任何依赖于地理约束而成立的社会性措施都将受到影响。对于犯罪行为来说,依赖地理约束的传统刑事司法体系不再成为天敌,在网络犯罪背景下,传统刑事司法体系的相对式微使其未能尽到打击犯罪、维持社会秩序的基本责任。

不过此种情形不会长久持续,即使是不断遭到诟病的传统主权理论,学者们也在不断尝试赋予其新的内涵,以使之兼容于全球化背景,传统的刑事司法体系也在积极改变自身以适应新时代的犯罪形势。正如一些观点所指出的,在全球互联网治理模式方面,主要的全球互联网治理模式包括技术治理模式、网格化治理模式、联合国治理模式、国家中心治理模式,并呈现由前者至后者顺次演进的发展历程。[1]国家作为当前最主要的国际法主体，无疑也将采取更多行动维护自身的话语地位。从互联网本质上作为一种“控制”的架构来说，人类社会将会逐渐加强其于互联网发展早期所忽视的稳定与秩序，保证互联网作为一种可控的架构而存在。尤其对于网络犯罪议题来说，当前仅有国家行为体才具备遏制此种社会危害行为的能力，即使是国际社会中的犯罪治理问题，也无疑主要是国家行为体的责任而非个人的责任。不过问题在于：即使在主权范畴之内，本国刑事司法体系可以通过变革来适应打击网络犯罪的诉求，其又何以在实践中对跨国网络犯罪实行有效的管辖、侦查与审判？对于所有国家来说，寻求国际合作无疑将是各国打击网络犯罪的基本需求所在。

（二）跨国网络犯罪治理：国际法的价值

作为构建连通性的技术，互联网的跨国性是其功能的自然延伸，但它也为跨国实施犯罪行为提供了极大便利。[2]早在 1979 年 12 月 11 ~ 13 日，在第三届国际刑警组织国际诈骗问题座谈会上，已有观点指出，计算机犯罪的本质是国际化的，因为使用电话、卫星等设备在不同国家进行通讯的频率正在稳步增长。[3]如今全球互通所依赖的互联网也不可能脱离国际化属性，《网络犯罪综合研究报告》指出，超过半数的问卷答复国称警方接触到的 50% ~100% 的网络犯罪行为具有跨国性质。[4]

---

〔1〕 参见王明国：《全球互联网治理的模式变迁、制度逻辑与重构路径》，载《世界经济与政治》2015 年第 3 期。

〔2〕 参见蔡高强、焦园博：《论基于国家秩序的网络安全》，载《湘潭大学学报（哲学社会科学版）》2018 年第 6 期。

〔3〕 INTERPOL, *Third INTERPOL Symposium on International Fraud*, INTERPOL (December, 1979), p. 11 – 13. adapted from UNODC, *Comprehensive Study on Cybercrime*, p. 5.

〔4〕 Study Cybercrime Questionnaire. Q83. See UNODC, *Comprehensive Study on Cybercrime*, p. 5.

如今凡是涉及互联网因素的犯罪都可能是跨国界的，网络犯罪比传统犯罪具有更明显的涉外性。究其原因，一方面在于各种犯罪因素之间更易接触，犯罪者、受害者、犯罪手段之间不再受空间阻隔，使跨境性质的犯罪行为更为便利，为跨境犯罪埋下隐患；另一方面在于互联网的拓扑结构设计很难绕开中心节点，其间的信息传递依赖大量中继节点，各节点之间的信息传递极易穿越国界。有时犯罪环节的任何一项元素发生于国外，实质上并非犯罪者为逃避监管而刻意为之，反而可以说因网络活动本身常常具有跨境属性。经由互联网的犯罪行为往往会无意间在多个国家留下行迹，其中包括嫌疑人或终端设备所在国、运营商服务器所在国、中继服务器所在国、犯罪对象或终端设备所在国。

如今跨国网络犯罪行为日益猖獗，国内法的局限性日益凸显，国际合作治理开始提上日程。国际组织已经采取举措应对跨国网络犯罪的危害性，联合国建议联合国毒品和犯罪问题办公室根据请求，与会员国、相关国际组织和私营部门合作向各国提供技术援助和培训，以改进国家立法，提高国家主管当局的能力，以便打击网络犯罪，包括预防、发现、调查和起诉各种形式的此类犯罪活动，并增强计算机网络的安全。[1]实际上在网络犯罪治理的诸多方面也必须依靠国际性的合作治理措施，例如，当前需要更多关于网络犯罪问题的性质和程度可靠的综合性全球数据，国际社会需要不断更新数据和分析以反映网络犯罪不断发生的变化。[2]互联网技术正在快速普及并改变着许多治理活动、社会活动和经

---

〔1〕 United Nations General Assembly. A/RES/65/230 (*Annex*: *Salvador Declaration on Comprehensive Strategies for Global Challenges*: *Crime Prevention and Criminal Justice Systems and Their Development in a Changing World*), para 41.

〔2〕 UNODC. UNODC/CCPCJ/EG.4/2017/2 (*Deliberations at the First Meeting of the Expert Group to Conduct a Comprehensive Study on Cybercrime*, held in Vienna from 17 to 21 January 2011).

济活动,因而对于评估网络犯罪问题造成的损失,以及治理措施的有效性,都构成了更广泛的挑战,包括联合国、国际刑警组织、国际电信联盟在内的诸多国际组织都在为此而努力。

在诸多措施之中,最根本的治理措施还是在于如何以规范形式将网络犯罪行为入罪并惩处,对于跨国网络犯罪来说,健全的法律治理过程需要国内法与国际法的协调配合。国际法在打击跨国网络犯罪方面的作用不可或缺,主要表现在以下方面。

首先,国际法需要填补国内法在打击跨国网络犯罪刑事司法环节的缺失部分,协调主权国家之间的合作。国内法在超出本国主权范围的犯罪管辖、侦查、审判方面无能为力,若在主权范围之外采取作为可能违背国际法上的国家主权原则,而在当前无政府的国际环境下,打击跨国网络犯罪的目标显然不在于建立超国家的网络犯罪管辖、侦查、审判国际体系,因此当前国际社会所走的治理道路需要同时结合国内法和国际法:国内法在主权范围内确立明确的刑事司法程序,为跨国网络犯罪惩治奠定基础,国际法则在不同国家之间的国内刑事司法体系之间建立合作机制,确保跨国网络犯罪在管辖、侦查、司法等方面实现顺畅衔接。此种方式也是当前国际社会所能触及的最务实方式,包括欧委会《网络犯罪公约》在内的既有区域性文本基本都是依循此种模式起草公约文本,[1]而国际法正如桥梁一般,将各国打击网络犯罪的国内法协调、凝聚在一起。

其次,国际法需要确保各国在同一范畴内以同一标准讨论网络犯罪议题,协调各个国家之间有关网络犯罪的认识。尤其在可入罪行为的界定等实体法问题上,各国刑事法律规范存在差异,

---

[1] 通过在文本中大量采用"……采取恰当措施以保证……"的行文方式,为各缔约国附加抽象的条约义务,允许缔约国在条约范围内自由制定打击网络犯罪的国内法。

如发达国家普遍对知识产权问题更为重视,侵犯知识产权可能被处以刑罚,发展中国家的知识产权意识尚且较弱,对于知识产权侵权行为入刑问题并不关注,甚至有可能表示反对。如今互联网作为知识产权侵权的重要场域,各个国家国内法中存在的上述差异将可能导致国际治理合作无法开展。此时需要国际法就实体罪名问题做出回应,确保各国在打击跨国网络犯罪方面的主流关切得到回应,避免各国仅仅关注自己所关心的议题。

客观上,国际法也确实是当前国际社会讨论网络犯罪国际治理议题时的重点领域,为了确保各国在打击跨国网络犯罪方面取得成效,国际法的作用不可忽视。当前国际法在打击跨国网络犯罪方面已经有所成就,并表现出一定的体系性,即全球目前以区域性文本为主流展开合作,且从区域性文本向全球性文本转化的趋势日益增强。国际法制度实施成功的可能性,在很大程度上取决各国究竟能在多大程度上将国际标准转换成国内系统。这不仅需要从法律角度完成,还需要各国为必要的立法改革提供高度的政治支持和承诺。当各国能维持本国法律传统、同时还能履行自己选择承担的国际义务时,成功的概率是最大的。[1]因此在研究当前的网络犯罪国际法治理体系时,需要在国际法文本的讨论中兼顾国内法文本的状态,这将对网络犯罪国际法治理体系的未来发展具有重要意义。

三、小结

本章的内容主要是对网络犯罪国际法治理议题的引入,通过对网络犯罪及其治理议题进行阐述介绍,为本书的整体阐述奠定主题基础。本章同时对全书经常述及的概念,如"网络犯罪公约""网络犯罪综合研究报告""电子证据"等概念予以初次引入。本

---

〔1〕 UNODC, *Comprehensive Study on Cybercrime*, p. 76.

章的内容主要如下。

1. 从网络犯罪的概念形成来看,网络犯罪的本质在于它是对互联网连通性的滥用,虽然在早期的法律法规、研究文献中更常提及计算机、计算机犯罪等概念,但随着互联网的影响日益扩大,计算机等设备开始被更多视为互联网的节点,因此为了更好地使当前网络犯罪概念区分于前互联网时代的诸种概念,我们理应为还未被准确定性的“网络犯罪”概念赋予更准确的内涵;从网络犯罪的发展前景来看,随着网络交互行为的爆炸式增长,网络空间中的犯罪行为不应再被简单地视为传统犯罪治理体系中的犯罪类型之一,网络交互行为的常态化使其成为映射、并行于传统犯罪的新犯罪空间;对于网络犯罪的治理,监管者角色在较早时期是缺位的,国家有能力并且有必要介入其中,目前的治理实践也在印证上述情形,目前网络犯罪的治理措施尚在发展之中,特别是在跨国合作治理方面,国际社会仍有大量工作要做。

2. 网络空间中的活动具备极强的跨国性,国家旨在通过地理约束来维持的身份认同因此产生了动摇,进而导致国家治理(包括网络犯罪治理)的式微,但主权理论并不因此而衰落,国家依旧可以通过革新来维持自身价值,国际社会也因此需要再次妥善应对主权分隔对于跨国治理的负面影响。目前,国内法已经在各国领域内建立起打击网络犯罪的法律权威,在应对大量具有跨国性的网络犯罪层面,迫切依赖国际法来填补国内法所不能及的方面,以便更好地协调国家间的治理政策。

第二章　网络犯罪国际法治理：体系雏形的形成

网络犯罪在国际社会层面的危害性不亚于国内，因其本身极易跨界，使其危害的广泛程度往往不可预料。一些机构预测全球网络犯罪损失以每年15%的速度增加，预计到2025年，全球网络犯罪损失将达到每年10.5万亿美元，[1]且警方记录的犯罪统计数据仅仅反映了那些引起警方关注的案件，这类数据通常还无法涵盖未被统计的（往往大得惊人）犯罪"隐性数字"。[2]网络犯罪的国际治理议程由此受到各国关注。

与国内的治理体系不同，国际体系以无政

---

〔1〕 Steve Morgan, *Cybercrime Infographics: Illustrations of the Past, Present, and Future Threats We Face*. Cybersecurity Ventures (March 24, 2020), https://cybersecurityventures.com/cybercrime-infographic.

〔2〕 United Nations General Assembly, A/CONF. 213/3 (*Twelfth United Nations Congress on Crime Prevention and Criminal Justice*. 2010. *State of Crime and Criminal Justice Worldwide: Report of the Secretary-General*, 1 February 2010).

府为自然属性，〔1〕此种无政府状态使同为法律范畴的国际法完全不同于国内法。无政府属性造就主权独立性以及强制力缺失的状态，由此导致国际法的发展在极大程度上取决于国际关系的博弈结果，网络犯罪国际法议题事实上也囿于上述桎梏之中。不过目前看来，前景尚且乐观，“尽管无政府状态不具有积极或消极的内涵，它也未必暗指现在的世界秩序是以普遍的混乱、动荡为标志的”。〔2〕通过追踪网络犯罪的发展趋势以及国际关系的博弈规律，我们仍能通过规则之治为网络犯罪治理议题提供解决方案。

一、网络犯罪国际法治理的既有体系

国际电信联盟颁布的《全球网络安全指数2017》指出：网络安全是一个需要法律、技术、组织、能力建设与协作诸多方面和谐共进的生态系统。〔3〕法律在其中扮演的正是此种系统的制度性保障之角色。当代国际法上常被论及的一大问题即国际法不成体系的问题，在网络犯罪规范治理领域同样不能避免。国际法不成体系问题（fragmentation）由联合国国际法委员会在其报告中提出，用以代指国际法范围以不协调的方式急剧扩大，不注重相互之间的联系所导致的体系化缺失。〔4〕从国际社会无政府的属性

〔1〕 参见阎学通、杨厚：《国际关系分析》（第2版），北京大学出版社2010年版，第24页。

〔2〕 ［美］詹姆斯·N.罗西瑙主编：《没有政府的治理》，张胜军、刘小林等译，江西人民出版社2001年版，第9页。

〔3〕 ITU, *Global Cybersecurity Index* 2017, p. 4.

〔4〕 中文多使用“碎片化”一词形容这一状态。一些评论人士对此提出严厉批评，认为这种现象削弱了一般国际法、导致出现相互冲突的法理学、选择法院和失去法律保障等问题；而另一些评论人士则只把这个问题看作随着国际法律活动的增多而自然出现的一个技术性问题，这个问题是可以通过技术合理化和协调加以控制的。See United Nations General Assembly. A/61/10 (2006 *report of the International Law Commission*), Paragraph 244.

来看,国际法不成体系在某些程度上是不可避免的,体现的乃是无关褒贬的中性状态。[1]然而从理想化的角度来说,讨论此议题的真正意图在于创制逻辑自洽的体系化国际法,以追求国际法治[2]的理想,国际法治将引领网络犯罪的治理议程,将此领域真正塑造为以规范保障的有秩序社会领域。

当前国际社会在网络犯罪议题方面已达成数个法律文本,且数个国际性议程也在推进之中,那么我们是否可以称当前进程下的治理举措是成体系的?体系泛指一定范围内或同类的事物按照内部联系组合而成的整体,是不同系统组成的系统,体系意味着具有特定功能的事物集群。从体系的角度来看,对于网络犯罪国际法治理议题是否可以谈及体系问题?

从应然状态来看,作为体系的网络犯罪国际法治理议题应当指向"打击网络犯罪"的特定功能,凡指向这一目标的事物都可以视为此体系之中的要素;网络犯罪国际法治理参与者提出的具体目标、实现路径等可能存在差异,但在总体目标上未偏离于应然目标则应当视为契合体系性的要求,但上述差异越大,体系的凝合度越差,作为治理体系而言的治理效果则越差。从实现更好治理效果的目标来说,国际社会应当追求更广普适性、更强约束力的国际性法律文本、国际性议程等,实现更具凝合度的治理体系。

---

〔1〕 United Nations General Assembly. A/61/10(2006 *report of the International Law Commission*), Paragraph 248.

〔2〕 我们可以把国际社会的法治区分为狭义的和广义的两种。狭义的国际社会法治亦称"国际法治"(International Rule of Law),是指作为国际社会基本成员的国家接受国际法约束,并依据国际法处理彼此关系、维持国际秩序、公平解决国际争端的状态。狭义的国际社会法治以国家作为基本的法律主体,强调各国在国际法面前的平等地位,各国的权利、自由和利益非经法定程序不得剥夺。广义的国际社会法治则可称为"全球法治"(Global Rule of Law),是指在全球化深入发展的条件下,为实现全人类共同利益和保障基本人权,力图以世界各国普遍接受的法律规范,在全球范围内更有效地实现其调整国际社会关系的功能的过程。参见张胜军:《试论当代国际社会的法治基础》,载《国际论坛》2007 年第 2 期。

从实然状态考察，当前网络犯罪的国际法治理显然是成体系的，但其间的体系性在凝合度上较差。联合国网络犯罪问题政府间专家组的审议报告中认为，网络犯罪是一种普遍问题，但不一定是完全相同的。许多专家指出，犯罪和伤害的复杂模式以及数据和犯罪所得的流动，在每个会员国造成的影响各不相同。[1]不过报告中还提及，许多发言者一致认为这一问题是全球共同关心的。虽然网络犯罪和相关活动在发达国家和发展中国家造成的影响可能有所不同，但每个会员国在促进发展和保护自身免遭网络犯罪影响方面有共同的动力。[2]从国际社会的实践来看，上述动力也确实转化出大量成果，并作为治理体系的重要构成要素而存在，但受限于各方诉求的差异，网络犯罪国际法治理体系的"熵"[3]程度仍然较高，凝合度明显不足。

总体来看，网络犯罪国际法治理已然成为国际社会的常规议题，无论是联合国还是地区性组织基本都对涉及网络犯罪的议题有过回应。与网络犯罪国际法相关的文本、议程、举措已基本覆盖互联网发展的主要国家和地区，但从整体来看并不乐观，多种治理理念互相碰撞，各个区域性组织各自为战，发展中国家议题参与度不足等问题凸显，总结既有网络犯罪国际法的治理状态方能更好地服务于未来的治理规划。

（一）网络犯罪国际法的既有文本机制

在文本方面，当前网络犯罪的国际法治理以区域性文本为主

---

〔1〕 UNODC, UNODC/CCPCJ/EG.4/2017/2 (*Deliberations at the First Meeting of the Expert Group to Conduct a Comprehensive Study on Cybercrime*, held in Vienna from 17 to 21 January 2011).

〔2〕 UNODC, UNODC/CCPCJ/EG.4/2017/2 (*Deliberations at the First Meeting of the Expert Group to Conduct a Comprehensive Study on Cybercrime*, held in Vienna from 17 to 21 January 2011).

〔3〕 熵，热力学中表征物质状态的参量之一，其物理意义是体系混乱程度的度量，此处用以表征网络犯罪国际法治理体系的秩序化程度。

体,尚无覆盖广泛的国际性文本。当前有关打击网络犯罪的具有约束力的区域性文本主要包括:(1)欧委会《网络犯罪公约》(Convention on Cybercrime,也称为《布达佩斯公约》);[1](2)非洲联盟《网络安全与个人数据保护公约》(Convention on Cyber Security and Personal Data Protection);[2](3)阿拉伯国家联盟《打击信息技术犯罪公约》(Convention on Combating Information Technology Offences);[3](4)独立国家联合体《打击计算机信息领域犯罪的合作协定》(Agreement on Cooperation in Combating Offences Related to Computer Information);(5)上海合作组织《上海合作组织成员国保障国际信息安全政府间合作协定》(Agreement on Cooperation in the Field of International Information Security)。根据《网络犯罪综合研究报告》的统计,截至2013年时至少有82个国家签署或批准了一个或多个上述提及的网络犯罪文书,对于其中的40余个国家而言,欧委会《网络犯罪公约》是制定网络犯罪相关国内法律时最常使用的多边文书,剩余的其他国家则使用其他集群的多边文书。[4]

根据最新可查的公开数据:(1)在欧委会《网络犯罪公约》方

---

〔1〕 Council of Europe, *Convention on Cybercrime*, 2001, https://rm. coe. int/1680081561.

〔2〕 African Union, *Convention on Cyber Security and Personal Data Protection*, 2014, https://au. int/sites/default/files/treaties/29560 - treaty - 0048_ - _african_union_convention_on_cyber_security_and_personal_data_protection_e. pdf.

〔3〕 League of Arab States, *Convention on Combating Information Technology Offences*, 2010, https://www. asianlaws. org/gcld/cyberlawdb/GCC/Arab%20Convention%20on%20Combating%20Information%20Technology%20Offences. pdf.

〔4〕 UNODC, *Comprehensive Study on Cybercrime*, p. XIX.

面,目前本公约批准国已达68个(新增1个),[1]欧委会为公约成立了专门的"网络犯罪公约委员会"(T-CY),本公约还向非欧委会成员国开放,目前公约的缔约国还在不断增加;(2)在非洲联盟的《网络安全与个人数据保护公约》方面,非盟制定的文本在报告颁布时仍为草案,目前的草案已于2014年被非盟批准通过,正式名称为《网络安全与个人数据保护公约》,非盟55个成员国中目前有14个国家签署了本公约,仅8个国家批准了本公约,[2]因批准国数量不足[3]目前尚未正式生效,本公约仅向非盟成员国开放,未来有较大的发展潜力;(3)在阿拉伯国家联盟颁布的《打击信息技术犯罪公约》方面,22个阿盟成员国中有18个签署了本公约,因批准国数量不足[4]目前尚未正式生效,本公约仅向阿盟成员国开放;(4)在独立国家联合体颁布的《打击计算机信息

---

〔1〕 Council of Europe, *Chart of Signatures and Ratifications of Treaty* 185, https://www.coe.int/en/web/conventions/full-list/-/conventions/treaty/185/signatures? p_auth=nIPM8DQF. 另根据欧委会公布的数据,截至2022年12月31日,该公约有23个非欧委会成员缔约国,且目前尚在邀请14个非欧委会成员国加入本公约。

〔2〕 African Union. *List of Countries Which Have Signed, Ratified/Acceded to the African Union Convention on Cyber Security and Personal Data Protection*, https://au.int/sites/default/files/treaties/29560-sl-AFRICAN%20UNION%20CONVENTION%20ON%20CYBER%20SECURITY%20AND%20PERSONAL%20DATA%20PROTECTION.pdf. 签署国分别为贝宁共和国、加纳共和国、几内亚共和国、莫桑比克共和国、毛里求斯共和国、纳米比亚共和国、卢旺达共和国、塞内加尔共和国。

〔3〕 该公约在公约生效方面作出了限定,须15个国家批准公约才会正式生效。See Convention on Cyber Security and Personal Data Protection, Article 36: This Convention shall enter into force thirty (30) days after the date of the receipt by the Chairperson of the Commission of the African Union of the fifteenth (15th) instrument of ratification.

〔4〕 该公约页在公约生效方面作出了限定,须7个国家批准公约才会正式生效。See League of Arab States Convention on Combating Information Technology Offences, Chapter V. Final Provisions-3: This Convention shall enter into force thirty days after the date of deposit of ratification, acceptance or adoption documents by seven Arab States.

领域犯罪的合作协定》方面,本协定早在2001年就已经颁布,独联体本身仅有11个成员国,自本协定签署之后已有3个国家退出独联体,本协定签订时独联体作为过渡性政治组织而言尚不稳定,协定实施效力堪忧,2018年独联体6个国家[1]再次商议签署《独联体成员国联合打击信息技术领域犯罪协议》,目前新协定交由各成员国进行国内批准程序;(5)在上海合作组织颁布的《上海合作组织成员国保障国际信息安全政府间合作协定》方面,目前上合成员国有8个,本协定向非上合组织国家开放,本协定条款的原则性较强,且打击网络犯罪仅是其众多合作方向之一,作为网络犯罪国际法而言针对性较弱。在对上述5个打击网络犯罪国际性文本进行考察之后,可以看到,从实现打击网络犯罪目标以及实际约束效果来看,仅欧委会的《网络犯罪公约》具有实质性的效力,《网络犯罪综合研究报告》所制图示包括"签署"但"未批准"上述公约的国家,若以批准上述公约(受到实质约束)为条件进行筛选,事实上受到网络犯罪国际法约束的国家在数量上达不到报告中的效果。

上述国际法文本原本应当是为协调多元化的国内法律体系而存在,但在实践中各个国家间的法律协调尚不到位。上述国际法文本在一定程度上可以取得缔约国与本条约的协调,但同时缔约国之间反而没有展现出良好的协调关系。[2]尤其是欧洲委员会的《网络犯罪公约》,欧委会在其成员国已经基本完成本区域网络犯罪公约批准的情势下,国家间打击网络犯罪的国内法实则表现为低协调性。对于此种区域内协调、但区域内国家间不协调的状态,我们更应当关注的方面在于:区域性文本的缔约国是否持

---

[1] 分别为亚美尼亚、白俄罗斯、吉尔吉斯斯坦、俄罗斯、乌兹别克斯坦和塔吉克斯坦。

[2] UNODC, *Comprehensive Study on Cybercrime*, p. 59 - 60.

续接受并认可此类文本的宗旨,且不因国家间的不协调因素而有所退缩,长此以往,缔约国会致力于国际性文本在国内的转化适用,降低此种国家间不协调的程度,倘若国家在此种文本框架下得以“回归”,[1]无疑会加重网络犯罪国际法律治理的分裂程度。

除上述文本之外,还存在一些值得述及的示范性文本。一些区域性组织就网络犯罪治理议题制定了示范性文本,以引导本区域国家的网络犯罪治理规范走向趋同。如东南非共同市场(COMESA)《网络安全示范法草案》(*Cybersecurity Draft Model Bill*)、国际电联/加勒比共同体/加勒比电信联盟《网络犯罪/电子犯罪与电子证据示范法》(*Commonwealth Model Legislative Texts on Cybercrime/e - Crimes and Electronic Evidence*)、英联邦《计算机及计算机相关犯罪示范法》(*Commonwealth Model Law on Computer and Computer Related Crimes*)、英联邦《电子证据示范法》(*Model Law on Electronic Evidence*)、《东非共同体网络法律框架草案》(*East African Community Draft Legal Framework for Cyberlaws*)、《阿拉伯国家联盟打击信息技术犯罪示例法》(*League of Arab States Model Law on Combating Information Technology Offences*)等。此类示范性文本在一定区域内为统一网络犯罪规范提供了可参考的模板,在打击网络犯罪方面展现出一定价值,但并非所有情形都适合制定示范法。以上述制定示范法的区域为例,上述区域性组织在执法司法方面的合作程度上有限,其自身架构以及外部环境不允许其制定硬规则。示范法对此类组织而言是相对恰当的方式,通过制定示范法可以引导成员国国内法走向一致,为未来制定具有约束力的文本确立路径偏好。

---

[1] 参见蔡从燕:《国家的“离开”“回归”与国际法的未来》,载《国际法研究》2018 年第 4 期。

在区域性文本之外，不乏一些涉及网络犯罪议题的双边文本。如中俄之间也曾签订《中华人民共和国政府和俄罗斯联邦政府关于在保障国际信息安全领域合作协定》，协定规划了中俄开展合作的主要方向，包括建立共同应对国际信息安全威胁的交流和沟通渠道，将打击恐怖主义和犯罪活动、干涉他国内政、煽动民族、种族、教派间仇恨等列为国际信息安全领域的主要威胁。不过从总体来看，涉及网络犯罪的双边文本在数量上极为有限，其原因可能在于在发生网络犯罪时，各国最关心的问题在于引渡、证据交换等侦查、司法程序中的合作，即使网络犯罪不同于传统犯罪，双边司法互助条款仍可适用，各国无须在传统双边司法互助文本之外就网络犯罪制定专门的程序条款。

（二）网络犯罪国际法的既有组织机制

在会议、国际性组织方面，当前网络犯罪国际法的相关议题已有一定规模，但议题讨论仍集中在少数几个主要机制之中。

涉及网络空间议题的国际性会议已然呈兴起之势，但专门针对网络犯罪的会议仍在少数。其中“网络空间国际会议”（Global Conference on Cyberspace，GCCS）是由英国于2011年发起的“伦敦进程”的连续性会议，此后由多国轮流举办，于2011～2017年已在伦敦[1]、

〔1〕 伦敦会议于2011年由英国外交和联邦事务部主办，旨在讨论网络空间与经济社会发展的关系、网络安全、国际合作等问题。与会代表主要围绕经济增长和发展、社会福利、网络犯罪、安全可靠的网络接入以及国际安全这五大议题。作为伦敦会议的发起方，英国外交大臣黑格提出网络监管国际合作的7点原则建议，包括政府的作用、全球网络普及、尊重文化多样性、信息自由流通、隐私和知识产权保护、应对网络犯罪、保证网络投资回报。

布达佩斯[1]、首尔[2]、海牙[3]、新德里[4]举办五届,此系列会议将“网络犯罪”列为专门讨论议题,虽说参与度较为广泛,但取得的实际成果仍然有限。中国主办的“世界互联网大会”(WIC)就互联网相关问题展开广泛的交流,但其议题大量集中于互联网经济,涉及网络犯罪国际治理的内容也十分有限,情形与伦敦议程相似。此类会议大多会涉及网络犯罪议题,但更多体现为网络空间发展与治理的综合性议程,对于网络犯罪专门议题的讨论程度有限。相较之下,一些由专门性国际组织发起,具有鲜明专业特性的会议展现出极高的讨论价值,如国际刑警组织举办的“预防网络犯罪国际会议”,以及电气和电子工程师协会(IEEE)、“网络犯罪和计算机取证国际会议”(ICCCF)。

---

〔1〕 布达佩斯会议于2012年由匈牙利外交部主办,旨在就经济发展、社会福利、网络安全、网络犯罪等议题展开讨论。议题主要包括:经济增长与发展、社会利益与人权、网络安全、国际安全以及网络犯罪,在此次会议上,中国政府代表团团长黄惠康强调网络空间应遵守“网络主权”“国际合作”“平衡”“和平利用”“公平发展”五项原则。

〔2〕 首尔会议于2013年举办,主题为“全球繁荣通过开放和安全的网络空间——机会、威胁和合作”,首尔会议的议题主要包括:网络如何促进经济增长、网络如何增加社会和文化利益、网络安全问题、网络空间国际合作问题、网络空间犯罪问题、发展中国家网络发展能力建设问题,会议上通过了《首尔原则》。韩国特别强调应开始讨论建立多边或者区域信任机制,以保障国际网络安全,共同应对网络犯罪;此外,首尔会议尤其注重发展中国家的网络技术发展,此次会议重点讨论了如何加强发展中国家的网络能力建设,并且让他们公平地参与到全球网络合作当中。

〔3〕 海牙会议于2015年举办,主要议题包括网络安全、经济发展、隐私保护等议题,来自100多个国家和地区的1800多名国际组织、政府、企业、学术界、社会及媒体代表参加了本次会议。会议将国际和平与安全、网络空间国际法等问题举行16场平行会议,中国国家互联网信息办公室副主任王秀军介绍了中国互联网发展的蓬勃势头,宣介国家依法保障公民在互联网上的言论自由,并提出国际社会应携手共享互联网发展机遇、共筑网络安全防线、共建网络空间秩序。

〔4〕 新德里会议于2017年11月23~24日在印度举办。全球互联网治理政策制定者和各国政府都出席了这次活动,来自124个国家的近4000名代表参加了这次活动,其中包括33个部长级代表团。会议的主要议题包括:数字融合网络、网络促进增长、网络安全、网络外交。

涉及网络犯罪议题的国际组织较多,互联网相关的国际组织大多都对网络犯罪议题有所发声,但大多数组织对网络犯罪问题少有更为深入的研究。联合国毒品与犯罪问题办公室(UNODC)下属的犯罪预防与刑事司法委员会(CCPCJ)长期以来都在关注网络犯罪问题,联合国大会有关"从国际安全角度看信息和电信领域的发展"系列决议将网络犯罪作为长期关注的事项。在该机构的运作下,早在2011年即成立网络犯罪问题政府间专家组对网络犯罪问题展开研究,专家组于2013年发布《网络犯罪综合研究报告》,该研究建立在对大量国家展开问卷调查的基础之上。欧委会也在网络犯罪公约的基础之上建立网络犯罪公约委员会(T-CY),就本公约推广与改进展开活动。此外,国际电信联盟、国际刑警组织也就网络犯罪问题展开本专业领域内的研究。国家之间也存在讨论网络犯罪问题的双边机制,如中美之间建立了"中美打击网络犯罪高级别对话机制",针对个案合作提出合作指导原则与方法,但双方至今未就一般性事项达成成果,此类机制仅是少数且效果有限。

总体而言,在网络犯罪问题上,国际层面工作分散不一而且各国法律多种多样,这一状况可能与现存多边网络犯罪文书的价值取向不同有关。其中反映出法律和宪法上的根本不同引起的差异,包括对权利和隐私的不同解读。[1]对现有各国法律框架的分析表明,在核心网络犯罪、侦查权,以及是否采信电子证据等问题的认识上,各国缺乏充分的统一。[2]在追求上述统一的路径上,各个国家和国际组织的工作目标、工作方法皆不尽相同,其中展现出网络犯罪国际法治理体系的困境所在。

---

〔1〕 UNODC, *Comprehensive Study on Cybercrime*, p. XIX.

〔2〕 UNODC, *Comprehensive Study on Cybercrime*, p. XII.

二、网络犯罪国际法既有治理体系的困境

在以上网络犯罪国际法治理的体系之中，参与主体较为多元，参与方式也不尽相同，体系脉络之下则是治理参与方之间的种种分歧。其中涉及的分歧主要在于：治理参与方所追求的价值有所区别乃至背离，致使在一些关键问题上无法达成共识；治理参与方对议题的参与受到传统国际政治格局的影响，导致讨论场域之间分隔；治理参与方对网络犯罪治理的关注度不同，因而各类议程在代表性上存在局限。概括而言，网络犯罪国际治理面临治理理念上的价值分歧、治理体系上的阵营分割、治理参与上的民主欠缺等困境。〔1〕

（一）网络犯罪国际法治理场景中的阵营分割

《网络犯罪综合研究报告》指出："网络犯罪治理相关立法在国别之间的协调程度随地域变化，欧洲和美洲国家报告的协调程度较高，这或许是因为此类区域本身就存在发挥协调作用的多边文书。"〔2〕尽管这些文书能够合理反映社会文化及地区差异，但程序权和国际合作条款方面的不同可能会导致产生国家合作"集群"，而这种集群并不总是适应于打击网络犯罪的全球化合作。

在打击网络犯罪国际法方面，当前具备网络犯罪治理实质拘束力的公约基本都以"封闭性"条约为主。欧委会、非洲联盟、阿拉伯国家联盟等区域性组织制定的打击网络犯罪相关公约皆无例外。其中，欧洲委员会致力于将本区域的《网络犯罪公约》推广到全球，但其针对非欧委会国家的准入程序极为严苛，需要欧委会的部长委员会在征得所有缔约国的一致同意后方才可以邀请，

---

〔1〕 参见蔡高强、焦园博：《论联合国框架下网络犯罪国际治理的中国立场》，载《中央民族大学学报（哲学社会科学版）》2019年第2期。

〔2〕 UNODC, *Comprehensive Study on Cybercrime*, p. 56.

且部长委员会作出此种决定还需要通过欧委会指令第20条d款规定的多数同意和适格的出席部长会议的签约国代表一致投票同意,[1]而且后期提出的针对准入程序的修正案也相当严苛。[2]非洲联盟、阿拉伯国家联盟在公约中甚至没有公约准入程序,直接言明公约对本联盟内国家完全开放,经签署并批准即可适用,并未言明是否以及如何接纳非本联盟国家,[3]言下之意即未打算考虑非本联盟国家加入的可能性。反而是作为政治属性更强的上海合作组织在本组织制定的《上海合作组织成员国保障国际信息安全政府间合作协定》中规定:对所有赞同本公约宗旨的国家开放,且不对意向加入国家的资格作任何限定。[4]与此相似的还有独联体的《独联体成员国联合打击信息技术领域犯罪协议》。[5]出现上述情形的原因在于,除上海合作组织之外的其他组织制定的公约文本基本以区域治理为目标,使区域外国家无从加入,纵然条约开放供加入,但由于条约通常由具有相似偏好的国家缔结,因此可能不被未参与谈判的国家接受。[6]此外,此类公约皆对打击网络犯罪中的概念术语、实体罪名、程序事项、合作事项作出详细规定,旨在提供一种具有法律拘束力的、可直接适用的公约文本,如此高的约束力使公约的可接受度大大降低,区

[1] Council of Europe, *Convention on Cybercrime*, Article 37.

[2] Cybercrime Convention Committee (T – CY), *Criteria and Procedures for Accession to the Budapest Convention on Cybercrime – Update*, https://rm. coe. int/16802e7041.

[3] League of Arab States, *Convention on Combating Information Technology Offences*. Chapter V. Final Provisions; African Union Convention on Cyber Security and Personal Data Protection, Article 35.

[4] 《上海合作组织成员国保障国际信息安全政府间合作协定》第12条。

[5] Commonwealth of Independent States, *Agreement on Cooperation in Combating Offences Related to Computer Information*, Article. 17.

[6] Parisi F., Fon V., *The Formation of International Treaties. In: The Economics of Lawmaking*. Oxford: Oxford Scholarship Online. 2009.

域内国家甚至都未必会加入。与此形成对照,上海合作组织的公约文本则强调确立合作方向、合作原则与合作机制,缔约国仅在行为意向上受到影响,而不受具体法律规则的约束,问题在于上合组织的文本在实现打击网络犯罪的目标上进展甚微,未能提供可供操作的有效文本。

从上述状态来看,当前网络犯罪国际治理的逆全球化特征明显,全球性国际组织与条约的力量被削弱,区域多边合作不断加强,构成网络犯罪国际合作的体系性困境。联合国国际法委员会曾就国际法不成体系的问题进行过专门论述,[1]大量的碎片化条约关系直接加深了全球化整合的难度。欧美在推广《网络犯罪公约》时曾表示,现有国际法原则既适用于现实世界,也同样适用于网络空间,[2]美国更是在2011年的《网络空间国际战略》表述道:发展国家在网络空间的行为规范不需要重新创设习惯国际法,也不会使现有国际法规范过时,[3]时至今日欧美仍对其他试图在全球层面实现网络犯罪治理的议题持拒绝态度,[4]在联合国通过决议[5]决定对打击网络犯罪全球性文本创建新议程时,美欧的态度也非常消极。与此同时,非洲联盟、阿拉伯国家联盟

---

〔1〕 United Nations General Assembly, A/61/10(2006 *report of the International Law Commission*), p. 400.

〔2〕 参见黄志雄:《2011年"伦敦进程"与网络安全国际立法的未来走向》,载《法学评论》2013年第4期。

〔3〕 The White House, *International Strategy for Cyberspace: Prosperity, Security and Openness in a Networked World*, https://obamawhitehouse.archives.gov/sites/default/files/rss_viewer/internationalstrategy_cyberspace.pdf.

〔4〕 中华人民共和国驻维也纳联合国和其他国际组织代表团:《联合国打击网络犯罪磋商进入新阶段——联合国网络犯罪政府专家组第四次会议综述》,载中华人民共和国外交部官网2018年4月11日,https://www.mfa.gov.cn/ce/cgvienna/chn/hyyfy/t1549932.htm。

〔5〕 See United Nations General Assembly, A/RES/74/247(*Countering the use of information and communications technologies for criminal purposes*).

都在创设、完善自己的区域性网络犯罪国际法规范,中俄两国则多次公开表示应在联合国框架下制定新的网络犯罪公约。所谓“各自为战”正是对当前网络空间国际治理体系状态的最贴切描述。[1]

(二)网络犯罪国际法治理参与中的民主欠缺

《网络犯罪综合研究报告》就当前各国在网络犯罪治理中的资源投入进行问卷调查,其中显示出各国在网络犯罪治理投入中的差异巨大。一方面,发展中国家在客观上欠缺打击网络犯罪的资源及能力,报告指出,发展中国家中 70% 的专门执法官员缺乏计算机技能和设备,只有半数官员每年接受一次以上的培训。非洲超过 50% 的答复国和美洲 33% 的答复国表示,网络犯罪侦查的执法资源不充分。所有非洲的答复国和美洲、亚洲及大洋洲 80% 以上的答复国都表示需要技术援助。另一方面,发展中国家还没有认识到制定、完善本国网络犯罪法律的必要性,南非某国非常直白地提及,鉴于“信息和通信技术”(ICT)基础建设发展依旧薄弱,网络犯罪立法并不是当务之急;[2]换言之,发展中国家的互联网低发展程度使网络犯罪规模的膨胀受限。全球互联网发展状况确实存在巨大差距,发展中国家对网络犯罪治理漠视的直接缘由,即全球互联网发展的不平衡状态。

较低的互联网发展水平直接导致发展中国家在网络犯罪国际法治理中没有参与热情,在前述展示的网络犯罪国际法治理体系中也有表征。目前南美、东南亚地区还未被任何专门的有效网络犯罪国际法文本所覆盖,阿拉伯、非洲、独联体地区虽有自己的区域性文本,但目前尚在批准之中还未实质生效,且上述地区对

---

〔1〕 有学者将此种状态描述为“阵营化”,参见黄志雄:《国际法在网络空间的适用:秩序构建中的规则博弈》,载《环球法律评论》2016 年第 3 期。

〔2〕 UNODC, *Comprehensive Study on Cybercrime*, p. 76.

网络犯罪文本关注程度低，这些区域的网络犯罪治理文本批准进度前景并不乐观。综合来看，上述地区的一个基本共性即发展中国家占绝大多数比例，网络覆盖程度相较于发达国家而言十分有限，网络犯罪规模因此受到限制。对于此类国家来说，网络犯罪当前并非互联网发展以及犯罪治理方面的优先议题。此外，《上海合作组织成员国保障国际信息安全政府间合作协定》在打击网络犯罪方面的条款过于原则化，因此也可以认为中国、俄罗斯、印度等网络大国的网络犯罪治理话语没有充分彰显。

从上述状态来看，当前低互联网发展水平的发展中国家普遍对当前既有网络犯罪治理议题的参与热情低，作为互联网大国的发展中国家对体系的参与程度也相当有限，从实现民主化网络犯罪治理体系的目标来看，发展中国家治理缺位构成网络犯罪国际治理的参与困境。诸如“伦敦进程”这般颇具影响力的网络安全国际议程参与程度并不高，参会的发展中国家数量依然偏少，[1]欧美等国的声音得到充分释放的同时，广大发展中国家却无法发声。一方面，目前建构中的国际治理体系被政治操控的余地较大，欧美国家对《网络犯罪公约》的推广引发诸多担忧并非没有道理，广大发展中国家在包括网络犯罪治理的规则博弈中处于被动态势，无法有效表达本国观点；另一方面，发展中国家的网络普及水平欠佳，其关注重心更多集中于消除数字鸿沟等议题，互联网发展水平在较大程度上对其视野构成限制。

三、网络犯罪国际法既有治理体系的发展前景

在无政府的国际环境下，网络犯罪国际法治理更依赖于各个国家之间乃至更多国际法主体之间的协调，此种协调的过程即是

[1] 参见黄志雄：《2011 年“伦敦进程”与网络安全国际立法的未来走向》，载《法学评论》2013 年第 4 期。

反复博弈的过程。既有网络犯罪国际法治理体系之所以面临困境,正是因为此议题尚处于博弈的初始阶段,在达成各方皆可接受的平衡态势之前,上述困境都无法彻底消解。网络犯罪治理中的现有文本、议程,乃至官方表态都是博弈过程的参与因素,其中各类文本作为成文形式的约定,无论是否具备约束力,都集中表现了各国的核心立场。从利益诉求、话语诉求的不同角度来说,文本都是最具考察性的因素,对于网络犯罪国际法治理而言更是如此。

(一)治理体系中的国际关系博弈

作为国际社会的基本状态,无政府状态意味着国际社会行为主体之间无处不在的博弈。在摒弃战争的当代国际社会,不使用武力原则使国际政治博弈的方式方法更为多元,各国需要尽可能多地挖掘非武力性质的博弈要素以增强自身的国际地位,国际法也无法逃脱成为此种国际关系博弈要素的命运。对于网络空间治理而言,为追求包括网络犯罪国际法在内的诸多领域的话语权,国际社会行为体也无时不处于博弈过程之中。

在国际社会的话语互动过程中,充斥着大量“符号”,国际社会行为体为追求政治权力而寻求操纵符号的含义。任何因素都可能成为此种符号,如“网络主权”“多利益攸关方”“网络空间负责任国家行为”“布达佩斯公约”“伦敦议程”“联合国网络犯罪政府间专家组”等都可能成为创造、维持政治话语的符号。福柯在其提出的符号“含义相对稳定论”中指出,话语是可以掌控的,符号的含义并非无休止的繁衍,而是在社会权力关系的作用下受到操控。[1]社会权力关系作用下的话语帮助建构并维持着一定的“真理”和社会秩序。这种“真理”和社会秩序,通常被认为是最

---

[1] 参见刘永涛:《话语政治:符号权力和美国对外政策》,复旦大学出版社2014年版,第14页。

符合权力支配者利益并服务于这种利益的。[1]在福柯的思想里，争夺话语主导权、维护或颠覆符号的含义，这些乃是社会斗争和竞争的重要方面。谁控制了话语，谁就控制了社会。[2]在网络犯罪国际治理体系中，国际法文本恰好是符号最集中表达与展现的场所，大量已存在的国际政治、网络治理固有符号开始向此领域渗透，以谋求网络犯罪国际治理中的主导权力。正如一些观点所指出的："一些行为体利用规则行使控制，从而比其他行为体更具有优势。"[3]在网络犯罪国际法治理中，欧美国家在极力推崇《网络犯罪公约》的同时，对于在联合国框架下制定新文本持消极态度的原因即在于此。在"伦敦议程"中，欧美国家反复强调现有国际法适用于网络空间的表态事实上也是旨在维持权威的举措，其目的即旨在加强《网络犯罪公约》的全球适用。

网络空间作为21世纪以来深刻影响着人类社会的新兴领域，国际社会在其中的博弈尚且处于上升阶段，其间的国际政治博弈主题已开始逐渐显现。一些观点指出，国际社会对于网络空间的认知，主要涉及三大问题，一是确认网络空间主要行为体问题，二是网络权势以及权力运用问题，三是网络空间秩序的生存、构建和维护问题。[4]其中每一点都涉及国际社会的政治博弈，此观点事实上也指出网络空间治理中的话语主题不仅在于国家之

---

〔1〕 See Michel Foucault, *Discipline and Punish*: *The Birth of the Prison*. Harmondsworth: Penguin, 1977. 参见刘永涛:《话语政治:符号权力和美国对外政策》,复旦大学出版社2014年版,第14页。

〔2〕 参见刘永涛:《话语政治:符号权力和美国对外政策》,复旦大学出版社2014年版,第15页。

〔3〕 Nicholas Onuf, *Constructivism*: *A User's Manual*. in Vendulka Kubalkova, Nicholas Onuf, Paul Kowert (eds.) International Relations in a Constructed World, New York: M. E. Sharpe, 1998, p. 63.

〔4〕 参见宋德星:《国际关系学科理论视域下的网络空间认知》,载《信息安全与通信保密》2019年第9期。

间，甚至在国家范畴之外也存在话语主体。对于网络犯罪国际治理而言，对网络空间议题的博弈情势之审视将决定着网络犯罪治理的总体走向。

在网络犯罪国际法治理中，我们到底应当如何看待国家间博弈？对于国家间博弈的外部因素而言，通常我们认为国家间博弈的外部基本环境为无政府状态，问题在于是否存在一个像"无政府"这样的概念，可以较好地概括现阶段网络空间的状态，包括权力分布、有序程度等，并在此之上再构建相应的秩序理论，[1]此问题还有待深入探讨。总体来看，"无政府"仍然可以适用于网络空间的治理，网络犯罪的治理与其他传统国际社会议题一样都将无法逃离无政府的语境。对于网络犯罪治理的秩序建构来说，国家依然保有绝对的刑事司法主权独立性，这将致使国家间博弈的博弈事项更加细致，博弈周期更长久；对于国家间博弈的内在因素而言，在网络空间中，网络空间权力由哪些部分组成，权力的来源、使用、合法性等都需要更加系统的探讨和建构。国家对网络空间进行"控制"的可控因素是什么，直接决定着网络空间的权力如何架构。传统国际社会依据政治、经济、文化等事务领域对国际社会权力进行阐释的做法未必行之有效，依据网络自身层次结构分析不同层次的可控因素或许是更为有效的方法，互联网自身分为物理层、数据链路层、网络层、传输层等多个层面，根据各层次的特性分析其上的权力来源。此种依层次分析权力因素方法在网络犯罪方面也将是有效的分析路径，这就意味网络犯罪的国际治理将是从底层技术到顶层设计的全面议程，从互联网基础设施到互联网技术标准制定，再到互联网传输流动层面的规制，都将可能是网络犯罪国际治理所触及的领域，亦即国家间博弈的场

---

〔1〕 参见宋德星：《国际关系学科理论视域下的网络空间认知》，载《信息安全与通信保密》2019 年第 9 期。

合将是多元的。

对于网络犯罪国际治理中的不同层面,国家行为体的权力可及程度不同,网络犯罪的国际治理可采取的博弈策略也将有所不同;作为博弈核心因素的国际法主体,国家所持的立场将直接决定博弈的发展走向,未来不同国家价值观之间的碰撞将更为激烈,当前国际社会已经存在全球性网络治理的需求,但不同价值观对网络事务的渗透阻碍着共识整合。在网络治理领域,互联网技术先进的国家更倾向于保障互联网活动的开放和自由,将现实社会中西方文明引以为重要根基的自由价值延伸至网络空间,正如欧美国家反复在其网络战略中强调网络自由开放价值的重要性。[1]更重视秩序观的国家在互联网治理理念上与前述观点根本不同,强调各国政府自主监管在网络治理中的重要地位,并提出"网络主权"概念作为理论依据。早在2010年6月,中国公布的《中国互联网状况》白皮书就指出:中国政府认为,互联网是国家的重要基础设施,中华人民共和国境内的互联网属于中国主权管辖范围,中国的互联网主权应受到尊重和维护。[2]有关网络治理思路的立场分歧,正如一些观点所述:"如果说西方国际关系话语霸权的基本特点是'自由与民主的国际主义',那么'中国学派'理论体系明显具有'国家中心主义'的特点。"[3]

(二)博弈视野下的治理体系前景

基于上述对网络空间国际治理的分析,博弈背景下的网络犯

---

〔1〕 European Commission, *Cybersecurity Strategy of the European Union: An Open, Safe and Secure Cyberspace*, European Commission (2013), http://ec.europa.eu/newsroom/dae/document.cfm? doc_id = 1667.

〔2〕 中华人民共和国国务院新闻办公室:《中国互联网状况白皮书》,载中央人民政府网,http://www.gov.cn/zwgk/2010-06/08/content_1622866.htm。

〔3〕 朱锋:《中国特色的国际关系与外交理论创新研究——新议程、新框架、新挑战》,载《国际政治研究》2009年第2期。

罪国际法治理前景并不乐观。话语是权力的语言,是追求意义控制权的产物,是支配的工具和表现。[1]从这个意义上来说,国际法集中体现着国际关系的博弈,因此国际法作为权力语言的特性更为突出,尤其在尚未形成稳定规范的国际社会领域中,暴力已不再是实现控制权的可选手段,规则控制权则成为事实上的支配工具。此处的分析对象为国际法规范,故而文本在讨论分析中占绝对的中心地位,事实上,当前国际社会对于网络犯罪规范治理的博弈也是围绕文本展开的。当前处于博弈中心的文本即欧委会《网络犯罪公约》,未来随着联合国在网络犯罪国际法治理中的发力,新的联合国草案文本或将成为博弈中心。

欧委会《网络犯罪公约》对今日的网络犯罪国际法治理格局影响不可谓不大,大量的话语符号都可溯源自《网络犯罪公约》。事实上,其他区域性文本,如阿拉伯国家联盟制定的文本都大量参考借鉴了欧委会《网络犯罪公约》,如具体罪名设定、24/7 合作机制等,即使在联合国场域下所作的网络犯罪治理工作方面,对欧委会《网络犯罪公约》也有较高评价。以对网络犯罪进行界定为例,联合国网络犯罪政府间专家组一致认为需要采取一种描述性或分类性的办法,作为本次研究和其他研究的依据,并作为有效国际合作的基础。多数专家一致认为,无论他们是否赞成将欧委会《网络犯罪公约》本身作为一项可行的法律文书,《网络犯罪公约》所体现的分类法都是一个良好的起点。[2]此种态度延续到了专家组制定的《网络犯罪综合研究报告》文本中,在对网络犯罪行为进行分类时,报告所采取的分类与欧委会《网络犯罪公约》基

---

〔1〕 参见[美]彼得·古德里奇:《法律话语》,赵洪芳、毛凤凡译,法律出版社2007 年版,“序”第 2 页。

〔2〕 See UNODC/CCPCJ/EG.4/2017/2 (*Deliberations at the First Meeting of the Expert Group to Conduct a Comprehensive Study on Cybercrime*, held in Vienna from 17 to 21 January 2011).

本近似。[1]《网络犯罪综合研究报告》总体上即对《网络犯罪公约》分类的增添,加入了近些年来表现突出的新犯罪形式,并将版权相关犯罪划归至第二类。此种状态表明甚至在联合国框架内主导网络犯罪事务的 UNODC 以及政府间专家组中间,对于欧委会《网络犯罪公约》的完成度也有较高的认可度,此点在报告的其他部分亦有较多展现。一方面,说明《网络犯罪公约》作为条约文本具有较强的科学性和前瞻性;另一方面,说明联合国在网络议题中的创新度和参与度都有待提高。

一些国内法研究者指出,面对欧委会《网络犯罪公约》,中国有两种选择,一种是加入,然后推动较大规模的修改;另一种是"另起炉灶",自己牵头起草"升级版"。[2]其中预设的不合理之处在于,中国加入后是否确有能力推动修改,以及中国另起炉灶何以要构造"升级版"。

在加入欧委会公约方面,此类观点认为加入公约时被接受问题不大,只要国内法做相应的修改。[3]此种观点过于乐观。其

〔1〕 报告所采取的分类为:(1)破坏计算机数据或系统的保密性、完整性和可得性行为,包括:非法进入计算机系统,非法获取、截取计算机数据,非法干扰计算机系统或数据,制作、传播或持有计算机滥用工具,破坏隐私或数据保护措施;(2)与计算机有关的、为获得个人或经济利益或引发损害的行为,包括:与计算机相关的诈骗或伪造,与计算机相关的身份犯罪,与计算机相关的版权或商标犯罪,与计算机相关的引起人身损害的行为,与计算机相关的教唆或诱骗儿童的行为,发送或控制发送垃圾邮件;(3)与计算机内容相关的行为,包括:与计算机相关的涉及仇恨言论的行为,与计算机相关的制作、传播或持有儿童色情制品,与计算机相关的支持恐怖主义犯罪的行为。欧委会《网络犯罪公约》所采取的分类为:(1)危害计算机数据和系统的机密性、完整性和可用性;(2)计算机相关危害(计算机伪造、诈骗);(3)相关危害(儿童色情相关);(4)侵犯版权或邻接权的危害。See UNODC. *Comprehensive Study on Cybercrime*. p. 17 – 18.

〔2〕 参见郭旨龙、丁琪、高严:《网络犯罪公约的修正思路》,中国法制出版社 2016 年版,第 15 页。

〔3〕 参见郭旨龙、丁琪、高严:《网络犯罪公约的修正思路》,中国法制出版社 2016 年版,第 15 页。

一,从欧洲国家的话语权来看,欧洲成为网络犯罪国际法治理的先行者,意味着它们必然将借由对于此领域治理权力的垄断寻求规则利益,欧委会早先有关公约加入程序的修改正是最好的说明,[1]该公约的准入程序排他性严重,即使在设定向全球推广该公约的目标并付诸变革后,依然没有太大的改善。[2]因此贸然认为中国可以轻易加入无疑是想当然的。在实际商谈中欧委会各成员国可能基于其他政治考量,为中国加入公约设卡乃至反对中国加入公约。其二,在治理理念层面,中国与欧美国家在治理理念方面仍有较大的分歧。欧委会《网络犯罪公约》集中体现了欧美国家关注的三个问题:隐私权、数据保护、服务提供商的责任和承担,欧美国家的关切直接受到其国家政治法律传统的影响,即重视对私权利的保护及对公权力的限制,互联网中的个人权利即是欧美国家在网络犯罪治理中的核心关切,势必成为日后与其他国家商讨网络犯罪国际法治理议题的矛盾点所在。对于尚处于发展中的国家而言,满足上述条件的时机尚未完全成熟,当下发展中国家更关注自主管网的权力,此即网络主权的基本内涵。此种理念上的分歧也决定着中国不会加入欧委会《网络犯罪公约》。

在"另起炉灶"构建新文本方面,一般会认为国际公约的签署过程耗时日久,结合中国在现阶段的国际公约实践经验来说存在较大的压力。[3]从国际治理中的角色定位来说,中国作为大国在政治、经济治理领域正趋于成为国际议题的提案者、倡导者,在诸如以国际法为核心的国际法律治理领域也在发力之中,如近些年

---

〔1〕 Cybercrime Convention Committee (T – CY), *Criteria and Procedures for Accession to the Budapest Convention on Cybercrime – Update*, T – CY (2012), https://rm.coe.int/16802e7041.

〔2〕 参见蔡高强、焦园博:《论联合国框架下网络犯罪国际治理的中国立场》,载《中央民族大学学报(哲学社会科学版)》2019 年第 2 期。

〔3〕 参见郭旨龙、丁琪、高严:《网络犯罪公约的修正思路》,中国法制出版社 2016 年版,第 15 页。

中国致力于推进气候变化方面的巴黎公约,中国正尝试在国际治理中实现并承担大国担当、大国责任。中国在国际法治理领域还担负着另一重角色,即“二战”后现代国际体系中的后来者(发展中国家)角色。然而中国至今尚未在网络犯罪国际法治理领域展现出发言者的姿态,亟待规范化的网络犯罪领域正是中国展现治理担当与能力的试金石。从中国主导构建新文本的路径来说,上述观点指出的牵头起草“升级版”的描述亦不恰当,中国即使要引领新文本的制定,也必然要顾及更广泛的发展中国家利益。新文本得以立足的根本方面绝不是对已有文本的翻新改良,其立足必然在于对犯罪治理独立性、自主性,以及犯罪侦查技术能力建设等方面的关注。

未来一段时期内,网络犯罪国际法治理的主要争论点都将围绕欧委会《网络犯罪公约》展开,此外联合国作为话语博弈的新场域已经逐渐展开。《网络犯罪公约》是否值得从区域性文本演变成为具有普适性的全球性文本?根据《网络犯罪综合研究报告》的调查,一些国家建议,更多国家加入欧委会《网络犯罪公约》能够促进国际合作并协调各国网络犯罪法律;另一些国家则建议,应制定一部新的网络犯罪国际法律文书;此外还有国家建议,可通过在联合国层面制定国际示范法律条款来促进法律协调。[1]三类观点集中体现着打击网络犯罪国际法治的观点分歧。

其中第一种、第二种观点针锋相对,正是当前网络犯罪国际法治理的主要博弈主题。通过为公约建立专门的委员会(T-CY),《网络犯罪公约》得以跟进网络犯罪的最新发展趋势并不断完善文本,委员会还通过邀请非欧委会成员国国家加入的方式不断扩大本公约的影响力,试图维持本公约已经建立起来的话语优势。看似该公约的缔约国数量在不断增加,但问题恰好在于世界

---

〔1〕 See UNODC, *Comprehensive Study on Cybercrime*, p. XIII.

上主要的发展中国家(俄罗斯、中国、印度等)大多都未加入该公约,使得公约在民主性上有极大缺陷。如今在俄罗斯、中国等国的推动下,联合国就网络犯罪议题制定新公约草案的议程已经启动,虽然美欧国家代表持消极乃至反对意见,该决议仍然得以通过。第二种观点目前已经起步,未来如何仍有极大变数,这也将是本篇后续所要阐述的重点内容,即通过分析打击网络犯罪的各方面具体规则来支持联合国网络犯罪新文本的制定。

其中第三种看起来更像是一种折中的方案,联合国国际贸易法委员会曾制定《国际商事仲裁示范法》《国际商事调解示范法》,并收到良好的成效。此种模式适用于网络犯罪治理的不足之处在于,国家间法律的协调不能替代国家间法律的合作。即使网络犯罪的国内刑事规制在实体层面上趋同,也不能消解主权分割带来的合作障碍,或许打击网络犯罪实体法的趋同有助于治理理念的调和与趋同,但无法完全协调国家的政治诉求,尤其是网络大国的话语诉求;此种模式适用于网络犯罪治理的优势在于,示范法是对主权分隔与全球共治的妥善平衡。在关涉犯罪惩治的刑法问题上各国都具有较明显的本土性特征,与全球趋于一致的商事规则相比,刑法更多受本土政治、经济、文化诸多因素的综合影响,即使国际社会在网络犯罪的表征上有更多的共性,但依然不得不受制于传统犯罪规范的规制惯性,使在一定程度上适合以统一规范予以规制的网络犯罪问题得不到国际层面的统一规制,示范法则给予各个国家更多的时间去了解、适应网络犯罪的应然规制方法,而非直接违反其本土刑法的惯性。总体而言,示范法仍是必要的,国际社会需要借助示范法解决打击网络犯罪所涉及的诸如犯罪要件等实体性问题,以期通过采用共同的犯罪要件排除任何有利于庇护犯罪的可能性,防止犯罪者利用双重犯罪原则逃避管辖与制裁。[1]示范法同样可以适用于电子证据相关的程序性事项，一方面指导国家如何以恰当方式进行数据的保存、获取等，另一方面也需要指导国家如何在隐私权保护与技术性调查措施之间寻求平衡。

网络犯罪国际法治理中的博弈不仅在于宏观的议程运作，也散诸于各种细节的举措之中。因此从文本中分析国际社会在该领域的话语博弈，不仅要分析文本的整体状态，也需要对管辖、实体、程序中的各个具体规则进行分析，每一项条约规则背后都可能是国家的政治立场所在，这将是后续部分展开阐述的内容。

四、小结

本章内容主要是对当前网络犯罪国际法治理现状的描述，通过分析目前已有的网络犯罪治理国际法文本、组织等机制，确立本文分析的基本边界，本书内容都将在本章所述及的体系框架之中展开。本章涉及主要内容如下。

1. 当前网络犯罪相关的国际法在打击网络犯罪的目标上一致，各个治理实践之间存在联系，且治理范围已基本覆盖世界上的主要国家，可视为已初步形成治理体系，但体系的凝合度较差；当前治理体系中的主要文本涉及欧委会、阿拉伯国家联盟、非洲联盟、上海合作组织、独联体等组织制定的区域性条约，主要组织机制涉及联合国毒品与犯罪问题办公室、国际刑警组织、网络犯罪公约委员会等，组织机制还涉及网络空间国际会议、世界互联网大会等会议机制。

---

[1] 不乏一些极端案例，如维基解密事件及“棱镜门”事件，其中涉及的主角朱利安阿桑奇与爱德华斯诺登即被美国通缉并积极寻求引渡，此案件对于美国无疑为涉及国家安全的网络犯罪案件，然而站在欧盟及其他国家立场上则未必支持美国做法，此种牵扯国家安全的涉网案件事实上人们也不再重视互联网在其中的角色，而是更多将关注置于政治安全问题上。

2. 网络犯罪国际法治理体系以建立更广泛的全球治理体系为目标,从此目标来看,当前体系发展的进程并不顺利,其面临的困境在于:其一,当前网络犯罪国际法治理体系受到国际关系博弈的影响,国家之间就治理立场方面开始站队,进而形成在一定程度上互相排斥的数个阵营,阵营化导致网络犯罪国际法治理体系的进一步割裂;其二,在当前网络犯罪国际法治理体系中,发达国家以及网络大国的发声更为频繁,更多网络发展水平有限的国家没有参与进来,网络犯罪还不是此类国家的关注点,网络基础设施建设等网络发展议题反而更受关注。

3. 网络犯罪国际法治理体系的发展前景可形容为道阻且长,国家间的博弈在极大程度上影响着体系的发展进程,各国为寻求国际话语权而相互对抗、合作,其间政治因素的不稳定性也带来体系发展前景的不稳定性。总体来看,在全球推广欧委会《网络犯罪公约》以及在联合国框架下建立新的网络犯罪治理公约开始成为两个走向对立的选项,从中国的立场以及全球更广泛国家的治理立场来看,在联合国框架下制定新文本将是必选项。下述章节有关具体规则的讨论的潜在背景即在联合国新文本中,应当采用哪些规则,以及如何在这些规则中实现立场平衡。

第三章 网络犯罪国际法治理之管辖权规则

在网络犯罪治理方面，管辖规则是网络犯罪治理规则的起始。当前国际法层面的管辖规则在性质上不同于国内管辖规则，其在国际社会无政府的意义上来看并不可控，各国在网络犯罪管辖权的横向分配问题上并不存在被广泛采信的共识。事实上，国际社会当前仍就网络空间诸议题中的管辖问题存在分歧，各国都希望尽可能将与本国存在关联的网络空间纳入管辖范畴，最大限度地实现治理利益。最恰当管辖国家的确定，关乎国家对网络犯罪实施治理的正当性和可行性，而网络犯罪相比传统犯罪更为夸张的跨国性，一方面使具有正当管辖权的国家增加，却在另一方面使具备有效治理能力的国家在减少。在相关的国际性规则方面，当前网络犯罪治理在管辖规则上或用极模糊的条款进行规定，如欧委会及阿拉伯国家联盟的公约，或根本不予回应。在管辖权规则的具体运用方面，已存在管辖规则的文本都在尝试引入传统国际法管辖原则,如属地管辖、属人管辖等,但此类原则在网络空间中的表现完全不同于传统物理空间,如属地原则可能涉及服务器所在地国家、端设备所在地国家、犯罪实施者及受害者所在地国家等,若要引入此类原则,势必需要在实践操作层面给出更细致的方案,在这一问题上目前的国际法规则没有达成任何共识。

一、网络时代的国家管辖权

从管辖规则本身的目的来说,确立最适合管辖案件的主体有助于增进司法审判的合理性。与国内法的管辖规则一样,国际法上的管辖权规则旨在确立最适合施行管辖的国家,但国际法上的管辖权不同于国内管辖权:国内管辖权是管辖权力的依法分配,依据国内的管辖规则即可找到适当的管辖主体,管辖规则在实践中可以得到很好的遵守;国际法上的管辖权则是在习惯国际法的基础上发展出的管辖规则,在实践中可能存在多个合法的管辖主体,甚至不具备管辖条件的国家也可能通过发现任何关联(contact)来确立管辖权。国际法中的管辖权背后可能涉及诸种实质性内容,如出于政治利益诉求,或者对某类事项进行司法管辖的迫切诉求此类诉求受制于其他国际法规则。UNODC 决议已经指出,负责应对网络犯罪并保护受害人和基础设施的官方实体受到主权、礼让和领土管辖权等方面的限制,而犯罪分子本身却不受限制。[1]面对日益严重的网络犯罪问题,国际社会无疑需要就管辖权等关键问题达成有效合作,以应对严峻的网络犯罪情势。不过作为全新的社会领域,网络犯罪国际治理中的管辖权也更易成

---

〔1〕 See UNODC/CCPCJ/EG. 4/2017/2 (*Deliberations at the First Meeting of the Expert Group to Conduct a Comprehensive Study on Cybercrime*, held in Vienna from 17 to 21 January 2011).

为国家间的利益博弈方面，对此应当有所认知。

（一）网络犯罪中的“连接点”泛化

一般而言，犯罪行为与行使管辖权的国家之间要有“充分的联系”或“真实的联系”。此种联系要素通常基于领土、国籍，但也可能基于经常居住地、国家安全及利益、人类社会公认的重大危害行为而建立联系。问题在于，主权既赋予管辖权灵魂也同时是管辖权的桎梏，管辖权作为主权的延伸而得以建立，但主权也有着独立权的内涵，独立权意味着不可干涉他国事务，管辖权在建立之后便只能“画地为牢”局限于本国领土之内。在外国领土上实地开展刑事侦查活动（如根据保护管辖原则或被动属人管辖原则）仍需获得外国政府的许可。〔1〕

网络活动（包括网络犯罪）常常跨越地理空间上的隔离，与本国之外的诸种要素建立联系，由此导致网络犯罪在管辖方面的困境。一方面，网络犯罪所具有的跨界特性，将使更多国家更易建立本国与网络犯罪行为之间的联系，互联网使“真实联系”的门槛在极大程度上降低：犯罪行为发生地（行为人所在地、服务器所在地、中继服务器所在地）、犯罪结果发生地（受害者所在地、服务器所在地、中继服务器所在地）相关的国家都有可能因为此种联系而建立管辖权，但是其范围可能超乎想象，将犯罪行为与特定国家连接起来的“连接点”在急剧扩张，国家可据以实施管辖的连接点因网络而泛化。如今在许多国家，无须“全部”犯罪发生在本国境内，即可主张属地管辖权。另一方面，网络犯罪所具有的跨界特性，将使案件要素分布于多个国家，对各国有效实现其管辖构成挑战。即使连接点的泛化致使潜在的管辖国范围扩张，但能够有效地实现管辖权力的国家数量反而没有扩张，案件因素的广泛

---

〔1〕 See Brownlie I., *Principles of Public International Law*(*6th ed*), Oxford University Press, 2003, p. 306.

分布使侦查、司法活动寸步难行,若不依赖于刑事司法方面的合作机制,案件甚至无法有效侦破、审判,因此网络犯罪的跨界性更易导致案件的无效管辖。事实上无论国家之间是否就管辖问题达成一致,在侦查合作、证据合作、创新合作方面的瓶颈会直接制约着此种管辖是否能有效实现。

(二)"连接点"泛化背景下的传统管辖权困境

网络犯罪在管辖权问题上,对基于主权的传统管辖权形成严峻挑战:一方面,作为联结犯罪与管辖权的诸种"连接点",如地域、国籍等,在网络环境下产生异化,由此导致国家可以在希望管辖的时候扩张解释其管辖权,从而引发国家间的管辖争端;另一方面,网络环境下的犯罪者在利用各个国家的犯罪政策差异规避国家管辖权方面成本更低,管辖权缺位将会引发更多的不法行为。两方面归结起来即网络犯罪管辖权的积极冲突与消极冲突。未来对网络犯罪的管辖权问题的讨论应对上述两个方面有所回应:(1)协调积极冲突,即照顾本国之外的其他国家关切(主权关切、国家及公民利益关切),一般来说在涉外案件中存在多个涉及利益关切的国家,最佳的状态在于,国家间可以就管辖权的积极冲突问题达成国际条约,在最低限度上,实施管辖的国家需要对他国利益关切予以回应,该原则并非意味着他国对于本国主权的干涉,更多表征为礼节性质的互惠,进而可依此形成网络犯罪管辖的习惯国际法;(2)避免消极冲突,即网络犯罪国际法治理不存在真空,保证潜在管辖国在切实实施管辖时可以有效触及所有与本案件相关的因素。国际社会至少要在普遍认可为网络犯罪行为的治理上不会缺位,虽然并非所有网络犯罪都满足双重犯罪的标准,但在具有普遍性、重大影响的网络犯罪行为方面无疑应确保法律治理不会缺位。

国际社会在协调网络犯罪的国际管辖权问题时,即使传统管辖权遭到挑战,也仍然要尊重传统管辖权所依赖的国家主权,合理的管辖权协调方案必然要顾及各国主权间的平衡。主权概念并非招之则来、挥之则去的双重标准工具，对于那些“进则施以长臂管辖，退则声称网络主权”的双重标准行为，必须予以严厉谴责，所有的网络犯罪治理参与方必须明确：尊重他国自主管辖网络犯罪的权利亦是尊重本国的管辖主权。诸如美国等支持网络自由政策的国家，往往更倾向于利用微弱的关联性确立自身的管辖权，通过建立效力极低的最低联系以使本国网络犯罪管辖权限得以急剧扩张，形成类似“长臂管辖”的效果。由此带来的问题在于越权管辖现象极为严重，甚至可能出现以低效力的管辖权凌驾于他国的高效力管辖权之上的情形，激化主权冲突。在管辖权的行使过程中也集中体现着主权间的冲突，尤其在犯罪证据的获取方面。网络犯罪相关的证据必然留存于多个网络节点，犯罪证据与犯罪行为本身一样可能是跨境的，尤其在实时数据收集、通信数据的快速保存和披露、电子证据保全等侦查措施上，跨境获取犯罪证据必然涉及主权问题。如今各国逐渐加大了对数据保护的立法力度，网络犯罪查证的技术措施将愈加受限，即使如此，各国的政策法规制定都依然是其主权范围内的事务，应受到国际社会的尊重。国际社会所能做的，便是寻求网络犯罪管辖权之间的合理分工，以及使国家之间就管辖权问题达成更多合作。

二、传统国家管辖权在网络犯罪中的适用分析

全球各国国内法以及现有的国际性文本，在互联网内容及形式的管制角度方面存在差异。国家可以选择将其司法管辖范围限于本国国土上犯罪实施者的活动，也可以忽略信息源头着重起诉本国内获取内容的人，或者它们可以试图对信息制造者采取域

外行动。[1]以上观点显示出各国在网络犯罪管辖方面的法律差异在不断增大。此种差异可以追溯至不同法系之间的根本性差异。从网络犯罪角度来看，对于不同秩序的重视及塑造程度可能导致在某些方面出现对不同管辖原则的偏好，导致各国在网络犯罪管辖方面的差异化。

当前的国际性文本在管辖权方面大多都选择性地沿用了传统管辖权。网络犯罪调查问卷的国别答复表明，目前没有任何必要对推定的“网络空间”领域确定其他形式的管辖权，属地和属人管辖权几乎总是能够确保网络犯罪行为和至少一个国家具有充分的关联。传统管辖权模式确实仍然具备在网络环境中适用的能量，但是如何适用尚且存在疑问，目前看来，网络犯罪中的管辖权条款可重点适用客观属地原则，任何其他原则的适用都需要更多的实践来验证。

（一）属地管辖权的适用方式

在属地管辖方面，一般来说，犯罪行为、结果等犯罪构成要素之一在一国地域内发生时，即可确立管辖权，普遍性的观点认为属地管辖权的主张并不需要犯罪行为“全部”发生在一国境内（犯罪行为全部/部分在本国领土上实施、犯罪行为在本国境内产生了后果/破坏、用于实施犯罪的计算机/程序/数据位于本国境内，以及以上情形在位于本国注册的船舶和飞行器上实现）。一些国际性文本也提及当违法行为部分或全部，起始或是实现于一国领

---

〔1〕 前两者属于典型的属地与属人管辖，因其易于践行也更易于成为网络犯罪打击的侧重方面，第三类是否可视为保护性管辖权有待讨论，但确有实际判例对位于别国的信息制造者实行管辖权，此种管辖常常不被认可，故而当信息制造者处于此类国家的管辖所及之处时（如跨境旅游），对第三类措施持支持立场的国家将可能对信息制造者采取刑事措施。

土之内时,该国便可实施管辖权。[1]不过并非所有情形都适合实施管辖:(1)当犯罪行为发生于一国领域内时(包括犯罪行为起始于一国或者经过一国时),该国依据属地原则理应有权进行管辖,此即所谓主观属地管辖权,此时管辖国可能缺乏充分的管辖动机(未对本国法益造成侵害)以及此时犯罪侦查将更为困难(仅掌握犯罪行为中的少数环节),凭此国家有时甚至不能建立犯罪行为与本国之间的联系;(2)当犯罪结果发生于一国领域内时,依据属地原则该国也理应有权进行管辖,此种管辖即所谓"客观属地管辖权",但管辖权的实现必须充分依赖于与其他相关国家建立的良好协作关系;(3)主客观属地管辖权在各国实践中被同时采用,无论基于何种情形实现属地管辖,上述管辖的实现可能性与犯罪行为人处于何国控制之下密切相关,当犯罪分子处于上述意欲实施管辖的国家时,上述管辖实现的可能性将随之提升,当不处于上述国家时,是否与行为人所在国建立良好的合作关系(如引渡协议)将决定着管辖权能否得到实现。

目前国际性文本对于属地管辖的上述适用方式,基本符合传统犯罪中对于属地管辖的适用逻辑,但网络犯罪要素分布往往过于广泛,进而常导致国家之间的管辖竞合。对于管辖竞合问题而言,国际性文本需要建立针对管辖权的协商条款,以确立最适合实施管辖的国家,此种条款在欧委会的《网络犯罪公约》中已有所体现。[2]阿拉伯国家联盟的《打击信息技术犯罪公约》甚至建立了优先顺序:安全利益受损国 > 犯罪行为地国家 > 犯罪分子国籍

---

〔1〕 See League of Arab States, *Convention on Combating Information Technology Offences*, Article 30 - 1.

〔2〕 Council of Europe, *Convention on Cybercrime*, Article 22 - 5: When more than one Party claims jurisdiction over an alleged offence established in accordance with this Convention, the Parties involved shall, where appropriate, consult with a view to determining the most appropriate jurisdiction for prosecution.

国。[1]倘若缺乏文本约束,国际社会要避免管辖权冲突就必须坚持对“真实联系”设定足够高的门槛。在网络犯罪国际法治理的实践中,国际社会应当发展出相应的习惯国际法规则,来探索国家与犯罪行为之间建立管辖关系的最低限度(minimum contacts),以防止“长臂管辖”的可能性。[2]

(二)其他管辖权的适用方式

在属人管辖方面,通常而言,网络犯罪文本中的属人原则大多都依据犯罪行为人的国籍确立管辖权(主动属人原则),依据受害者国籍确立的管辖权(被动属人原则),目前依据经常居住地确立的管辖权还未得到普遍承认。被动属人原则常常意味着对行为、结果皆不在本国境内的犯罪行为实施管辖,在联系的紧密程度上不仅不及属地原则,基于受害者的国籍建立的联系还意味着更易与他国属地管辖有所冲突,因此若非基于一些不可容恕的罪名,此种被动属人原则通常不易得到认可。不过一些条约中还是采用了被动属人原则,如《儿童权利公约》的任择议定书,[3]故而被动属人原则在涉及儿童色情内容的网络犯罪上存在是否适用的问题。考虑到被动属人原则并非通行做法,对于网络犯罪国际法文本而言,无须针对该领域内容特别规定被动属人原则,直接依据《儿童权利公约》任择议定书确定被动属人管辖即可。当前

---

〔1〕 League of Arab States. *Convention on Combating Information Technology Offences*, Article 30 – 3.

〔2〕 不同于美国在国际民商事活动中的“最低限度原则”,此处提及的最低限度的目的,不在于建立最低限度的联系以实现管辖,而是要求已有的联系具备管辖所需的最低限度。

〔3〕 《〈儿童权利公约〉关于买卖儿童、儿童卖淫和儿童色情制品问题的任择议定书》第4条。

的国际性文本以主动属人原则为主，[1]且此种主动属人原则也往往受到限制，如要求此种属人管辖权的建立必须满足“在行为发生地国家构成犯罪，或行为发生在不属于任何国家管辖的区域”，这就意味着主动属人原则的实现必须照顾到其他相关国家的刑事政策。

在保护性管辖方面，目前保护管辖在网络犯罪国际性文本层面还未得到较多承认，少数文本如阿拉伯国家联盟的《打击信息技术犯罪公约》中提及，可依据国家利益实施保护管辖的条款。[2] 保护管辖也是极易引起争端的管辖原则，即使在传统国际法中，也缺乏成熟的实践经验，目前网络犯罪的国际性文本仍不宜引入此种管辖原则。

总体来看，目前网络犯罪相关的国际性文本，普遍都在通过改造传统管辖权原则来探索适合网络犯罪的管辖权体系，其中客观属地原则与主动属人原则表现出良好的适应性，在后续的文本中应当得到继承。其中对于属地原则还可以进行更细致的修正，以更好地区分客观属地原则与主观属地原则，诸如一些观点提出以“实害联系原则”作为认定犯罪行为地、犯罪结果地的方法，[3] 此种区分将有效免除更多国家对一些国家实施“长臂管辖”的担忧。此外，主观属地原则的完善还需要依赖于国际刑事合作的完

---

〔1〕 Council of Europe, *Convention on Cybercrime*. Article 22 - 1 - d; League of Arab States. Convention on Combating Information Technology Offences. Article 30 - 1 - d.

〔2〕 League of Arab States. *Convention on Combating Information Technology Offences*. Article 30 - 1 - e: Every State Party shall commit itself to adopting the procedures necessary to extend its competence to any of the offences set forth in Chapter II of this Convention, if the offence is committed, partly or totally, or was realized: ...if the offence affects an overriding interest of the State.

〔3〕 参见于志刚：《关于网络空间中刑事管辖权的思考》，载《中国法学》2003年第6期。

善，在被动属人原则和保护管辖原则方面，仍需要更多的理论支持与实践探索。

三、小结

本章内容主要是对当前网络犯罪国际法治理规则中的管辖权进行讨论，管辖权规则作为网络犯罪治理的起始环节，确立更为平衡、合理的国家间管辖权横向分配规则，将有助于各国更有效地实施治理措施。本章主要涉及内容如下。

1. 在网络环境下，犯罪因素所牵涉的国家更多，行为发生地、结果发生地、行为人所在地等诸种"连接点"都可能与大量分布广泛的现实要素相关联，由此导致多个国家都可能具备管辖的权力基础；而在多个潜在的管辖国之间将可能产生积极、消极的管辖冲突，尤其当国家仅从自身利益角度出发，选择性地实施其管辖权时，网络犯罪中的管辖权冲突问题将更为突出，以统一的原则协调各国之间的管辖立场才是未来的前进方向所在。

2. 在当前的实践中，网络犯罪的管辖权问题还在沿用传统的管辖原则，即属地管辖、属人管辖、保护性管辖、普遍性管辖，在沿用此类原则时，需要更多地考虑网络空间中的行为特性；在适用属地管辖时，主观、客观属地管辖都具有管辖依据上的合理性，国际社会需要尽可能地在其中建立更高门槛，尽可能为各类管辖依据确立优先顺序；在适用属人管辖时，主动属人管辖在实践中应当更多地被承认，保护性管辖、普遍性管辖则不适合引入网络犯罪的管辖问题中。

第四章　网络犯罪国际法治理之实体性规则

在网络犯罪国际法治理的博弈中，实体法问题直接关涉各国的实体利益，国家对哪些违法行为进行定罪，直接受到本国刑法传统与政治利益的影响。根据《网络犯罪综合研究报告》的问卷分析，各国普遍对报告所述及的14种网络犯罪行为进行了定罪，[1]其类别主要涉及基于系统、数据要素的犯罪行为，基于使用方法的犯罪行为，基于内容表达的犯罪行为，主要例外情况是垃圾邮件犯罪，并在一定程度上包括互联网环境中的仇外心理和种族

---

〔1〕 非法侵入计算机系统；非法获取、截取或获得计算机数据；非法数据干扰或系统干扰；制作、散布或持有计算机滥用工具；侵犯隐私或数据保护措施；与计算机有关的诈骗或伪造；与计算机有关的身份犯罪；与计算机有关的版权和商标犯罪；与计算机有关的造成人身伤害的行为；与计算机有关的涉及种族主义或仇外的行为；与计算机有关的制作、散布或持有儿童色情制品的行为；与计算机有关的教唆或“诱骗”儿童的行为；以及与计算机有关的支持恐怖主义犯罪的行为。

主义行为、教唆或诱骗儿童的犯罪。[1]

本章所讨论的诸多犯罪的行为特征、客体等方面的内容，其中将涉及不少互联网相关犯罪的要件细节，分析此种细节对于国际法研究的重要价值在于：对要件的研究旨在国际层面上找到可以被更多国家所接受的罪名界定方法，而非找到最“正确”的应然罪名界定方式。网络犯罪国际法治理的相关研究必须尽可能实现刑事实体法的国家间统一协调，从实体角度来说即寻求治理议题中的实体法平衡点，此种分析甚至还可能影响其他方面，比如从跨国刑事合作的角度来说，双重犯罪原则在多数情形下直接决定着刑事合作的可行性，而双重犯罪的认定便从刑事实体内容的要件细节中展现，故而此种要件细节最终将对国际合作产生影响。

一、网络犯罪国际法实体规则的基本状态

在国际社会层面，现有网络犯罪法律最常关注的内容就是定罪，这表明当前国际社会主要关注的是如何凝聚共识，将核心网络犯罪行为确立为专门犯罪行为。未来的网络犯罪相关法律虽说可能更多地述及侦查措施、管辖权、电子证据和国际合作，[2]但实体性内容的讨论作为国际治理的前提性方面，势必需要国际社会持续予以关注，目前国际社会对于网络犯罪的定罪问题虽已有一定程度的共识，但还需要更长的磨合过程来巩固。

（一）网络犯罪行为的表现形式

在对涉互联网犯罪行为进行定罪时，当犯罪行为更多牵涉技术性因素时，当前各国之间表现出更多的相似性与更高的契合度，其原因在于互联网技术的使用在各国之间无法引起巨大差别，如非法侵入计算机系统、滥用计算机工具等行为；当犯罪行为更多牵涉社

〔1〕 See UNODC, *Comprehensive Study on Cybercrime*, p. 78.

〔2〕 See UNODC, *Comprehensive Study on Cybercrime*, p. XVIII.

会性因素时,各国之间则可能表现出更多元的态度,其原因在于各国刑法传统本身就对各种社会性因素的规制采取的态度不同,如色情、赌博、知识产权侵权行为。在此基础上进行延伸,《网络犯罪综合研究报告》就此指出,网络犯罪主要涉及两种行为:一种行为侧重揭示犯罪目标,即关注犯罪行为所针对的人、物或价值;另一种行为则侧重思考计算机系统或信息系统是否构成犯罪作案手法的一部分。[1]事实上,这两种行为都在不同方式上构成对互联网要素的滥用,当前已有的网络犯罪治理国际法文本基本上都会在文本中兼顾两者。

根据《网络犯罪综合研究报告》的问卷统计,受调查国家警察部门最常遇到的网络犯罪行为的基本情形如图4-1所示。

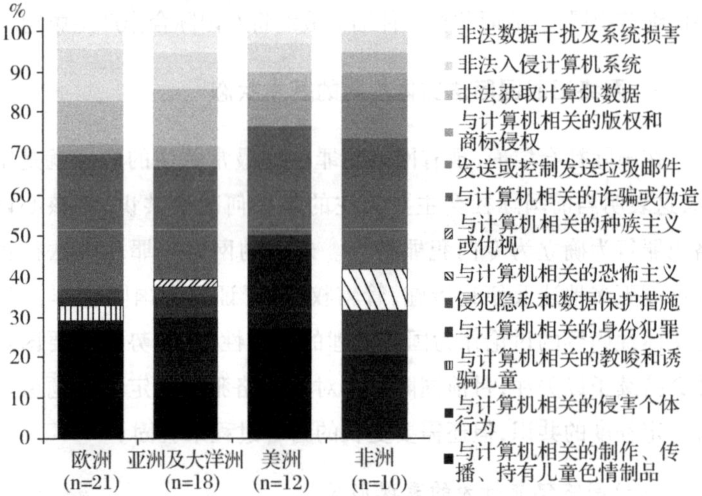

注:n为样本数

图4-1 国家警察部门最常遇到的网络犯罪行为

资料来源:UNODC, *Comprehensive Study on Cybercrime*, p.26。

[1] 现有的关于打击网络犯罪的国际性文本中普遍采用两种思路中的一种,如Convention on Cybercrime (CoE)、Draft Convention on the Establishment of a Legal Framework Conductive to Cybersecurity in Africa。Draft African Union Convention (AU)兼采两者,采用前者的如独联体Cybersecurity Draft Model Bill (CIS),采用后者如上海合作组织Agreement on Cooperation in the Field of International Information Security (SCO)。

从图4－1中可知，各国普遍遇到的网络犯罪问题大多都涉及上述提及的揭示犯罪目标的类型，其中诈骗、儿童色情、人身损害成为网络犯罪最常指向的目标，指向此三类目标的犯罪行为之和占比普遍可以达到2/3左右；相比之下，将信息系统作为犯罪作案手法的犯罪行为并非主流，但并不意味着对此类行为定罪不重要。同时图4－1也表现出各个区域的常发性网络犯罪在类别上存在一定程度的差异，在个别类型的网络犯罪上甚至差异显著，例如，非洲国家基本不存在儿童色情相关的网络犯罪行为，虽然该数据不代表非洲不存在儿童色情相关犯罪，但至少说明儿童色情犯罪在互联网层面尚没有足够的表现。目前虽然警方记录的网络犯罪统计对国内的犯罪预防和政策制定很有价值，但是总体上不适合网络犯罪的跨国比较。[1]网络犯罪实证采集的数据信息不适合进行国别意义上的比较分析，在网络犯罪的类型方面，各国独特的社会秩序环境投射于网络犯罪之中，使不同国家所面对的网络犯罪类型存在较大差异，但是可归属于同种类型的网络犯罪，其模式即使在全球层面上看也具有较高程度的相似性。具体而言，在重视作案手法的犯罪行为方面，国际社会具有更高的契合度，这使后续关于此类犯罪的讨论得以集中于犯罪行为的本身性质；相对而言，关注犯罪目标的犯罪行为在表征上有较高相似性，但此类罪名中存在各国的刑事政策价值倾向，后续关于此类犯罪的讨论则需要关注各国在犯罪行为界定中的价值差异及其各自取向。

从历史演进的角度分析，网络犯罪总体上表现出从重视作案手法到重视犯罪目标的转变，由此导致刑事实体法在规制侧重上发生转变。

---

〔1〕 See UNODC, *Comprehensive Study on Cybercrime*, p. 25.

网络犯罪在早期有不少表现为具有炫技心态的动机,[1]此外,早期犯罪中还存在较多经济金融类犯罪。此时计算机等互联网设备尚未普及,此种动机也需要依附于人们对于其行为后果的关注度,此类行为是最典型意义上的将信息系统作为犯罪作案手法,由于犯罪行为发生在全新的领域,因此国内法多数都在刑事规范中新增以计算机系统、数据为犯罪对象的条文。此外,早期也存在不少经由计算机系统实施的经济金融类犯罪,受限于当时的技术水平,此类犯罪往往在主观层面难以举证,因此强调犯罪作案手法的上述条文就极为必要,在最低限度上保证了相关犯罪得到惩罚。打击网络犯罪的国际法文本基本都对该种犯罪有所回应,且在内容方面有较高程度的一致性。

随着互联网广泛应用于社会经济活动,借由互联网的经济犯罪开始广泛兴起。此种犯罪的动机主要为经济利益,但此种犯罪利益依赖于社会经济对互联网的依赖程度,社会经济与互联网的关联越强,基于此种动机的犯罪者则越多。随着社会各领域整体开始向互联网映射,任何传统的犯罪动机与手法皆可能在互联网上有所体现,互联网此时便成为真正意义上的社会性场域。在早期互联网环境中,犯罪行为可针对的合适目标并不多,此种合适目标的增加与人们开始更多依托互联网从事社会事务相关。随着互联网普及率和使用率的爆炸式增长,从“日常活动理论”的角度来看,互联网层面的合适受害目标已基本与现实物理社会一

[1] 即所谓愉快犯,如以黑客技术实施对计算机等设备的系统、程序、数据进行破坏、篡改。

致，[1]此时强调揭示犯罪目标的犯罪分类更有描述价值。

（二）网络犯罪实体规则的类型化分析

当前已存在的国际性文本在涉及网络犯罪刑事实体法时，其分类方式完全无据可循，其分类以描述当时最严重的网络犯罪为目标。如欧委会《网络犯罪公约》在分类时，一方面，更侧重描述那些“揭示网络设备作为作案手法的网络犯罪”；另一方面，当涉及“揭示犯罪目标的网络犯罪”时，则使用“相关危害”（content - related offences）以及“侵犯版权或邻接权的危害”（offences related to infringements of copyright and related rights）等并不周延、不精确的方式描述犯罪类型，更多关注实践中最主要的网络犯罪问题，表现出强烈的实践导向。

本书希望网络犯罪的实体罪名分类可以做到更周延，因此在进行类型化分析时，在保留前述提及的“揭示网络设备作为作案手法的网络犯罪”与“揭示犯罪目标”的二分基础之上，考虑到强调揭示犯罪目标的网络犯罪占比不断提升，对揭示犯罪目标的网络犯罪将按侧重强调互联网的工具性或是内容性进行再分类，以最大限度地区分不同类别的网络犯罪行为，以便更有针对性地进行分析。两者之间的区别点在于是否关注行为的实质性内容：工具性网络犯罪行为虽也可能涉及一些实质性内容，但对此类行为进行定罪的原因不是其“内容”，而是与“内容”有关的“行为”。如“与计算机相关的诈骗或伪造”犯罪应当被归类为工具性犯罪，虽然从事此类犯罪也需要制造一些“内容”以引诱他人受骗，但入

---

〔1〕 该理论研究者提出以 VIVA 及 CARAVED 形容热门被盗的物品，VIVA 分别是具价值的（value）、轻便的（inertia）、易见的（visibility）及易于接近的（accessibility），CARAVED 是指可遮蔽的（concealable）、可移动的（removable）、易于得到的（available）、具价值的（valuable）、可享受的（enjoyable）及可处理的（disposable）。VIVA 模型中的词汇描述对于不重视互联网安全的诸多企业来说非常恰当，因为当今的多数中小企业仍未建立良好的网络安全观。

罪的核心方面不在于行为人制造了此种“内容”,而在于诈骗、伪造动机下所从事的行为。相比之下,内容性网络犯罪行为则具有典型的以“内容”衡量危害性的特点,其中提及“仇恨言论”“恐怖主义”“儿童色情”都涉及对实质内容的评判。此类犯罪基本都可以依赖传统刑事法律体系来治理,在传统刑事法律体系下讨论亦无不可,之所以将其作为网络犯罪的类型之一进行讨论,其原因可以归结于:互联网等计算机系统已经从根本上改变了信息传播的范围和地域,[1]其独特的形式与危害性值得社会治理体系为其开辟单独的讨论空间。

因此三类网络犯罪行为分别是:(1)基于系统、数据要素的犯罪行为(揭示网络设备作为作案手法的网络犯罪,危害互联网设备系统、数据的机密性、完整性和可用性);(2)基于使用方法的犯罪行为(揭示犯罪目标的网络犯罪,危害传统社会或网络空间中的价值目标);(3)基于内容表达的犯罪行为(揭示犯罪目标的网络犯罪,危害传统社会已有的价值目标)。在应对以上三类网络犯罪方面,对应的网络犯罪刑事实体规则在治理方式各有差异。以下将从主客观两个方面进行考察,以便对网络犯罪国际法治理的实体协调内容有更细致的考察。

在主观方面,对于主观表现为过失的犯罪来说,其可罚性程度较低,已有打击网络犯罪国际性文本都基本不考虑过失网络犯罪的问题。《网络犯罪公约》在对刑事实体法的规定中,均无例外地使用了“故意”(intentionally)来对主观状态进行限定,[2]亦即过失类网络犯罪行为不在此公约督促其成员国进行立法的范畴之内。与此形成对比,《非洲联盟网络安全和个人数据保护公

[1] See Marcus R. L., *The Impact of Computers on the Legal Profession: Evolution or Revolution?* Northwestern University Law Review, Vol. 4, p. 1827 - 1868 (2008).

[2] Council of Europe, *Convention on Cybercrime*, Article 2 - 9.

约》在不严格的意义上使用了“试图”(attempt)及“故意”(intentionally)等表述,甚至在个别条款中对过失(文本中出现 negligence)行为作出规定。[1]从立法周密性程度来看,《网络犯罪公约》的行文用语即使现在看来也相当审慎,其在网络犯罪界定中排除过失行为应当是刻意为之。在此应当认为对过失行为进行排除的立法选择具有合理性:(1)对于第一类犯罪,此类犯罪直接将计算机系统、数据等因素作为行为对象,其典型行为方式即非法进入计算机系统,通常而言一般人没有进入他人网络设备的正当动机,除非得到正当授权。考虑到如今网络安全防护方案及措施已经极其普遍,在未取得授权的前提下,基本不存在因过失而穿透此类网络防护措施的可能性,如果防护措施被穿透,则网络用户从事此种行为的事实本身即可以用来排除其为过失心态的可能性。(2)对于第二类、第三类犯罪,此类犯罪行为蕴含着传统意义上的社会目的。网络行为作为表面行为,其行为目的是由其犯罪目标所支撑的。针对传统社会意义上的犯罪目标,目前已被普遍视为犯罪行为的罪行中,基本都在行为性质上极大程度地排除了过失的可能性,互联网中常见的诈骗、儿童色情、恐怖极端言论、知识产权侵权等相关行为基本都不存在过失心态,或许部分行为如在人身损害行为中可能存在过失心态,不过考虑到此种损害更多表现为非物理性的损害,再叠加其过失心态,其严重程度已十分有限,可罚性程度并不高。

在客观方面,本章所称的第一类基于系统、数据要素的犯罪行为,直接以计算机系统的有机构成(此处主要指软件意义上的

---

〔1〕 African Union, *Convention on Cyber Security and Personal Data Protection*, Article 29 - 2 - e, Even through negligence, process or have personal data processed without complying with the preliminary formalities for the processing.

构成）为对象，[1]使计算机无法运作或无法进行常规意义上的运作，对此类行为入罪的目的在于保障计算机等系统、数据作为一种利益客体的价值。早期计算机软件防护措施过于薄弱，兼之计算机为价值较高的产品，针对计算机系统的攻击性行为从性质上即被认为属于严重侵犯法益的行为。《网络犯罪综合研究报告》称，各国对于破坏计算机系统的机密性、完整性和可得性的核心网络犯罪行为规定了专门的网络犯罪。[2]如今作为互联网的主要承载设备之一，计算机的稀缺性已然不及从前，且存在大量其他可替代的网络化设备，因此在各国的司法实践中，罪名直接述及计算机（computer）的犯罪也常被进行广义解释，将各类数据处理设备皆认定为"计算机"。各国对于第一类犯罪行为具有高程度的共识，这也解释了为何目前的网络犯罪国际法在第一类犯罪上具有极高的契合度，凡是涉及网络犯罪实体法界定的国际法文本基本都在提及此类犯罪。

本章所称的第二类与第三类犯罪行为将是未来网络犯罪治理的重点方面。目前各国国内法在治理第二类、第三类网络犯罪时，更多地采用一般性（非专门针对网络环境）犯罪条款。[3]例如，我国《刑法》第287条规定：利用计算机实施金融诈骗、盗窃、贪污、挪用公款、窃取国家秘密或者其他犯罪的，依照本法有关规定定罪处罚。其原因在于第二类、第三类网络犯罪旨在揭示犯罪目标，此种目标往往就是传统社会意义上的诸种目标，如对财产权利的侵犯等，传统刑事法律基本都可以覆盖此类犯罪行为。因

---

〔1〕 UN, *UN Manual on the Prevention and Control of Computer Related Crime*, 1994.

〔2〕 UNODC, *Comprehensive Study on Cybercrime*, p. XX.

〔3〕 这一状态在联合国毒品和犯罪问题办公室的报告中也得到了认可，报告指出："会员国应当考虑到，为'线下'犯罪制定的许多实体刑法条款也可适用于线上实施的犯罪。因此，为了加强执法，会员国应酌情利用国内法和国际法中的现有条款处理线上环境中的犯罪。"See UNODC, UNODC/CCPCJ/EG.4/2021/2.

此不少国家的国内法都会通过明文解释或司法实践的方式直接就此适用一般刑事法律，当然也存在少数就此两类犯罪制定全新罪名的情形。在第二类与第三类犯罪方面，可以看到更多传统犯罪的延伸特性，对于此两类犯罪的规制也更易走向本土、多元的方向。在面对此两类犯罪时，一个基本的观点是："凡属于线下非法活动的，也属于网上非法活动"[1]。持此种观点的国家在治理本类网络犯罪时也更易采用已有的刑事法律规范。当沿用传统刑事规范予以治理时，各国之间就网络犯罪治理更易产生分歧，最典型的方面即网络赌博、发送垃圾邮件、知识产权侵权等行为，在一些国家对此类行为不以刑事法律加以规制，甚至不被认定为非法行为。《网络犯罪综合研究报告》中提及有些答复国家称，行政处分被用于一些非刑事犯罪行为，包括版权和商标犯罪、发送或控制发送垃圾邮件、侵犯隐私，以及制作、传播或持有计算机滥用工具。[2]即使对于上述行为的罪与非罪认定存在分歧，但作为研究对象而言，对上述行为实施的规制仍有价值，上述提及的行为都被《网络犯罪综合研究报告》列为研究对象，并且部分国际性文本也确实在对上述行为的一个或多个予以规定。

对于第二类与第三类的网络犯罪行为来说，需要注意的一个重要问题在于：网络设备在辅助传统犯罪方面具有极大的空间，因而网络犯罪的界定将可能因此而急剧扩大，所有在某一环节涉及网络连接的行为都可能被牵扯进来。在此应当认为，无限扩大网络犯罪范畴实质上即是否定网络犯罪概念，对于在网络环境中采取针对性的治理措施来说极为不利。因此，在网络犯罪的界定中，或者明确何种具体行为（可能存在非网络因素）可界定为网络犯罪，或者明确网络因素在网络犯罪中的最低门槛。在网络犯罪

---

〔1〕 UNODC, *Comprehensive Study on Cybercrime*, p. 20.

〔2〕 UNODC, *Comprehensive Study on Cybercrime*, p. 78.

的国际治理中,两种方式对于打击网络犯罪新国际文本可能产生的影响也完全不同。前者可能无法对后续衍生的全新网络犯罪行为予以规制,但针对具体行为更有利于达成合意,当出现新的应予入罪的网络犯罪行为时,则需要通过修改文本的形式予以补充,故而此种方式可能影响到文本的泛用性;后者可兼顾未来网络犯罪的发展与防范,但国家间也可能在此问题上无法达成合意,毕竟各国想要在网络空间实现的治理干预程度是不一样的。对于后一种方式来说,可规定网络犯罪中的网络因素至少应出现在犯罪客观要件的实质性部分的一个或多个,具体包括:(1)犯罪行为(危害行为);(2)行为的结果;(3)行为的对象;(4)行为的手段和方法;(5)行为的时空条件,其中的一些因素可能存在重叠,如危害行为可能与行为的空间条件相重叠(如所实施的网络版权侵权行为,在空间上即已满足空间上的网络因素条件)。其中尤其以犯罪行为(1)为主,此部分与网络因素建立的关系更为紧密,一般而言,面对具备网络化特性的犯罪实行行为我们通常即可将之归为网络犯罪范畴。其余(2)、(3)、(4)、(5)都不能建立与网络因素之间最紧密的联系,尤其在网络因素可以辅助几乎所有网络犯罪的情势之下,任何犯罪的对象、结果、手段、时空环境之一都可能是具有网络因素的,若仅有其中方面之一涉及网络因素即认定为网络犯罪,则网络犯罪在极大的范围内与传统犯罪将不再有区别。但(2)、(3)、(4)、(5)中的多个方面同时涉及网络因素时,我们则大概率上可以从实行行为上认定其为网络犯罪。从另一个侧面来说,(2)、(3)、(4)、(5)四个方面都可以作为佐证(1)的因素。

二、基于系统、数据要素犯罪行为的刑事实体规则

基于系统、数据要素的犯罪行为普遍具有较强的技术性。在此类针对计算机等设备的系统完整性、保密性、有效性的犯罪方

面，早期网络犯罪被视为技术人员的专利，如今仍然存在不少通过所掌握的尖端计算机、互联网技术实施的犯罪行为，但随着网络技术知识的普及，行为人不再需要深入钻研相关技术，入门级别的黑客软件、恶意软件及其技术即有可能引起第一类犯罪行为。对于此类犯罪来说，技术创新与技术普及给法律规制带来不可预期性，诸如区块链，人工智能等技术都深度依赖于互联网技术，此类新领域中的犯罪行为一定程度上也可以归类于网络犯罪，此类技术还集合着其他多种技术且发展潜力巨大，此类技术反过来为治理互联网设备、系统的网络犯罪行为带来新的难题。

就目前的情势而言，此类犯罪普遍存在于各国且危害较大。当其针对个人时，其危害性往往与其影响的广度及程度相关（如传染性极强的各类恶意软件、病毒），一般而言，当此类别的犯罪行为针对个别人时，其危害性往往极为有限。此类犯罪更多针对的对象为各类组织，如政府社会组织等，其中以私营企业最为典型。私营企业认为破坏计算机系统的行为比其他类型的网络犯罪的威胁大得多，非法访问、截取或破坏是所有网络犯罪中威胁最大的。私营企业强调关键的网络犯罪威胁和风险包括："侵入网银"，"企图侵入顾客数据系统"，"入侵和攻击"，"员工泄密"和"拒绝服务攻击"等。私营企业作为网络犯罪的主要对象之一，其相较于其他受害者而言，具备更高程度的安全意识与防御措施。〔1〕从这个意义上说，私营部门在应对低技术水平的此类网络犯罪时，完全可以游刃有余地进行应对处理，相较之下，更为高精尖的犯罪技术成为此类企业最为关心的问题。从私营企业角度来看，一是由于私营部门频繁遇到各类网络攻击行为，对其追踪惩处非常困难，从本部门的设备系统、数据环节切入进行预防往

---

〔1〕 事实上，与互联网行业紧密相关的企业都开始设立首席信息安全官（CISO），并雇用、设立专门的安全技术人员、部门来保障本企业的网络安全。

往更见成效;二是即使大部分犯罪实施者在从事上述行为时附加了其他社会目标,如通过对企业安全系统的破坏与威胁,以达成经济勒索或其他目的,但对于私营部门而言,此类目标也极难察知。故而无论面对何种网络犯罪,私营企业也会更多关注设备、数据的完整性、保密性、有效性等方面。

从形式上来说,涉及网络设备完整性、保密性、有效性的犯罪表现多种多样,国际社会最为关注的此类犯罪行为则主要包括非法侵入、非法干扰、滥用工具。

(一)非法侵入行为相关刑事规则

所谓非法侵入行为,即犯罪实施者未经许可进入计算机等设备的系统之行为。在未经许可的前提下,与其他系统建立连接可能带来多种影响,从法益的角度来看,"非法侵入"行为主要涉及系统、数据的机密性,若在此罪中附加其他要素,则可能同时涉及完整性、机密性、有效性,在一些场合构成其他非法行为的先前行为。约70%答复调查问卷的国家表示,国内存在非法侵入计算机系统的网络特有犯罪现象,约20%的答复国表示,上述行为囊括在刑法总则中,还有极少国家(7%)根本未将非法入侵计算机系统认定为犯罪。[1]

对于将非法侵入认定为刑事犯罪的措施,各国之间的主要分歧在于是否需要附加其他行为以增强此种客观行为的"目的性"或是"危害性",如一些国家的立法要求,在侵入行为之外,还需要对计算机系统进行了事实上的干扰(如复制、锁定、编造、删除等行为),才能将侵入行为认定为犯罪;也有国家在此附加情节条款,对认定为具有"严重后果"的侵入行为才予以入罪,如对国家事务、国防建设、尖端科学技术领域的计算机信息系统进行入侵,

[1] See UNODC, *Comprehensive Study on Cybercrime*, p. 82.

或者获取该计算机信息系统中存储、处理或者传输的数据，或者对该计算机信息系统实施非法控制。

在非法侵入行为之上附加其他条件的目的在于免除未造成严重后果的轻微案件进行定罪的可能性，但不少网络犯罪常常以非法侵入行为作为起点，对此立法应当有所回应，故而采取了附加其他条件的做法。由此带来的问题在于：(1)附加条件很有可能喧宾夺主，事实上在附加其他条件后，在这一复合行为中非法侵入行为的比重无疑会降低，在一些情况下，后续行为反而成为法律在犯罪客观行为表现中的描述重点，进而可能与后续描述的"非法干扰"行为相混淆；(2)在认定非法侵入的加重情节时，也有不少的立法措施通过附加类似上述的行为情节认定加重情节，如以非法获利或损害为目的，干扰计算机系统运行，销毁或更改数据、复制、使用、泄露或其他侵害计算机数据或程序行为，其中的问题与上述相同。

基于以上分析，一些国家可能将此罪作为涉及系统、数据要素犯罪行为的总括性罪名，将相关罪名囊括在此罪之下，一些国家则可能将此罪与此类别下的其他罪名进行区分，但区分标准可能有所差异。在此罪描述方面，《网络犯罪公约》的立法技术值得参考，《网络犯罪公约》要求缔约国对非法侵入行为采取刑法措施，但在后半句则规定缔约国对非法侵入行为采取刑事措施时，可选择性地附加其他条件，但对可附加的条件进行了列举，以防止此款条文被滥用从而达不到公约宗旨。[1]笔者的观点是，虽然

---

[1] Council of Europe, *Convention on Cybercrime*. Article 2: Each Party shall adopt such legislative and other measures as may be necessary to establish as criminal offences under its domestic law, when committed intentionally, the access to the whole or any part of a computer system without right. A Party may require that the offence be committed by infringing security measures, with the intent of obtaining computer data or other dishonest intent, or in relation to a computer system that is connected to another computer system.

各国在此罪上有较高程度的共识，既有国际法文本也对此罪有所反馈，但本罪本身作为罪名而言，普遍都在文本描述上附加目的要素或情节要素实质上是可以与下述将讨论的“非法干扰”行为放在一起进行统一界定的。

（二）非法干扰行为相关刑事规则

所谓非法干扰行为，即影响计算机等设备的系统、数据正常运作的行为。对于此类行为进行概括时，还可能使用“破坏”等词汇，从词义使用来说，“干扰”与“破坏”都可以表达对系统、数据正常运作的影响。相对而言，“干扰”可能包括的具体行为方式更为广泛，诸如锁定等行为并非实质上的破坏行为，但实际也可能造成影响系统、数据正常运作的结果。“非法干扰”行为所侵害的法益为计算机相关的完整性、有效性，其客体可能涉及系统、数据。在行为模式上，非法干扰行为可能采取的行为方式较为宽泛，可能包括：增添、删除、锁定、变动、窃取、损害、阻碍等，任何对系统、数据正常运作产生影响的行为均可界定为干扰。原则上干扰行为应当在进入系统后展开，但一些行为在不进入系统的情形下也存在干扰效果，如损害和阻碍行为即可能通过没有进入系统内的外部干扰形式实施，如电磁干扰。

通常而言，国内法无法将有关破坏有形财产行为的传统刑法延伸至干扰计算机系统、数据行为方面，但也存在极少数国家的立法将上述行为归于传统刑法的一般罪行条款中进行惩罚。[1]考虑到计算机数据及系统的无形特征，此种从有形到无形的类推在司法实践中更易引起争议。此种立法策略或将对一般罪行中所确认的客体、行为类型等方面带来挑战，立法者需要对既有罪行进行修改或解释以保证刑法适用的精确性与严肃性，因而更多

〔1〕 See UNODC, *Comprehensive Study on Cybercrime*, p. 88.

的国家将上述网络犯罪行为以新设特定罪行的形式进行规定。

非法干扰的行为程度比非法侵入更进一步,其对系统及数据的影响程度更高。在侵犯计算机等设备的系统、数据的机密性之上,非法干扰行为更进一步侵害其完整性和有效性,因而对于非法干扰行为,一般来说无须强调其严重性,非法干扰的行为性质本身,即已暗含着应予入罪的一定严重程度。根据《网络犯罪综合研究报告》所给出的问卷统计结果,51%的国家并未将实际损失包含在非法干扰行为的定罪要件中,[1]亦即一些国家已经认识到该行为本身性质上的严重性。

基于非法干扰行为本身性质的严重性,倘若与非法侵入行为统一界定,此罪更适合作为实践中的罪名表达。考虑到在对非法侵入行为定罪时所附加的目的性或情节性内容,常常构成“干扰”形式,在描述上以非法干扰来覆盖非法侵入显然更合理。此外,在考量非法干扰行为时,在国际性文本中是否需要对其行为方式,即对“干扰”的具体形式进行更细致的解释,取决于各国在犯罪治理实务中主要面对的干扰形式,一般来说,对增添、删除、变动、窃取、损害锁定这几类常见行为的描述都会被普遍认可。

(三)滥用工具行为相关刑事规则

所谓滥用工具行为,即为使用软件、代码等工具影响计算机系统或数据的行为。对滥用工具行为进行定罪的目的在于遏制可能侵害互联网空间中各类法益的各种工具之传播与使用,滥用工具行为的危害性可能同时涉及计算机等设备的系统完整性、保密性、有效性。早期滥用工具行为较少附带其他目标,可能仅以实施破坏为主要目的(“千年虫”“熊猫烧香”),如今的滥用工具行为基本都附带其他目标(WannaCry)。其中最为常见的就是各

---

[1] See UNODC, *Comprehensive Study on Cybercrime*, p. 90.

类恶意软件和病毒，如今恶意软件和病毒也在不断更新迭代，遍及各类终端设备，也发展出诸如 DDoS〔1〕等不同于传统模式的网络攻击形式。《欧洲委员会网络犯罪公约解释报告》指出，对计算机滥用工具进行定罪的理由是，防止在此类物品之上出现黑市。〔2〕事实上，如今"滥用工具"行为仍在日益增加，用于数字环境下犯罪的软件及其他工具，已经成为地下网络犯罪市场的非法商品。〔3〕网络犯罪实施工具的商业化这一非法市场推动了网络攻击者技术工具的发展，此种发展又推动了网络犯罪案件的增长率。例如，一些报告指出，到 2021 年时，全球勒索软件损坏成本将达到 200 亿美元，比 2015 年高出 57 倍。〔4〕

在犯罪行为的具体表现上，滥用工具是针对基于非法目的的计算机软硬件使用行为进行惩罚。此处所述及的滥用可能包括生产（制作）、传播、持有、使用各种与计算机相关的工具，所述及的工具可能是物理形式（设备），也可能是虚拟形式（软件、代码、数据），既可能是专为非法目的而存在的工具，也可能是具备多重用途（兼有合法与非法的用途）的工具。然而，在刑罚所应予规制的方面，各国侧重规制的行为有所差异，集中表现在"工具"是否仅包括常见的软件和代码，以及工具滥用行为需要强调"工具"本

〔1〕 DDoS（Distributed Denial of Service Attack），即分布式拒绝服务攻击，指处于不同位置的多个攻击者同时向一个或数个目标发动攻击，或者一个攻击者控制了位于不同位置的多台机器并利用这些机器对受害者同时实施攻击，DDoS 攻击可导致目标网站的访问通道过载，无法正常运作，用户无法正常访问网站。

〔2〕 Council of Europe, *Explanatory Report to Council of Europe Cybercrime Convention*, ETS No. 185, 2001.

〔3〕 EUROPOL, *Threat Assessment: Internet Facilitated Organized Crime*, The Hague. EUROPOL (January, 2011), https://www.europol.europa.eu/sites/default/files/publications/iocta.pdf.

〔4〕 See Steve Morgan, *Cybercrime Infographics: Illustrations of the Past, Present, and Future Threats We Face*, Cybersecurity Ventures (March, 2020), https://cybersecurityventures.com/cybercrime-infographic/.

身用于犯罪目的还是“犯罪者”意图将工具用于犯罪目的。

在第一个问题上，从现状来看，目前更易波及别国的工具滥用往往以虚拟形式展现，硬件形式的工具滥用行为往往在跨国层面无法有效扩散，对于网络相关的硬件工具滥用由本国实施针对性的立法更为妥当。对于虚拟形式工具滥用行为的立法，在国际性文本中则需要扩展解释范围，以应对互联网爆炸式传播模式急剧放大负面因素的情势，因此程序、代码、数据等诸种被滥用但可能缺乏工具性的要素都应被纳入文本范畴中。

在第二个问题上，“工具”本身用于犯罪目的在较大程度上可以覆盖“犯罪者”意图将工具用于犯罪目的。“工具”本身被用于犯罪目的意味着此类工具在日常生活中难以被接触到，当存在制作、使用等涉及此类工具的行为时，在大部分时候即意味着“犯罪者”的犯罪目的已然显现。不过如今各类黑客工具并不难获取，恶意软件与病毒的制作、使用甚至不需要太高的专业技巧，致使多数非法工具的操作者在使用工具时很难造成严重的危害后果，甚至一些使用者根本没有犯罪的恶意。因此有必要将工具与犯罪者两个方面的目的叠加，以此提升此类行为入罪的门槛。

此外，实践中还存在一类“双重用途”(dual - use)客体(可能用于无罪或犯罪两种目的的客体)。〔1〕双重用途客体是否可以被认为是滥用工具行为所指涉的“工具”？对于双重用途问题的担忧在于可能触及刑法谦抑性，即对于刑法制裁范围过分扩大的担忧。〔2〕对于国际性文本来说，对合法工具的非法使用行为进行定

---

〔1〕 See UNODC, *Comprehensive Study on Cybercrime*, p. 92.

〔2〕 在滥用工具行为方面，一些计算机工具仅为或主要为非法目的而存在，且现实中滥用工具的危害主要由此类工具造成，如恶意软件、计算机病毒等，此类工具是滥用工具罪名的主要规制对象；另一些工具主要为合法目的而存在，但存在被用于非法用途的可能性，即“双重用途”的工具，如远程控制软件、VPN 软件的不当传播与使用，从本质来说，“双重用途”工具就是合法工具，“双重用途”工具根本上即是合法的。

罪将极大地加重证明责任，对其非法使用目的的证明可能加重跨国合作的负担，此种调查极有可能受到个人信息保护相关立法的限制，对主要用于非法行为的工具则更易取证。在需要对使用合法工具从事非法目的的行为进行处罚，实际上也无须适用“工具滥用”（misuse of devices）这一罪名时，完全可以按照所从事非法目的的行为所构成的罪名进行处罚，如“非法入侵”“非法滥用”等。

总体而言，对于国际性文本来说，为了避免过度定罪，必须确保关于滥用工具行为的相关条款，既应当要求该计算机工具是为实施犯罪而设计，也应当要求犯罪者是为了犯罪目的而使用。欧委会即在《网络犯罪公约》中强调在工具滥用行为中的工具应当为主要用于非法目的的设备，此外还对行为本身的目的予以确定，其在本罪名下的立法取向值得借鉴。[1]

三、基于使用方法犯罪行为的刑事实体规则

基于使用方法的网络犯罪行为普遍具有传统社会意义上的价值目标特征，且更侧重互联网的工具性。此类犯罪借由互联网实施犯罪以增加犯罪的时效性与广泛性，但在本质上此类犯罪大多数在线下也存在。互联网对于此类犯罪而言如同一座桥，为其犯罪活动实施提供了全新的路径便利。

基于使用方法的网络犯罪更频繁地指向某种经济目标，由此形成庞大的犯罪链条，其中网络诈骗和网络盗窃活动占据主流。

---

〔1〕《网络犯罪公约》第6条第1款a项强调，各方应当建立必要的国内刑法体系，对恶意非授权的侵犯行为采取立法和其他措施，包括任何制造、出售、使用、进口、发布或其他获取以下设备的行为：(1)任何用于或主要用于任何上述第2~5条的犯罪目的的设备，包括程序；(2)计算机口令、访问代码、或其他类似数据，通过这些数据可以部分或完全访问计算机系统；其使用目的在于实施上述第2~5条的犯罪。

据估计,多达80%的网络犯罪都源于某种有组织的活动,在深网[1]中甚至存在黑市,为网络诈骗、网络盗窃的实施提供便利,其建立在制作恶意软件、计算机感染、“僵尸网络”管理、窃取个人及金融数据、数据买卖及金融信息的“变现”这一整套流程上。[2]此类犯罪给社会带来了惨痛的经济代价,直接代价包括受害者的直接经济损失,以及其他诸如重置开户凭证或修复计算机系统所耗费的时间与精力;间接代价则是对各种互联网软件设施的信任缺失,如对网上银行软件系统的信任。社会为此类网络犯罪付出的总体代价还可能包括网络安全产品与服务开发的“防御成本”,以及诈骗、盗窃行为的侦查和执法成本。

基于使用方法的网络犯罪行为包括的类型众多,但较为常见的犯罪类型包括:诈骗相关行为、人身侵权行为、垃圾邮件。

(一)诈骗行为相关刑事规则

所谓诈骗,在传统刑事规范中即通过虚构或隐瞒事实的方式寻求非法获利的行为,互联网环境下的诈骗行为在形式上与传统诈骗行为存在差异,但在基本行为模式和目标上都是符合上述定义的。此处需要区分日常生活所常见的“计算机诈骗”概念和“网络诈骗”概念。

互联网环境下常称的“计算机诈骗”行为与传统刑事犯罪中的“诈骗”在形式上有较大差别。计算机诈骗在一些国家的国内法中之所以需要单独进行规定,即在于其中的欺诈性是要依赖计算机等设备表现的,其虚构的内容不是人们通常所认识的传统意义上的客观事实,而是通过对计算机数据及系统的操纵与改变引起他人的认识错误。如果单纯地将计算机等设备作为传递诈骗

[1] 深网(deep wb)又称不可见网,指不能被标准搜索引擎索引的非表面网络内容。

[2] See UNODC, *Comprehensive Study on Cybercrime*, p. 39.

信息的手段，此类行为通常被称为“网络诈骗”，由此可见，相比于计算机诈骗，网络诈骗反而更接近于传统意义上的诈骗行为。“计算机诈骗”不宜与“网络诈骗”混同表述，对其区分的意义在于：前者强调将对系统、数据的影响作为诈骗的行为构成因素，网络设备是犯罪构成不可或缺的方面，后者将互联网作为诈骗信息的传递途径，网络设备或许极为重要但并非不可或缺。无论如何，两者都以诈骗为最终目的，故此处将两者统一作为诈骗行为进行讨论，不过计算机诈骗涉及对系统、数据状态变动的判断，与网络诈骗行为表现差异较大，因此在进行分析时需要区分开来。

对于计算机诈骗，法律条款通常聚焦于基于不诚实及欺诈意图而操纵计算机数据或系统的行为。事实上，计算机诈骗本身还涵盖了伪造等多重含义，如对系统数据的篡改可能涉及伪造，但对设备、系统的变动行为都具有欺骗的特性，倘若行为止于伪造则属于非法干扰可予规制的范畴。随着互联网的普及，如今计算机诈骗的传播能力与影响范围更甚于以前，对于计算机诈骗的立法也在各国国内法中有所体现。在现有国际性文本中也可以发现，我们所称的“计算机诈骗”是要密切依赖于计算机等设备展现的，现有的国际性文本基本都涉及此条文，典型立法如《网络犯罪公约》第 8 条，该条规定，各方应当建立必要的国内刑法体系，对恶意地、非授权地导致他人财产损失的下述行为，采取立法和其他措施：(1)输入、变造、删除或抑制计算机数据；(2)干扰计算机系统功能，欺诈或其他非法目的在于为非授权的个人或他人获取经济利益。意即计算机特有的诈骗行为在主观上表现为诈骗目的，在客观上则必须依赖于对计算机等设备相关要素所采取的行为，这些行为在多数时候会覆盖上述提及的非法侵入、非法干扰、滥用工具等行为。如今在大量的便携移动端上也出现了此类犯罪行为，如通过在手机上植入恶意软件获取其系统权限、操作权限、账户信息等。对于涉及便携移动端设备的此类犯罪来说，在实践中仍需称为“计算机诈骗”，原因在于“计算机诈骗”已经成为较为特定的表述，且刑事司法实践中所称的“计算机”往往涵盖如今所称的各类网络设备。

计算机诈骗及伪造与传统犯罪中的欺诈、伪造等罪名在法益（主要为财产性利益）角度上一致，因此不少国家的国内法将计算机诈骗或伪造行为作为传统罪名中的诈骗和伪造予以处罚。事实上，当前对于诈骗罪等罪名的描述通常以行为描述为主要方面，而不关注其场景描述，诈骗行为发生于传统社会还是网络社会中都不影响诈骗罪的广泛适用性。考虑到计算机诈骗在欺骗行为的性质上明显区分于传统诈骗行为，鼓励对此罪名进行单独定罪，有利于打击过度膨胀的各类涉互联网经济犯罪，正如信用卡诈骗行为通常会以单独罪名进行定罪一样。对于计算机诈骗，新的国际性文本无疑需要加强关注，目前的既有文本为未来全球范围内的新文本打下了良好基础，大多都规定了计算机诈骗的条款，各国在此罪上的认知较为统一将是新国际性文本的利好方面。

至于网络诈骗，其本质上就是一类电信诈骗，大量的电信诈骗都是以传统的虚构事实、隐瞒真相的方式进行，只是其诈骗渠道从传统信息媒介转移到了互联网平台之上。目前网络诈骗在全球范围内呈现极快的增长趋势，其诈骗形式从传统的“杀猪盘”等诈骗方式到基于新技术（如区块链）的集融资诈骗，涵盖多种多样的社会因素。以中国为例，中国周边国家成为诈骗团伙针对中国实施诈骗的主要聚集地，包括缅甸、蒙古等国都曾与中国执法部门合作,破获了数起大型诈骗案件。[1]目前对于网络诈骗各国国内法大多适用诈骗罪进行定性,国际性文本对于此类以传统诈骗罪定性的诈骗方式则没有纳入规制范畴,对此应有所警觉。对于打击网络诈骗犯罪的国际合作来说,此类行为涉互联网因素虽然有限,在大部分情况下互联网仅仅作为可选通道而存在,但考虑到互联网极大地扩展了传统电信诈骗的可及对象,使网络诈骗在规模上超出传统电信诈骗数个量级,且网络诈骗所可能涉及的受害范围极其广泛,故而将网络诈骗置于网络犯罪层面进行规制势在必行,这也符合大部分国家的普遍利益。INTERPOL 破获的一起特大网络诈骗案件显示,[2]当前网络犯罪案件与非洲等发展中国家的联系,比人们所认为的还要紧密,此典型案件中的主谋为尼日利亚人,其网络诈骗行为涉及全球数百个国家的受害者,诈骗总额超过 6000 万美元。

在国际性文本中对计算机诈骗予以规定,在于其行为本身性质的独特性,对其予以规定可以加各国之间的刑事规范共性;对网络犯罪诈骗予以规定,则在于其行为的危害广泛程度与极快发展趋势,对其予以规定旨在遏制此种行为的危害性。考虑到计算机诈骗和网络诈骗两类诈骗都具有诈骗罪的基本行为模式,事实上两类诈骗行为可以在统一的条文下予以规定。

---

〔1〕 中国当前面临的常见网络诈骗类型为“杀猪盘”,大量在中国实施此种诈骗的中国人都隐匿于缅北地区,通过与缅甸官方及地方的相关机构合作,我国已对实施网络诈骗的犯罪嫌疑人进行多次、大批量的引渡。参见中华网:《370 名中国人在缅甸涉电信诈骗》,载观察者网,https://www.guancha.cn/Neighbors/2017_04_05_402091_s.shtml。

〔2〕 INTERPOL, *Ringleader of Global Network Behind Thousands of Online Scams Arrested in Nigeria*, INTERPOL (August, 2016), https://www.interpol.int/en/News-and-Events/News/2016/Ringleader-of-global-network-behind-thousands-of-online-scams-arrested-in-Nigeria.

(二)隐私侵权行为相关刑事规则

隐私权在传统法律体系中属于人身权的范畴,所谓人身侵权行为,即对个人人身权利或利益的侵犯,互联网环境下的人身侵权行为在性质上与传统社会意义上的人身侵权并无区别,但互联网环境下的人身侵权行为有其侧重。因独立于传统的物理社会,互联网中的人身侵权对于人格、身份相关权利的侵犯程度有限,[1]其中重点在于隐私权,尤其在与个人信息相关的新兴权利方面紧密相关。在跨国犯罪的表现中,针对个人信息数据权利的侵犯尤其严重,在个人信息保护意识逐渐觉醒的今日,人们对于互联网中的个人隐私越发重视,非法获取、交易个人信息数据的恶劣行为开始受到人们的关注。

随着互联网时代的到来,利用个人信息,私人可以进行电子商务交易,政府可以更高效地实现公共政策的制定,企业可以更有针对性地开发和销售产品,医疗机构可以结合病人的医疗记录、家庭背景、生活饮食习惯发现病因并做好预防工作。网络所承载的社会性因素越来越多,互联网对传统物理社会的映射使得大量的个人身份信息数据化,此类数据化个人信息的价值与日俱增。何种信息可视为互联网环境中的个人信息?此种信息即可以识别个人特征的信息,[2]国际社会在个人信息的界定上基本

---

[1] 诸如对生命权、健康权等人格权的侵犯,因互联网无法触及现实人格,至少在互联网中对此类权利的侵犯是无处下手的;诸如对荣誉权、名誉权等身份权的侵犯,互联网确实可触及,但在跨国层面没有规制的价值。传统身份侵权若以特定人名誉权、荣誉权为对象,即使其传播可能跨界的,但从影响个人评价的角度来说,跨国的侵权行为带来的负面影响较为有限,且此种影响的判断在不同的政治、文化、法律传统中存在差异,故此也不适合作为网络犯罪国际性文本的规制内容。

[2] 我国《网络安全法》第76条对个人信息进行了界定,即以电子或者其他方式记录的能够单独或者与其他信息结合识别自然人个人身份的各种信息,包括但不限于自然人的姓名、出生日期、身份证件号码、个人生物识别信息、住址、电话号码等。

形成了以可识别性为核心判定标准的共识。[1]个人信息的外延十分广泛,有关个人的一切信息、数据或者情况都可以被认定为个人信息,一般来说,一个人的种族、肤色、肖像、性别、年龄、婚姻状况、家庭情况、宗教信仰、思想观点、爱好、受教育情况、财产状况、血型、指纹、病历、职业经历、住址、电话、电子邮件等都属于他的个人信息。在对有关身份的个人信息的侵犯行为予以规制的同时,往往还需要考虑社会信息资源的优化配置,过度的个人信息保护对信息流动的阻碍在一定程度上无益于社会发展,[2]因此政策制定者需要兼顾个人信息保护与流动之间的法益平衡。

当前侵犯公民个人信息行为的刑事立法在国内法中得到重视,中国曾公布了10起侵犯公民个人信息违法犯罪典型案件,其中大部分涉及暗网、微信、新浪微博等网络因素,且无论是在涉案个人信息数量,还是涉案资金方面都已表现出极大的危害性。[3]在如此严重的情势下,在国际性文本有关个人信息的刑事条款却极为少见,包括欧委会《网络犯罪公约》在内的多数文本均没有讨论此问题,国际电联与加勒比地区国家联合出台的示范法对此则予以了回应。[4]

---

〔1〕 参见齐爱民、张哲:《识别与再识别:个人信息的概念界定与立法选择》,载《重庆大学学报(社会科学版)》2018年第2期。

〔2〕 参见梅夏英、刘明:《大数据时代下的个人信息范围界定》,载《社会治理法治前沿年刊》2013年第1期。

〔3〕 中华人民共和国公安部:《公安部公布十起侵犯公民个人信息违法犯罪典型案件》,载公安部官网2020年4月15日,https://www.mps.gov.cn/n2254098/n4904352/c7140573/content.html。

〔4〕 国际电信联盟(ITU)/加勒比共同体(CARICOM)/加勒比电信联盟(CTU)颁布的《网络犯罪/电子犯罪和电子证据示范立法文本》(Model Legislative Texts on Cybercrime/e – Crimes and Electronic Evidence)第14条规定:任何人在犯罪的任何阶段,在没有合法辩解或正当理由的情况下,或在没有合法借口或正当理由情况下,通过使用计算机系统,故意转移、拥有或使用他人身份识别手段,意图实施、协助或教唆任何构成犯罪的非法活动,都将构成应受惩罚的罪行。

随着互联网个人信息的价值凸显,未来国际社会将对个人信息相关的网络犯罪予以更多关注。在大数据时代,个人信息的商业价值日益凸显并体现在生活中的方方面面。全球连通性、数据处理自动化以及非面对面交易的发展为通过计算机系统盗窃身份相关信息数据提供了大量机会。[1]个人信息数据如今已经成为网络犯罪的重要中间环节之一,也是全球网络黑市交易的主要交易标的,为其他网络犯罪行为提供前置性资源。对个人信息中的隐私保护必须延伸至国际社会层面,其中的重点在于对互联网企业的数据泄露行为予以规制,此种规制不仅在于实施类似 GDPR 的行政性措施,还需要就此制定刑事规范,国际性文本则需要确立鼓励各国制定此类刑事规范的条款。国际社会需要对此种跨境个人信息活动的规制达成共识,其中包括刑事层面的反馈,国际社会对跨境个人信息流动的监管不力只会招致更多的数据本地化政策,[2]从而阻碍个人信息在全球层面的合法流动,并导致各国国民的隐私权在全球意义上受到侵犯。

(三)垃圾邮件行为相关刑事规则

所谓垃圾邮件行为,通常来说即是未经用户许可就强行发送到用户邮箱中的任何电子邮件。1997 年 10 月 5 日,国际互联网邮件协会召开的主题为《不请自来的大量电子邮件:定义与问题》报告中,就将“不请自来”的“大量”电子邮件定义为垃圾邮件。中国互联网协会颁布的《中国互联网协会反垃圾邮件规范》则将垃圾邮件界定为:(1)收件人事先没有提出要求或者同意接收的

[1] See UNODC, *Handbook on Identity - related Crime*, UNODC (2011), http://www.unodc.org/documents/treaties/UNCAC/Publications/Handbook_on_ID_Crime/10-57802_ebooke.pdf.

[2] 其中最典型的即欧盟的《通用数据保护条例》(General Data Protection Regulation, GDPR),根据此项法令,企业对用户个人数据的使用将受到极大限制,谷歌、英国航空公司皆因未达到法令的隐私保护要求而被处以巨额罚款。

广告、电子刊物、各种形式的宣传品等宣传性的电子邮件;(2)收件人无法拒收的电子邮件;(3)隐藏发件人身份、地址、标题等信息的电子邮件;(4)含有虚假的信息源、发件人、路由等信息的电子邮件。随着网络技术的发展,垃圾邮件不再局限于对收件人而言无效内容的发送,逐渐开始包含一些欺诈性因素,如诱导性链接、网络钓鱼等,乃至于发送经过伪装的病毒附件,因此垃圾邮件的界定开始趋于宽泛。

垃圾邮件所造成的问题远不只简单地对网络用户带来烦扰。[1]垃圾邮件消耗很多资源,如宽带,服务器容量等,更为重要的是垃圾邮件为一些恶意软件、代码的传播,以及各种形式的网络钓鱼提供了入口。可以说,垃圾邮件与针对数据和系统的非法侵入、非法干扰、工具滥用等行为息息相关,直接或间接地威胁到计算机数据和系统的完整性和可用性。

从性质上看,垃圾邮件类似于"滥用工具",但垃圾邮件不是对主要用于非法目的的工具之滥用,而是对合法工具的非法使用。正是因为垃圾邮件问题在现实中尤为突出,因此一些国际性文本中对垃圾邮件进行了规定,且集中于示范性的国际文本。[2]在国内法层面,多数国家未将垃圾邮件纳入刑法的规制范畴。[3]对于发达国家而言,早期使用邮件进行信息传递的习惯仍广泛留存,意味着民众更重视邮箱的私密性,但随着移动通信端的崛起,即时通讯服务的使用频次远超邮件服务,如今的大多数国家已经不甚重视垃圾邮件行为。此外,近年来,随着邮件服务提供商垃圾邮件过滤技术的提升以及网民网络防范意识的提高、移动端即

---

〔1〕 See Sorkin D., *Technical and Legal Approaches to Unsolicited Electronic Mail*. University of San Francisco Law Review, Vol. 2, p. 325 - 384(2001).

〔2〕 See for example, COMESA, *Common Market for Eastern and Southern Africa Cybersecurity Draft Model Bill*, Article 19.

〔3〕 See UNODC, *Comprehensive Study on Cybercrime*, p. 96.

时通讯工具的兴起，垃圾邮件问题在近年来已经不再突出，其中最为关键的因素在于服务提供商。对于垃圾邮件治理议题而言，邮件服务提供商是最大的利益攸关方，服务提供商开发使用垃圾邮件过滤技术旨在提升自身的服务质量，此种行为更多表现为自发的市场行为，甚至可以说服务提供商比政府部门更关注垃圾邮件问题。在邮件服务提供商的改进下，垃圾邮件问题得到有效的控制；而在移动端即时通讯兴起之后，邮件服务在互联网沟通中的比重下降，从效益层面看垃圾邮件行为的驱动力也将开始下降。

基于上述原因，在今日环境下起草制定国际性文本，无须大量投入国家的法律资源以应对垃圾邮件问题，邮件服务提供商以及 Spam Haus 等非国家行为体在反垃圾邮件领域的关注与投入使此议题下的国际性文本制定必要性减少。[1]尤其对于国际法来说，文本协商需要旷日持久的交流与博弈，对于处于有效控制之下的垃圾邮件议题，在国际性文本中讨论此议题并不契合各国刑事政策的重点关注方向，且可能降低国际性文本的商讨效率。

四、基于内容表达犯罪行为的刑事实体规则

基于内容表达的网络犯罪行为，同样具有传统社会意义上的价值目标特征，但更侧重行为本身的内容性。相对于破坏计算机系统的保密性、完整性和可用性的罪行而言，此类犯罪中存在的分歧更多，在未来全球性网络犯罪文本的定罪平衡方面最具挑战性。诸如儿童色情犯罪、侵犯版权犯罪和种族主义犯罪都是西方国家历来最关注的，因此欧委会的《网络犯罪公约》对这些方面予

---

〔1〕 Spamhaus 是一个国际性非营利组织，其主要任务是跟踪国际互联网的垃圾邮件团伙，实施黑名单技术，协助执法机构辨别、追查全世界的垃圾邮件，并游说各国政府制订有效的反垃圾邮件法案。

以充分规制,然而国情不同的国家之间存在阶段性的利益对立,这体现出《布达佩斯公约》[1]的局限性。[2]较为典型的例子如对儿童色情的规制,该领域已存在通行的国际标准,但各国在是否列入模拟儿童色情材料以及如何界定受保护儿童的年龄等方面出现了差异。[3]

有关内容性因素的网络犯罪最常涉及三种主要类型:(1)针对国家安全、社会公共安全的内容表达;(2)针对社会风俗、社会道德的内容表达;(3)针对社会个体权利与自由的内容表达。其中第一类行为可能包含批评、仇恨政府的言论表达,在看待此类行为时,应当在何种尺度上实现言论自由与国家安全之间的平衡成为难题,一旦刑罚的威慑力与言论自由相联系,其行为规制在国际社会层面将难有进展。好在有关种族及仇恨言论、恐怖主义言论的规制已有国际法基础,在这些方面达成国际性的条文并不困难。第二类行为最为典型的即网络色情与赌博行为,事实上网络色情内容的传播从各种意义上都禁而不绝,但儿童色情内容的传播受到各国最为严格的监管,各国间更易达成共识。此外网络使参与赌博更为便捷,即使在赌博非法的地区,人们也可以简单方便地连接赌博合法地区的庄家网站,使网络博彩执法机制面临挑战。[4]甚至在不少国家赌博行为本身即合法,导致在国际法层面就网络赌博治理达成国际共识的可能性降低,事实上,基本现有打击网络犯罪的国际性文本基本都不涉及赌博问题。第三类

---

〔1〕 即《网络犯罪公约》。

〔2〕 参见姚鸿聿:《打击网络犯罪国际法启动立法》,载《检察风云》2020 年第 3 期。

〔3〕 See UNODC, *Comprehensive Study on Cybercrime*, p. 106.

〔4〕 如美国于 2007 年通过《互联网博彩管理法》,被纳入《美利坚合众国法典》。31 US Code §5361 第(a)(4)款指出,在互联网上执行新机制是必要的,特别是在此种赌博跨越国家或国界的情况下,传统的执法机制往往不足以在互联网上执行赌博禁令或条例。

行为更多表现为对个体创作内容所享有权利的侵害，据估计，全球互联网通讯中约24%涉及侵犯版权。[1]对知识产权侵权行为进行刑事惩罚，在全球范围内并不常见，发达国家通常更倾向于在知识产权侵权方面给予更为严格的保护。例如，美国历来即有对版权侵权进行刑事制裁的传统，早在20世纪90年代即对网络环境下的知识产权侵权适用刑事处罚。[2]与政府部门相比较，私营部门对于此类知识产权侵犯问题更为关心，但涉及犯罪时，对私营部门的知识产权侵害危害程度往往不及针对私营部门系统、数据的侵害。

此外，在涉及内容的网络犯罪中，内容服务平台的地位极其重要，内容服务平台一方面是其平台用户及用户所发布内容的监管者，另一方面也是受到政府监管的被监管者。其枢纽定位决定了其在基于内容表达的网络犯罪治理方面不容被忽视。基于内容的网络犯罪行为涉及的方面过于广泛，下述将重点讨论的犯罪类型包括：儿童色情行为，版权侵权行为，种族及仇恨言论。

（一）儿童色情内容相关刑事规则

儿童色情相关犯罪是典型的内容相关犯罪（content related offences），此罪与直接对儿童实施的性犯罪不同，其中重点在于制作、持有、传播、访问相关的内容制品。此种犯罪在传统社会中也存在，作为一类性质严重的犯罪，国际社会在较早时候即已通过《儿童权利公约》，其中就涉及儿童色情内容的相关条文，条文提

---

〔1〕 Envisional, *Technical report: An Estimate of Infringing Use of the Internet*. UCI (January, 2011), https://www.ics.uci.edu/~sjordan/courses/ics11/case_studies/Envisional-Internet_Usage-Jan2011-4.pdf.

〔2〕 在1994年United States v. La Macchia（871F. Supp. 535, 1994）案之后，《禁止电子盗窃法》（Criminal Copyright Improvement Act）即对知识产权侵权行为进行刑事处罚，《数字千年版权法案》（Digital Millennium Copyright Act）亦有刑罚规定，纳入《美利坚合众国法典》之中，可参见17 US Code §1204。

及缔约国有义务根据公约规定对涉及儿童色情的相关行为进行刑事立法。在网络犯罪中特别提及此罪的原因在于:互联网在增进沟通便利的同时,也增进了各类非法内容物的流通,其中涉及色情、侵犯版权的内容最为猖獗。作为放诸各国皆不可容忍的行为,对于互联网上从事儿童色情内容相关的行为尤其需要给予特别关注。事实上,经过各国几十年的努力,《儿童权利公约》各个缔约国的国内法,对这一问题已经给予足够的重视,为了再次强调禁止儿童色情内容相关行为的必要性,以及确保任何涉及此种禁止行为的犯罪者得到惩罚,在国际性文本中,禁止并惩罚网上儿童色情内容的传播,还需要国际社会投入更多的关注。

目前网络犯罪相关的多项公约都对儿童色情问题进行了回应,其中需要注意的问题在于,各国对于儿童色情及其内容形式的认定标准存在差异:(1)儿童色情包含的媒介形式在文本、图片、视频之外是否包括音频等较少见的媒介。音频乃至文本等媒介在色情内容是否涉及儿童方面的展示性较弱,因此一些立法中不将涉及音频媒介的儿童色情入罪,如一些文本采用了"可视性展示"(visually depicts)的用语。[1]从道义上讲,应当认为任何方式的展示都是应当受到刑事处罚的,直接或者相对间接的展示皆无例外,不过需要考虑到:①音频媒介在涉及"儿童性"的色情展示方面,国家机关可能需要面临更困难的举证责任,仅从音频的展示中比较难以确认色情内容是否涉及儿童;②音频媒介并非直接展示儿童内容,此种媒介下"儿童"与"色情"之间的联想关联性不是十分强烈,从性质上讲其危害性显然不及视频、文字等媒介,因而可能导致立法对此不予回应。以上分析事实上并不影响各国立法政策对于禁止儿童色情内容所处的立场,仅从立法效率的角度来说,国际性文本在音频资料方面可能会有选择性地舍

---

〔1〕 Council of Europe, *Convention on Cybercrime*, Article. 9 - 2.

弃。(2)儿童事实上未参与,但看起来具有“儿童”因素的色情内容是否需要回应。事实上,确实有一些国家未将看起来如同儿童参与的色情内容进行定罪。[1]从事儿童色情内容相关行为所侵犯的法益在于儿童作为弱势群体应受到的抽象保护,若犯罪行为在外观上满足对儿童作为社会群体的抽象权益的侵犯,则其在传播儿童色情内容方面的危害性目的已经达到,即刑法意义上应受惩罚的行为,故而对在外观上具备明显儿童因素的色情内容可予以刑事惩罚,此点在各国的治理立场方面不存在太大差异。同理,不具有真实性的虚拟色情制品在涉及儿童因素时,亦可予以认定为儿童色情内容。(3)如何界定儿童色情内容中的儿童年龄。《儿童权利公约》将儿童定义为未满18岁,但《儿童权利公约》允许缔约国把低于18岁的年龄限制,应用于儿童色情的相关定义,对此《网络犯罪公约》允许的最低年龄限制为16岁。考虑到当前时代人类的生长发育普遍成熟较早,国际性文本在对儿童色情行为予以规定时无疑会在18岁以下明确界限,考虑到大多数国家对儿童在性保护方面的法律界定,此种年龄界限理应在14~16岁。(4)在行为方式上是否需要包含儿童内容物在传播中所涉及的所有行为,尤其是访问、持有等行为。一方面,访问、持有等行为在危害性上更弱,在此类行为是否需要入罪方面,各国之间可能存在偏差。考虑到此罪的严重性,已有国际性文本中通常要求对上述两种行为进行定罪,或期望使缔约国将其定罪。目前看来,未来在国际性文本中对访问、持有行为定罪不存在太大的阻力,表现出国际社会对儿童色情犯罪的零容忍态度。另一方面,则在于如何在侦查措施中切实发现上述两类不易被察知的行为,尤其访问、持有行为还常常受到个人隐私相关法律的保护,由此又会产生将上述行为纳入刑事惩罚范围的可行性问题。从确

---

[1] See UNODC, *Comprehensive Study on Cybercrime*, p. 102.

立坚决制裁儿童色情犯罪的立场来说，对访问、持有等行为进行定罪是可接受的，若对其予以定罪，则需要在条文操作性方面给予更多配套措施。

从刑法谦抑性以及立法效率的角度来说，上述分析内容可能与各国国内立法有所偏差，对此，可对其中可能存在争议的方面进行弹性立法乃至采取保留方案，充分运用国际法的立法技术，国际性文本才有更好的协调性。如在年龄上可允许弹性立法，在非儿童实质参与色情内容及行为方式上可允许保留。尤其在涉及儿童年龄的弹性立法上，考虑到更广泛国家参与的需要，将最低年龄限定为 14 岁将是新国际性文本的最佳选择，此年龄线也是联合国儿童权利委员会所特别关注的。

在涉及儿童的犯罪方面，一些国际性文本还提及与计算机或互联网有关的教唆、诱骗儿童的行为，此类立法更多见于欧洲国家，原因在于欧洲国家受到欧洲委员会《儿童保护公约》的影响。此罪名的目的在于制止经由信息通信技术对儿童实施的教唆、诱骗行为。考虑到此类罪名在网络环境下并未展现出突出的危害性，在国际性文本中进行规制将存在困难，此类行为在当前更适宜以传统的国内教唆、诱骗儿童相关罪名进行惩罚。

（二）版权侵权内容相关刑事规则

版权侵权行为是另一类典型的内容相关犯罪，与网络儿童色情问题相似，因互联网对知识传播的极大促进，网络环境中涉及侵犯知识产权的案例也在急剧增加，网络盗版问题的猖獗程度已经达到需要对其进行特别关注的程度，其中针对著作权的侵犯尤其严重。据统计，全球近乎 24% 的互联网通信都侵犯了版权，尤其非洲、南美、西亚和南亚国家以点对点方式（P2P）下载共享材料的比例特别高。[1]面对版权侵权的严峻形势,发达国家大多都采取严厉的惩罚措施,与发达国家相比,发展中国家的版权保护措施仍有差距。

事实上,在知识产权侵权问题上,并非所有的国家都赞成以严格的刑事措施支持知识产权保护。知识产权问题所直接牵扯的权益,即知识产权所带来的经济利益,知识产权作为财产权的原意在于保护创作者、发明者在其知识成果中所凝结的心血,由此鼓励更多的创作发明,而此种经由现代知识产权法予以保障的权益在一定程度上与知识分享的目标背道而驰。互联网恰恰因为其在知识分享中的重要作用,在其发展早期大批量涌现出版权侵权问题,国民在经济发展不足的背景下,存在以低成本获取知识的诉求,这也致使一些国家在知识产权问题上采取更为宽松的管制措施。[2]若要将互联网领域的国际性知识产权侵权行为归于刑罚范畴,从一些发展中国家的视角看来,恐将没有足够的动力予以支持。因此,一些国家的国内法,更多致力于对知识产权保护给予充分的民事措施支持,在民事侵权责任中体现得尤为明显;此外还通过规定各类互联网服务提供商的平台责任来强化互联网企业的自主监管能力,通过大量非刑事措施使互联网环境下的版权侵权行为得到有效遏制。

在版权侵权的国际规制方面,《与贸易有关的知识产权协议》

---

〔1〕 See UNODC, *Comprehensive Study on Cybercrime*, p. XVIII.

〔2〕 如印度在医药领域存在严重的仿冒行为,印度药一度成为贵重药物的替代品,此外20世纪末中国市场上充斥着大量盗版书刊及影像制品。

(TRIPs)已然给出对知识产权侵权行为进行刑事制裁的依据,[1]但是在知识产权问题上不加区分地诉诸严厉的刑罚措施显然不是国际性治理措施的合理方向。在已有的国际性文本中,对涉及知识产权的网络犯罪进行规制的虽然是主流,但在文本保留方面存在较大的让步空间。欧委会《网络犯罪公约》第10条对侵犯著作权及邻接权的刑事立法作出规定,但允许各国在不违背各国已承担国际义务的前提下对本条内容进行有限保留。如此看来,如今大部分国家虽然已经认可对版权侵权进行刑事定罪的合理性,[2]但在就此采取刑事措施方面仍有其他考量:一方面,国家执法、司法资源远远不足以应对所有互联网中的版权侵权问题,此问题的频发与琐碎程度已经超出刑事执法力量的管辖能力;另一方面,考虑到知识产权与知识传播创新之间的平衡,对知识产权保护采取严格的刑事措施将可能使知识的再创造积极性遭受打击。

互联网环境下的版权侵权行为无疑需要得到规制,但有必要将有限的刑事执法力量用在更为严重的版权侵权行为上。TRIPs在提及对知识产权侵权采取刑事措施的同时,特别提及对"蓄意并具有商业规模的侵权案件"应给予更多关注,因此国际性文本在切入版权侵权问题时,有必要从侵权规模入手加以

---

〔1〕 TRIPs第61条规定:各成员应规定至少将适用于具有商业规模的蓄意假冒商标或盗版案件的刑事程序和处罚。可使用的救济应包括足以起到威慑作用的监禁和/或罚金,并应与适用于同等严重性的犯罪所受到的处罚水平一致。在适当的情况下,可使用的救济还应包括扣押、没收和销毁侵权货物和主要用于侵权活动的任何材料和工具。各成员可规定适用于其他知识产权侵权案件的刑事程序和处罚,特别是蓄意并具有商业规模的侵权案件。

〔2〕 对网络犯罪研究调查问卷做出答复的国家表示,对侵犯著作权和商标权的定罪措施程度很高,其中超过80%的国家认为这种行为可以视为犯罪,但大部分国家称,它们采用普通犯罪办法,而不针对网络环境制定特定的知识产权侵权定罪措施。See UNODC, *Comprehensive Study on Cybercrime*, p. 105.

规制。未来国际性文本需要对此问题采取更弹性的态度,可以考虑对超过一定规模的版权侵权行为采取更具紧迫性的立法,如此才有可能将相关条款确立为不可保留的条款,对于其他程度较轻的版权侵权的规制条款,在存在有效国内补救措施的前提下应允许缔约国予以保留。

(三)极端言论内容相关刑事规则

近年来,随着互联网中仇恨、恐怖言论的兴起,人们开始审视网络空间的言论自由问题,目前国际社会已在数个为国际社会普遍关注的方面达成广泛共识。联合国关于促进和保护见解与言论自由的特别报告,确定了4种国际法应加以禁止的言论形式:儿童色情制品;[1]直接和公开煽动种族灭绝;[2]构成煽动歧视、敌对或暴力的鼓吹民族、种族或宗教仇恨言论;[3]煽动恐怖主义的言论。[4]此外,特别报告也理应将禁止鼓吹战争的内容加入其中。[5]此领域作为国际人权法所重点关注的内容,对于诸种仇恨、恐怖等言论及行为,国际人权法既要求各国采取立法措施以保证对基本人权的保护,也对惩治此种言论的立法措施加以限制,以防止因过度定罪而在另一极损害人权。《网络犯罪综合研究报告》将之形容为"剑盾"的关系,[6]既要确立保护措施,又要

---

〔1〕 See CRC, *Optional Protocol to the Convention on the Rights of the Child on the Sale of Children, Child Prostitution and Child Pornography* (OP - CRC - SC), Art. 3.

〔2〕 *Genocide Convention*, Art. 3; *Rome Statute*, Art. 25 - 3 - e; *Statute of the International Criminal Tribunal for the former Yugoslavia*, Art. 4 - 3 - c; *Statute of the International Criminal Tribunal for Rwanda*, Art. 2 - 3 - c.

〔3〕 CCPR, *International Covenant on Civil and Political Rights* (ICCPR), Art. 20 - 2.

〔4〕 United Nations Security Council, S/RES/1624, 2005.

〔5〕 CCPR, *International Covenant on Civil and Political Rights* (ICCPR), Art. 20 - 1.

〔6〕 See UNODC, *Comprehensive Study on Cybercrime*, p. 107.

防止过度定罪,从而在言论自由与言论限制之间寻求平衡。联合国人权理事会决议也提出:“人们线下享有的权利也必须在线上受到保护,特别是言论自由权,这种权利的适用不分国界和媒介。”〔1〕

即使需要考虑言论自由问题,对于极端言论的国内刑事规制措施已成常态,国际性文本也在随之跟进。近年来,儿童色情制品之外的其他几种极端言论行为,在部分区域性打击网络犯罪文本中有所体现。非洲联盟《网络安全与数据保护公约》(2014)中即提及,应当对在互联网上从事与煽动民族、种族、宗教的仇恨言论,种族灭绝言论相关的行为进行刑事惩罚;〔2〕上海合作组织成员国向联合国大会提交的《信息安全行为准则》(2015)便将上述言论确定为合作打击的对象;〔3〕欧委会《网络犯罪公约》则直接针对此类行为出台议定书予以规制。〔4〕在联合国编纂网络犯罪综合研究报告的专家组会议上,多数专家也认同当前网络安全和恐怖主义方面存在问题,国际社会需要采取对策,遗憾的是,对于在专家组任务授权和程序的范围内制定应对这些威胁的对策是否适合或可行,则存在不同意见。〔5〕

对于极端言论行为来说,重点需要规制的方面即仇恨和恐怖

---

〔1〕 United Nations Human Rights Council, A/HRC/RES/20/8 (*The Promotion, Protection and Enjoyment of Human Rights on the Internet*), 2012.

〔2〕 African Union, *Convention on Cyber Security and Personal Data Protection*, Article. 29 – 3 – 1 – (e)(f)(g)(h).

〔3〕 See United Nations General Assembly, A/69/723 (*Annex: International code of conduct for information security*), 2015.

〔4〕 Council of Europe, *Additional Protocol to the Convention on Cybercrime, concerning the criminalisation of acts of a racist and xenophobic nature committed through computer systems*, ETS. 189, 2003.

〔5〕 See UNODC/CCPCJ/EG. 4/2017/2 (*Deliberations at the First Meeting of the Expert Group to Conduct a Comprehensive Study on Cybercrime, held in Vienna from* 17 *to* 21 *January* 2011).

言论。在仇恨言论方面,对于仇恨言论的范围已有公约进行界定:仇恨言论所涉及的范畴包括民族、种族或宗教,此范围为《公民权利与政治权利国际公约》所述及。在评估仇恨言论严重性方面一些观点认为应包含:(1)言论的背景;(2)言论者的职务或地位;(3)主观意图;(4)言论的内容或形式;(5)言论的严重程度;(6)造成伤害的风险程度。[1]对于仇恨言论的规制而言,在国际性文本层面不易收到成效,尤其作为一种言论而言,其存在受到语言、意识形态、政治环境等多种因素的影响,当在地域上远离行为人所构造的语境时,人们对其危害性的认识程度将随之降低。即使我们所考虑的网络环境下的仇恨言论,更多的也只是加速此种言论的发酵,而无法避免上述分歧。因此在考虑网络仇恨言论的问题时,将不得不结合一种"现实危险"进行考量,即此种言论可能与其他为国际法所禁止的应受刑事处罚的行为相关,抑或存在发生此种危险的极大可能性。从国际性文本的协调角度看,针对网络仇恨言论的讨论可能较为困难,在针对此类仇恨言论的规制中,"煽动种族灭绝"的相关言论或将是最易达成共识的方面。

与仇恨言论相对,针对恐怖主义相关言论的刑事措施方面更易集聚共识。恐怖组织显然可以而且目前也在确实利用技术和网络进行宣传,[2]这一事实对预防和打击网络犯罪和恐怖主义

〔1〕 OHCHR, *Rabat Plan of Action on the prohibition of advocacy of national, racial or religious hatred that constitutes incitement to discrimination, hostility or violence*, Conclusions and recommendations emanating from the four regional expert workshops organized by OHCHR, in 2011, and adopted by experts in Rabat, Morocco on 5 October 2012.

〔2〕 最典型的,即恐怖组织"伊斯兰国"(ISIS),ISIS 善于利用互联网和社交媒体等招募人员,传播暴力恐怖思想,传授暴力恐怖技术,筹集恐怖活动资金,策划恐怖袭击活动。其不仅恶意攻击各国关键部门的网络系统,还利用网络社交媒体、网络音视频、网络应用软件等大肆进行圣战宣传、招募人员、恐吓对手等恐怖主义活动。

的总体努力都构成了挑战。当被问及对支持恐怖主义犯罪（包括与计算机相关的“煽动恐怖主义”行为）的定罪时，90% 的答复国都称本国存在相关犯罪。[1] 对直接“煽动”（incitement）恐怖主义的行为更好认定，煽动行为可以被理解为直接呼吁参与恐怖主义，其意图是促进恐怖主义的发展，而其背景是能够直接提高恐怖行为发生的可能性。[2] 在“煽动”之外，与恐怖主义相关的其他言论不易进入国际性文本可能达成的共识范畴，最典型的如对恐怖主义行为的“辩护”，在一些国家，此类行为不构成对本国刑事法律的违反。

网络犯罪国际性文本的成型需要顾及多国立场，尤其在言论相关的犯罪规制方面，国际性文本的目标是澄清在各国能被普遍接受的言论程度，罗列出为各国普遍不能接受的言论不法行为。有关仇恨及恐怖主义的极端言论显然已不为国际社会所容忍，在新的国际性文本当中，有关上述言论刑事规制措施应当成为未来国际社会的重点关注对象，在此类方面，已有成熟的国际法条文对此种仇恨、恐怖等言论进行规定，未来一段时期国际社会的重要任务，即是在已有条约的基础上实现此类条文向互联网语境的延伸。

五、小结

本章内容主要是对当前网络犯罪国际法治理规则中的实体罪名规则进行讨论，实体规则直接决定着各国在打击网络犯罪方面的目标意象，对于所应打击罪名的认知重合度越高，越能在国际法文本规则中达成更深度的共识。本章主要涉及内容如下。

---

[1] See UNODC, *Comprehensive Study on Cybercrime*, p. 113.

[2] See United Nations General Assembly, A/63/337 (*The Protection of Human Rights and Fundamental Freedoms While Countering Terrorism*, 2008).

1. 总体而言,当前各国在打击网络犯罪的实体罪名规则方面存在一定程度的差异,在形式上存在修订、解释传统刑法条款,以及针对网络犯罪制定新条款的不同措施;在内容上,各国对于网络犯罪的治理倾向仍取决于本国的主要网络犯罪类型。从发展趋势来看,网络犯罪总体上表现出从重视作案手法到重视犯罪目标的转变,由此导致刑事实体法在规制侧重上发生转变。根据目前最经常被国际法文本所提及的网络犯罪,此处将最主要的犯罪类型分为:基于系统、数据要素的犯罪行为,基于使用方法的犯罪行为,基于内容表达的犯罪行为,其中后两者更重视犯罪的目标性内容,将成为未来更值得关注的犯罪隐患。

2. 基于系统、数据要素的犯罪行为,此类犯罪的关注点在于计算机系统、数据的完整性、保密性、有效性。早期此类犯罪被视为具有极高的技术性,随着网络技术的普及,此类罪行的门槛也大大降低。此类犯罪普遍存在,且有时存在极大的危害性,如今还常常作为其他网络犯罪的关键环节而存在。其中涉及的罪行可主要可分为非法侵入、非法干扰、滥用工具,三类行为涉及不同的规则细节问题,网络犯罪国际法治理体系对于此类罪名需要予以重视。

3. 基于使用方法的犯罪行为,此类犯罪是对网络环境中非法使用行为的概括,更重视犯罪的行为方面,其中大部分行为是传统犯罪类型的网络化延伸。此处所提及的网络犯罪与其他涉及网络因素传统犯罪之间存在差异,其不同之处在于,网络犯罪的犯罪行为因网络因素的介入,使犯罪行为性质完全不同于其线下形态。此类犯罪的包括的类型较多,但最值得关注的罪名类型包括网络环境中的诈骗行为、隐私侵权行为、垃圾邮件行为。此类犯罪行为所涉及的危害范围更为广泛,网络犯罪国际法治理体系需要对此类犯罪予以更多关注。

4. 基于内容表达的犯罪行为,此类犯罪是对网络环境中非法内容表达的概括,更重视犯罪的言语方面,其中大部分行为也被传统刑法规范所禁止。其中最需要述及的方面有:儿童色情内容、版权侵权内容、极端言论内容。对上述犯罪行为的规制在各个国家内普遍存在,在儿童色情内容方面甚至已经存在全球性的规则实践,网络犯罪国际法治理体系需要尽快在此类规则方面达成全球性的规则共识。

第五章　网络犯罪国际法治理之程序性规则

在国际社会方面，在各国多元的刑事程序规则之间搭建桥梁，乃是传统刑事司法合作协议所追求的目标，这也将是未来网络犯罪治理的重点关注方面。根据《网络犯罪综合研究报告》，相较于现已存在的（国际层面的）法律，新的或计划颁布的网络犯罪法律更频繁地将重点放在调查措施、管辖权、电子证据和国际合作等问题上。在对问卷做出答复的国家中，超过90%的国家称，已开始为网络犯罪侦查和涉及电子证据的犯罪建立专门框架。〔1〕国内立法在积极响应网络犯罪治理议题，避免采用一般性规范进行治理而带来的偏差与漏洞，此种立法势必会在国际层面形成聚合。

一、网络犯罪国际法程序规则的基本状态

在网络犯罪国际法治理中，程序性规则的

〔1〕 See UNODC, *Comprehensive Study on Cybercrime*, p. XXIII.

目标,即是确保各国在最基本的程序性内容方面的完备性,进而在国内法治理的多样性之间确立合作机制。倘若有关程序性事项的法律规范在请求国与被请求国之间存在差异,〔1〕乃至于被请求国现有法律中不存在请求国所述请的程序性事项,依据对公权力的“法无明文规定即禁止”原则,该种请求事实上无法得以精确实现,被请求国是否得以因此拒绝此种刑事司法合作?诸如此类问题使网络犯罪的国际法治理面临困境,可以说当前网络犯罪国际法在程序规则方面仍然极不完备。

(一)网络犯罪程序规则的国际法表现

从当前网络犯罪国际法程序规则的基本特性来看,当前的网络犯罪国际法程序规则普遍具有模糊性的特点。网络犯罪国际法中述及的规则与诸多国内法不同,国际法中涉及的规则往往无法十分具体。如果说实体规则旨在描绘将要予以规制事项的模糊轮廓的话,程序规则方面也只是提出应予采取程序性措施的基本方面,并且程序性规则比实体性规则更为原则性。如已有的国际法文本中更多指出需要采取数据留存、披露措施,却并不对具体如何实施此种措施进行界定,《网络犯罪公约》中就频繁出现“各方应当采取必要的立法或其他措施”进而实施某种程序性措施的表述,第 14 条表现得最为集中:“各方应当采取必要的立法

---

〔1〕 特别是针对电子证据的取证与保全,各国立法进度不一。例如,欧盟早在 2002 年颁布的《网络犯罪公约》第 16 条、第 17 条即要求其缔约国对计算机数据及通讯数据进行快速保存及披露行为进行立法,欧洲国家对该公约的参与度较高,当前国内立法更为健全;相较之下,非盟于 2014 年颁布的《非盟网络安全与个人数据保护条约》虽亦在第 31 条第 3 款要求缔约国采取必要的立法措施保证电子证据的取证与保全,但非洲国家对该公约的参与度较低,各国国内相关立法进度没有得到有效促进;此外,我国直至 2016 年才由最高人民法院、最高人民检察院、公安部联合颁布《关于办理刑事案件收集提取和审查判断电子数据若干问题的规定》,对这一问题方才给出定论。各国不一致的立法进度无疑会对电子证据方面的刑事司法协助形成阻碍。

和其他措施,以确立为实现本条目的的专门犯罪调查和控诉权力和程序。”对于已有程序规则的此种特性,应当认为其是国际社会政治博弈的产物,至少在当前无政府的国际环境中,我们尚且看不到达成如同国内程序性规则一般细致的国际法规则的可能性。

从当前网络犯罪国际法程序规则的发展前景来看,网络犯罪国际法在程序性规定中未能在共性塑造方面取得进步,各国在程序性规则方面习惯性地沿用传统程序规则,而非致力于建立适应网络环境的新规则,由此导致各国在传统刑事程序规则方面的分歧延及网络犯罪治理中的程序性规则。当网络犯罪活动在要件上存在契合传统的一般刑事实体规范的可能性时,国家则不会倾向于针对网络犯罪活动制定新的实体法,当无法应对时,则通过新增、解释一般刑事实体法的方式进行规制,无论是否沿用一般刑事实体法,在一些核心罪名定罪与否的问题上还是有共性的。当此种对策性思维的惯性延伸到刑事程序法时,各国传统刑事程序法的多元性及其间的差异在网络犯罪的程序性事务上得到继承与展现。此外,当刑事程序法尝试在网络犯罪方面做出新的适应性改变时(如远程计算机监控、取证),还需要应对诉诸个人信息保护的质疑声音,而各国对待个人信息保护的态度可谓大相径庭。因此刑事实体法在各国既有法律体系下的分歧,短期内无法得到有效弥合,在协同合作的发展前景方面,还需要各国之间进行持久的规则博弈。

(二)网络犯罪程序规则主要阶段的状态分析

对网络犯罪国际法中程序规则,此处采用时间逻辑进行阐述,从网络犯罪国际法规制的执法—司法的顺序梳理其中的程序性规则,并对其中尤为关键的电子证据问题进行重点论述。

在网络犯罪的执法程序规则方面,执法程序是网络犯罪国际法治理的主体环节,国际社会是否可以有效应对网络犯罪问题,关键就取决于国际社会能否有效调用并协调各国的执法资源,在查知并侦破网络犯罪方面建立有效的国际法体系。当前网络犯罪及传统犯罪中网络相关因素的复杂性已显著提高,执法人员通常需要通过分析大量电子化的数据找到侦查线索,网络犯罪对执法部门的侦查行为提出了更高要求,例如,对更高水平侦查人员和技术专家的培训和维系提出额外需求。对被举报网络犯罪行为采取连贯的执法应对措施,其中的关键因素包括:(1)拥有一个在个人隐私与侦查权之间达成适当平衡的侦查措施法律框架;(2)在实践中能够利用侦查工具和技术,包括从第三方如互联网服务提供商处获取电子证据的渠道;(3)执法人员得到足够的培训并拥有技术能力。[1]除第三点的技术能力之外,第一点、第二点都对网络犯罪侦查中的程序性规则形成挑战。目前的网络犯罪国际法通常都会对程序性内容进行规定,但各类文本之间以及各类文本缔约国的国内法在可采取的侦查措施方面存在分歧,其间分歧的本质即各国对于公权力对私权利的侵入程度认识不一。网络犯罪国际法在执法程序中面临的核心问题,即程序性规则如何在公共权力与个人隐私之间达成妥协与平衡。

在网络犯罪的司法程序规则方面,目前国际社会未能给予此方面特别的关注。司法程序通常比侦查程序具备更强的主权属性,可以认为是各国保障自身主权尊严的保留地。因此已有的网络犯罪国际法规则基本不会涉及司法程序方面的规则,仅在引渡等特别制度中有些许表现。然而当前各国在网络犯罪治理司法能力及司法流程方面的滞后性,已经严重影响网络犯罪的有效审理,各国需要携手提升网络犯罪治理中的司法能力及司法流程,由此凸显在国际性文本中整合、强化司法程序以及相关合作的必要性。

有关网络犯罪国际法治理中的程序规则,其中贯穿始终的

---

〔1〕 See UNODC, *Comprehensive Study on Cybercrime*, p. 118.

关键方面是“电子证据”。证据是否充分,直接决定着各国是否可以有效地完成网络犯罪的执法与司法活动,进而影响各国是否可以有效地打击本国管辖范围内的网络犯罪。问题在于,网络环境下的数据流动更易跨越国界,网络犯罪行为涉及的证据往往会存在于多个国家,就电子证据问题达成国际合作对于国际社会而言迫在眉睫。尤其当前的云技术在急速加剧互联网数据的跨境流动,如何在云技术已成定局的时代,于各国之间建立电子证据合作渠道,其间尚有大量问题亟待解决。其中涉及的主要关联方包括政府方面的执法部门,以及私营部门方面的服务提供商。各国执法部门之间建立更高效的合作渠道,以及执法部门与私营部门之间建立常态合作渠道都应当是打击网络犯罪不可或缺的方面。当前国际性文本通常不会对电子证据问题单独予以规定,然而文本中凡是涉及合作内容时,电子证据问题一直都是其中最为关键的问题,诸如欧委会《网络犯罪公约》等文本建立 24/7 等机制的目的,实质上就是寻求构建更迅速的信息交换机制,电子证据交换正是此类机制的核心应用诉求。

二、网络犯罪程序规则关键词:电子证据

当前网络犯罪中最具共通性的要素,并不在于诸多网络犯罪在犯罪内容上的共通性,而是在此种环境下几乎所有犯罪行为都将涉及电子证据。数据化的通话记录、电子邮件、IP 连接日志、短信、移动电话通讯簿,以及计算机文档可能都包含涉及地点、动机、犯罪现场线索,或几乎任何形式的犯罪嫌疑人参与犯罪的证据。[1]电子证据由此成为破解网络犯罪的核心要素。

网络犯罪所遗留的行为痕迹都是数据性的,因此其犯罪过程的证明也依赖于这些数据性内容。数据也是前面所阐述的程序

---

〔1〕 See UNODC. Comprehensive Study on Cybercrime. p. 16 – 17.

性内容中最常被提及的词汇，当互联网中的信息数据与具体案件产生关联时，我们也可称其为“电子证据”（electronic evidence）。网络犯罪以及传统犯罪中涉及互联网的环节，往往不会产生物理意义上的效果，因此对于其网络踪迹的查证便极其依赖于电子证据这类数据性痕迹。无论是民事还是刑事司法活动，目前电子证据在大多数国家已经可以作为庭审过程中的有效证据使用。在刑事活动中，为了使证明网络犯罪行为的证据链条更完整，电子证据的形式往往更为多样，这种证据存在于计算机文档、传输过程、工作日志、元数据或网络数据中。

对于现实中打击网络犯罪的取证需求而言，网络设备以及互联网在犯罪行为中作为对象或是手段都无关紧要，毕竟若无法对电子证据予以取证，则涉及网络因素的犯罪行为都将无法得到有效惩治。当前网络犯罪开始成为所有犯罪行为（包括传统犯罪）的场域，电子证据便有可能成为未来犯罪事实上的核心因素，问题在于，网络犯罪行为更易具有跨国性质，表现其行为痕迹的电子证据也是跨国的，犯罪侦查部门对电子证据的获取可能受制于国家主权的界线划分。目前各国在网络犯罪治理中依赖传统方式的国际合作，但这并不能够保证及时做出反应，以获取极易丢失的电子证据。随着越来越多的犯罪行为开始牵涉可能在全球范围内散布的电子证据，这一情形不仅对于打击网络犯罪，而且对于打击所有犯罪而言都将成为极为棘手的问题。[1]

（一）电子证据的性质分析

国内执法、司法部门在网络犯罪案件处理中，其面临的挑战不仅在于理解适用规范方面普遍依赖于为数不多且偏于概括性的一般性法律条文，在证据链条方面，网络犯罪问题甚至对传统

---

〔1〕 See UNODC. Comprehensive Study on Cybercrime. p. XI.

证据的三性(证据的真实性、关联性、合法性)形成挑战:(1)如何确认所收集的电子证据未被修改过,这一点取决于电子证据信源本身的技术可信度(是否保留副本、是否实现只读保护,是否加密等),此外也受到执法、司法部门对电子证据真伪判断能力的影响;(2)执法部门如何发现某种具有较高技术程度的网络数据、信息可能是与本案相关的电子证据,以及司法部门如何确认执法机构向本部门提交的电子证据与本案相关,都将是本案审理中不可或缺的重要证据;(3)如何确保网络犯罪侦查中电子证据的取得是合乎规范的,尤其是如何保证此种取得未侵犯个人隐私,此情境下的判断与传统案件中确保物证合法性的措施完全不同,在个人数据隐私保护立法起步未久的今日,在网络层面实施侵入性侦查手段的行为限度仍有待探索。

为了确保电子证据在证据三性方面符合要求,当作为数据的电子证据呈现于司法程序中时,还需要确保对其进行审查的可能性。通常对通信设备数据的要求为真实性、机密性、可用性,不可否认性等,但电子证据对数据提出了新的要求:可审查性,即对作为电子证据的数据进行复现的能力。无论是以何种措施收集的数据,包括通过即时数据收集等措施实施的取证,都需要保证其在法庭上进行复现的可能性,以确保司法程序可以对电子证据的真实性、关联性、合法性进行审查。

在电子证据的三性方面,在真实性的环节上是最易引发问题的,当电子证据不再真实时,关联性和合法性便没有任何意义。在取证阶段,电子证据具有不稳定性,未经技术处理的各类数据痕迹可被轻易修改、覆盖或删除,这对必须验证和核实数据信息来源的刑事司法过程带来挑战,尤其在涉及针对计算机完整性、机密性、有效性的网络犯罪方面,终端设备上的数据被篡改的可能性更大。因而电子证据取证不得不从网络入手,调查与案件相关的在其他网络节点遗留的数据痕迹,如网络服务提供商的数据日志,即使不从终端设备数据被篡改的角度看,出于对证据链补全的需要,也需要进行必要的网络调查。网络调查可以从犯罪行为在网络空间中的行为痕迹推断其行为企图与行为规律,进而发现其他相关证据。在取证之后,还存在证据维护问题,当此类数据作为电子证据使用时,其证据的真实性、有效性,更易因时间等外部因素而遭到严重劣化。在刑事侦查过程中,对数据真实性要求更是达到极致,证据提出者必须证明旨在维护数据信息完整性的程序的质量,并且此种证明的时间跨度可能需要覆盖从数据信息的生成到当庭出示这一过程。数据信息的完整性和真实性对证据的分量特别是可靠性和可信度有着直接影响。对电子证据真实性和完整性予以证实的目的是表明该证据与其提出者所声称的并无二致,且该数据是可信、未被篡改或变更的。[1]为防止侦查行为本身成为干扰电子证据真实性的措施,一些取证技术采取了防止对干扰数据的取证措施,即在避免影响数据真实性的"写入"行为的同时提取数据,如先通过创建数据镜像,进而再对数据内容进行审查取证,这样既可避免对数据源的篡改,又可进行实际数据操作以审查其内容。此类技术在电子证据取证中的应用对于确保数据真实性极为关键,为维持在跨国司法协助中请求国与被请求国之间对于犯罪认定的充分程度,通过确保电子证据在形式上的严谨性来尽可能保证所提交电子证据的真实性。此外,不同设备要求不同的侦查和取证技术,就数据提取而言,不同类型的硬件、软件和操作系统都会提出不同的挑战。互联网环境中足以干扰电子证据真实性的因素如此之多,以至于各国不得不重视运用新技术确保电子证据取证活动的效率。

---

〔1〕 See Marcella Jr. A. J., Greenfield R. S., et al., *Cyber Forensics: A Field Manual for Collecting, Examining, and Preserving Evidence of Computer Crimes*, 2nd edn. Boca Raton: CRC Press, 2002, p. 136.

为确保电子证据的真实性，目前一些国家已经开始探索运用新技术实现电子证据展示的精确、可信、可复查，其中较为典型的技术即区块链存证技术。在确保了电子证据数据上链前的合法性之后，通过规范形式实现电子证据上链存证，并通过立法赋予区块链存证以合法性。目前区块链存证技术尚在探索阶段，未来其在网络犯罪刑事司法活动中将有极大的潜力，新技术的运用可以提升数据作为证据在刑事程序上的可信度，至少保证电子证据从取证到庭审的整个过程足以保持其真实性。目前，我国互联网法院已经在民事诉讼中采用了区块链技术，此种技术在审判实务中产生了何种影响，可以吸取出何种经验及教训，以及未来如何在刑事事务中适用，值得我国予以归纳总结并在网络犯罪治理的国际层面进行推广。此外，一些新技术针对可能被删除或损坏的数据，通过使用"文件雕复"（file carving）〔1〕等取证技术可以恢复数据完整性，同样可以增进电子证据的数据真实性。未来新技术在网络犯罪刑事司法活动中的运用，将会是打击网络犯罪的有力技术保障。

在确保进入刑事司法程序的电子证据符合真实性要求之后，还需要确定电子证据的证明效力。一般来说，电子证据的展示依赖于其他介质形式，一些电子证据本身就存在于某类介质之上，另一些则需要从互联网中获取，其向展示介质的转化过程可能会削弱其效力。

为了维持电子证据对于网络犯罪的证明效力，在电子证据的展示中更需要强调"最佳证据规则"（best evidence rule）。所谓最佳证据规则，其基本精神为：以文件内容而不是以文件本身作为

〔1〕 文件雕复技术是一种特殊的文件恢复技术，被广泛应用于计算机取证研究。它利用不同类型文件特有的文件信息从未分配的或空闲空间中雕复文件，可恢复隐藏或删除的磁盘内容、内存和交换分区中。参见陈默等：《一种基于内容特征的Word文件雕复方法》，载《计算机应用与软件》2010年第1期。

证据的一方当事人,必须提出文件内容的原始证据对于电子证据而言,其证据效力尤其值得深思,在加强电子证据效力方面,需要重视最佳证据规则,在采信某种电子形式的数据信息时,应尽可能采用电子数据源头的证据。此原则在国内法层面的确立,将有助于国际社会协作打击网络犯罪的效率,当被请求国收到有关证据方面的协助请求时,原则上也要尽可能地获取证实犯罪的最佳证据形式。对于"最佳证据规则",需要注意的方面在于:最佳证据规则强调原始材料的重要性,但不排斥非原件,但非原件只有在足以保证内容真实性的情况下,才可以作为例外不出示原件。电子证据的出示本身不同于传统的物证与书证,其最佳形式可能存在类似物证或书证的形式,如通过扣押方式扣押计算机等通信设备即可能构成物证,现有电子邮件的打印件即可能构成书证,但并非所有电子证据都存在以物证或书证形式展现的可能性。因此对待电子证据,在技术能力对证据真实性予以保障的前提下,应当允许电子证据以非实体的形式存在。根据我国最高人民法院《关于适用〈中华人民共和国刑事诉讼法〉若干问题的解释》第83条、第84条的规定,据以定案的书证应当是原件。只有在取得原件确有困难时,才可以是副本或复印件。据以定案的物证也应当是原物。只有在原物不便搬运、不易保存或者依法应当返还或者依法应当由有关部门保管、处理的,才可以拍摄足以反映原物外形或内容的照片、录像。这表明我国刑事诉讼法律所规定的最佳证据规则不仅适用于书证,而且适用于物证。确定非实物形式电子证据的效力,对于统一国际性文本对网络犯罪的认定、裁判尺度有较大价值,通过保留、确认最能保证真实性的电子证据形式,国际性文本更有可能缩小在刑事程序法、司法协助方面的分歧。

对于一些言词证据,还有必要确立条件严苛的传闻证据规则,传闻证据规则原则上在审判中排除传闻证据,证人证言须在法庭上接受检验,只有在符合法定的例外情形时才允许采纳庭外陈述。传闻证据规则主要针对言词证据,事实上将诸如网络言论作为证据时,往往证人的身份、地址不可知,或出庭代价极高,尤其在跨国网络犯罪证据的验证中,电子形式的证人证言更难保证证据源头的到庭,采用传闻证据乃是在此种情形下不得不做出的妥协。

电子证据取证本身目前面临大量未解决的问题,而网络犯罪行为仍在竭力增加侦查活动的难度,其最常用的手段就是将犯罪数据储存在外国服务器或云存储系统中。[1]云技术的运用致使犯罪数据痕迹的侦查异常困难,在大部分情况下其侦查行为还可能涉及本国之外的因素,而对涉外因素的侦查行为无疑会受到主权的限制。在当前网络犯罪相关数据痕迹具有显著跨国特性的情况下,电子证据的跨国取证归根结底还是要依赖于国家之间的协作。

(二)跨境数据流动中的电子证据获取

当前电子证据在国家之间的跨境获取不仅面临主权问题,还要面临新技术的挑战。互联网新技术的发展日新月异,技术革新本身旨在使互联网更加快捷方便,但此种创新也可能为执法部门带来问题,其中云技术的使用使得全球层面的数据流动加速,使执法部门在寻求获取电子证据时往往无从下手。

云技术本身的目的在于提升互联网信息的存储、处理能力,突破传统集中式存储系统的容量与交互“瓶颈”,但其运用却给电子证据取证带来挑战。在这种模式下,用户不是将信息存储于家庭或企业的计算机上,也不用购买或升级软件,而是通过云端技

---

〔1〕 Study Cybercrime Questionnaire. Q85. See UNODC. *Comprehensive Study on Cybercrime*. p. 164.

术将所有数据储存在互联网服务器上,然后以远程方式运行程序。〔1〕当前在全球范围内,涉及分布式和并列式数据存储的云计算的使用越来越频繁,特别是在云服务中,数据是以自动、动态的方式放置于实际上位于不同国家的数据中心,这可能对数据位置的认定构成挑战。〔2〕数据位置对于网络犯罪的侦查来说意义重大,云技术则使电子证据的数据更加飘忽,极大程度上增加了取证难度,其一,在于要确认数据实际存储国将更加困难,其二,在于会增加电子证据取证过程中的曲折程度。

如果云数据成为网络犯罪侦查中的证据,对于侦查国而言将更为棘手。执法侦查人员在侦查初期并不知道云数据实际位于哪个国家。通常而言,侦查行动的起点仅仅是一个服务提供商的名称,如果侦查国不是服务提供商的所属国(国籍国),则经由传统的司法互助方式就需要该国与服务提供商所属国的政府部门进行沟通。此类服务提供商所属国往往无法与犯罪行为之间建立密切联系从而实施管辖权,但该国家又常常对于涉案的云服务器上的数据享有排他的管辖权,侦查国此时便需要依赖于刑事司法合作获取此类证据,提出保全和/或提供相关数据的请求。

更棘手的问题在于,服务提供商所属国甚至还未必是存储涉案相关数据的服务器的实际所在国。数据的实际存储位置很少在侦查之初时就为人所知,因此在正式司法互助请求提出时,这些请求可能被发往云服务提供商所属国,而非数据的实际存储服务器所在国。服务提供商基于对数据最直接的控制权力与责任

---

〔1〕 云计算提供了显著的成本和效率优势,但也存在风险,例如,储存在云端的私人或机密数据更易成为吸引黑客攻击的目标;此外,无论基于何种原因使云服务提供商的互联网连接中断,任何使用此种服务的企业或个人都将受到影响。

〔2〕 See Peterson Z. N. J. ,Gondree M. & Beverly R. ,*A Position Paper on Data Sovereignty:The Importance of Geolocating Data in the Cloud.* In:Proceedings of the ACM Conference on Data and Application Security and Privacy (CODASPY). 2011.

成为最紧密的关联方,然而如今互联网企业开展大量的跨国营业活动,服务提供商在法律政策上同时受到其所属国以及数据存储国的规制。从服务供应商营业活动所涉及数据的具体位置来看,数据实际存储国显然应当更为优先,但数据实际存储国在网络犯罪的关联性与控制性上通常弱于服务供应商所属国,由此导致实践中的司法互助请求甚至不发给数据实际所存储的国家,而是发给服务提供商所属国。

如何认识数据实际存储国的地位极为重要,如果认可数据实际存储国在数据管理中的绝对主权,承认其基于地理边界对于境内数据设备的绝对管辖权,则在涉及云技术、云存储的网络犯罪中,其司法主权无疑将因此受到极大威胁。[1]从原则上讲,未经数据存储国同意而采取其他途径进行访问,此种访问与主权原则及不干涉原则是不相容的。现有的国家实践不会允许未经许可即跨境访问本国境内的相关系统或数据的行为。作为表面上具有更紧密联系的服务供应商所在国,对于其所管辖公司所管理的内容具有天然的控制优势,但注意此种优势不是一类主权权力,其控制优势是基于与服务供应商的紧密联系,而非与数据本身之间所建立的“直接”联系,因此数据实际存储国的数据主权理应不被侵犯。问题在于,我们需要减少在刑事侦查及电子证据取证中的曲折,以避免此种曲折情形:为向具有管辖权的实际数据所在国请求协助,必须向服务提供商所在国请求协助以从服务提供商处获得数据实际存储地点的相关信息,以明确实际应当请求协助的对象国家,进而再去寻求期限未知的司法协助手段。

---

〔1〕 在实践中,关于电子证据的刑事取证管辖,在国家层面形成了数据存储地模式和数据控制者模式两大方案,数据存储地模式以国家疆域为基础,数据控制者模式则更强调跨境云服务提供者的地位。数据控制者模式在实践中已经实现了对数据存储地模式的部分取代。参见梁坤:《基于数据主权的国家刑事取证管辖模式》,载《法学研究》2019 年第 2 期。

对以上问题的考量必须考虑到国际政治博弈的环境，为弥补跨国犯罪管辖权不足、提升执法便利性，美国依托其遍布全球的互联网跨国企业实施“长臂管辖”，美国议会于2018年通过《澄清境外数据的合法使用法案》（Clarifying Lawful Overseas Use of Data Act，CLOUD），〔1〕其他国家对此表示关切；〔2〕与之相反，以俄罗斯为代表的国家则提出数据本地化存储等要求，对数据跨境活动实施监管。其间所显示出来的问题在于，若承认通过对服务提供商的管辖权来跨境获取相关数据的正当性，则拥有更多互联网科技企业，且具备“长臂管辖”倾向的国家，无疑将占据极大的优势。考虑到司法互助请求普遍需要首先向服务提供商所属国提起（侦查初期需要通过服务提供商提供信息来扩展侦查线索），此类国家甚至可能成为重要的数据流转节点。在数据日益成为国家战略资源的时代，与此形成对比的是，其他国家要调取存储在美国的数据，则必须通过美国“适格外国政府”的审查，满足美国所设定的人权、法治和数据自由流动标准。美国CLOUD法案所表露出的双重标准受到俄罗斯、中国等持保守态度国家的抵制，保守国家通过强化数据本地化措施遏制此种长臂倾向。

从趋势上看，云技术的运用使数据流动及存储陷入不可知的混沌之中，但互联网作为“控制架构”的基本前景也将是云技术的

---

〔1〕 US. CLOUD Act. H. R. 4943 – 115th Congress (2017 – 2018). 该法案允许美国的执法部门直接向总部位于美国的跨国公司提出搜查令，令状可要求此类跨国公司提供本公司位于他国存储设备上的数据。美国联邦调查局在侦察一起贩毒案件的过程中，曾要求微软公司提供被存储于爱尔兰的数据。在上诉至联邦最高法院的过程中，CLOUD法案正式生效，联邦调查局最终依据该法取得新的搜查令状，微软公司对此表示予以支持。因争议问题已得到解决，案件最终被联邦最高法院驳回。参见梁坤：《基于数据主权的国家刑事取证管辖模式》，载《法学研究》2019年第2期。

〔2〕 参见吴海文、张鹏：《打击网络犯罪国际规则的现状、争议和未来》，载《中国应用法学》2020年第2期。

前景。未来云技术的运用将不再由资本恣意决定数据存储在何处以及向何处流动，互联网企业对云技术的运用对于政府来说将越发可控，尤其将受到代表主权意志的本地化措施的限制，亦即数据本地化措施在未来一段时期内将是主流。基于此种趋势，服务提供商所属国在网络犯罪司法协助中将不处于中心地位。此时服务提供商本身的地位极其重要。有关服务提供商的地位需要着重考虑两个问题：(1)服务提供商与用户之间应当就数据位置信息建立何种关系，尤其需要考量其中涉及的个人隐私问题，即数据实际存储地是否为用户隐私内容的一部分？事实上数据实际存储地不能指向具体个人，因而服务提供商可在无须用户同意的情况下自行决定是否予以披露；(2)服务提供商与数据实际存储国之间应当建立何种关系，在数据本地化政策兴起的角度来看，服务提供商在非本国的地区开展营业势必要受到当地的更多限制，服务提供商在向第三方披露数据信息时，无疑需要考虑到数据实际存储国的法律及政策，其披露行为不得对数据实际存储国的国家安全、公民权利等造成侵犯。

在一定程度上，需要顾及服务提供商所属国的态度，一些国家会寻求直接联系网络服务提供商并要求其提供用户信息、通信或内容数据等电子证据，仅当服务提供商拒绝合作时才回到正式渠道当中，通常而言一国境内经营的服务提供商仅在收到法院命令、传票或令状时才有义务披露数据，因此侦查国企图直接联系服务提供商的做法在实践中往往会碰壁。在以上前提下，国际社会需要考虑如何以便捷为目标建立互联网服务供应商的数据地理位置信息披露机制，此种机制对服务供应商所属国有所影响，对于直接向服务提供商寻求数据位置协助的他国侦查措施，服务提供商所属国可能需要采取一定的容忍立场。若以迎合传统刑事司法协助程序为方向，则难以实现便捷的目标，为实现此种目标，借助一种全新的快速处理机制将是十分必要的，此种快速处理机制可以与刑事司法协助制度中可以创新的其他方面相关联。

(三)跨境数据流动中的电子证据合作

网络犯罪治理要求执法机关尽快获取域外数据,现实则是各国出于国家安全以及保护个人财产、隐私的诉求对跨境数据流动进行限制。[1]国际社会应制定有关执法机构调查域外数据的国际标准,以便阐明网络犯罪刑事侦查与国家主权原则之间的关系。[2]执法机构调查域外数据可以借由双多边刑事互助进行,也可以依赖国际性组织所建立的平台进行,这些都是传统国家合作层面的措施,使之成为常态化机制无疑是打击网络犯罪国际合作的基本趋向,其基本前提即以何种标准进行域外数据的调查与交换,基于何种理由诉诸该程序以及使用何种方式运作该程序。此外,私营部门在全球数据流动中的地位日益提升,在未来有关电子证据取证的国际合作中,私营部门的作用将不可或缺。

1. 政府部门在电子证据跨境合作中的核心作用

政府部门是电子证据跨境取证行为的主要参与者,跨境取证行为的发起和接受都以国家为名义实现。然而受制于主权诉求,国家之间的跨境取证合作进展迟滞,在互联网彻底成为所有犯罪的背景性要素之前,关于电子证据取证的政府间合作势必需要取得进展,如此才能凝合全球国家以更好地应对日益猖獗的网络犯

〔1〕 如欧盟1995年颁布的《关于个人数据处理保护与自由流动指令》(欧盟公民的个人数据只能向那些与欧盟数据保护水平相同的国家或地区流动)、2018年生效的《通用数据保护条例》(General Data Protection Regulation),为此对数据流动管理较为松散的美国还与欧洲达成"安全港协议"(Safe Harbor),此后为"隐私盾协议"所替代,其核心追求在于避免欧盟公民的个人数据被不正当使用,进而侵犯公民隐私;中国的《网络安全法》也明确了对个人信息权的保护,并颁布《电信和互联网用户个人信息保护规定》、《信息安全技术 个人信息安全规范》(GB/T 35273—2017),此外还出台《通信网络安全防护管理办法》《网络安全审查办法》《数据安全管理办法》以保证数据的流动不会损及国家安全。

〔2〕 See UNODC, *Comprehensive Study on Cybercrime*, p. XIII.

罪活动。

在政府间合作中，首先要以互相尊重主权为前提。在当前的网络犯罪跨国侦查行为中，越来越多的侦查员在收集证据的过程中获取域外数据，而未经数据所在国的同意。这种现象因为云计算技术的发展而增多，因为这种技术包括在不同地理位置利用多个数据中心存储数据。尽管在技术上可知，但数据的“位置”，却越发人为化，以至于一国执法机构往往向服务供应商所在国，而不是向数据中心实际所在国发送传统的司法互助请求。[1]侦查员绕开另一国政府部门的侦查行为并非刻意为之，而是技术便利引导侦查员采取更有效的侦查方式，也正是此种技术为国家带来了新的恐慌：对数据信息的监控缺失、对国民数据隐私的保护缺失。因此数据跨境流动的限制今后还将持续发酵，演变为国家主权对网络空间声张主权的关键方面，诸如 GDPR 等数据隐私规范的兴起必将掀起全新的“隐私盾”谈判浪潮。此种情势对于政府职能部门，尤其是对合作打击跨国网络犯罪的职能而言极为不利，侦查部门为图便利而实施的绕开政府监管的侦查行为只会使数据存储国对数据监控的情势更为担忧，进而采取更为严厉的数据监管措施，如提供云计算、云存储服务的公司在营业中将受到数据跨境方面的严格限制。国际社会需要倡导在跨国网络犯罪侦查中约束自身在他国的非授权行为，避免消解、透支国家之间在犯罪侦查方面所建立的信任。

在要求各国保证本国在电子证据取证行为中尊重他国主权的同时，也需要鼓励各国建立对他国电子取证行为更友好的机制，这也是未来网络犯罪国际法治理文本所要达成的目标。通过改造既有正规犯罪侦查合作渠道，来提升侦查信息的互通效率。电子证据取证不同于引渡等其他国际刑事司法合作的方面在于，

---

[1] See UNODC, *Comprehensive Study on Cybercrime*, p. XXV.

被请求国在电子证据取证合作中的利益关切程度更低，因而可以对相关的国际合作设定更低的门槛，尤其在被请求国对电子证据取证合作进行司法审查方面，各国可以设定更低的标准。对于电子证据的跨国交流合作而言，当不损及国家利益或公民权益时，被请求国无须过分依据本国的采信情形要求他国的协助请求，设置采信尺度的目的在于对证据真实性、有效性进行审视，其所需评价方面应当为“提供所诉情的电子证据是否会对被请求国的国家安全、公民个人数据权力及隐私带来不良影响”。为了实现司法协助的更顺畅衔接，各国可以就本国的网络犯罪刑事、司法活动制定白皮书，如英国警察协会（ACPO）就曾颁布《计算机取证电子证据实战指南》（Good Practice Guide for Computer – Based Electronic Evidence），此指南不仅在国内层面可以有效指导网络犯罪的侦查、司法活动，实际上也可以为他国寻求合作提供指引。甚至还可以在国际层面建立并及时更新各国对于电子证据取证合作方面的备忘录，通过比照备忘录，请求国可以更早地预估协助请求得到接受的可能性，进而有选择地采取进一步的准备措施。

此外，国际社会还应当鼓励各国参与甚至建立相关的国际组织，以常态化交流促进国家间刑事、司法政策的相互了解与衔接。对于电子证据取证的相关国际合作，国际社会可以仿照“事件响应与安全组论坛”（Forum of Incident Response and Security Teams, FIRST）[1]的机制，在网络犯罪合作方面建立有关取证合作的机

---

〔1〕 FIRST 是各国针对计算机事件建立的快速反应部门（Computer Incident Response Team，CIRT），这些组织一般称为 IRT、CIRT、CSIRT，FIRST 不仅旨在聚合全世界已存在的国内安全事件响应部门，还旨在帮助一些国家建立此种部门。FIRST 作为对互联网重大安全事件的快速反应机制与组织，其重心在于对于安全事件信息、技术的共享，其间信息的共享对于任何参与者而言都是有利而无弊的，因而 FIRST 得以聚集世界上大多数国家的网络安全事件应急部门。

制，并且使此种机制从传统的执法、司法协助合作中分隔开来。使电子证据合作这类具有频繁合作需求的方面独立出来极为必要，一些文本甚至已经确认此组织在信息交换方面的重要性。〔1〕一者，在于使单纯经由网络侦查即可实现取证的侦查合作，可以合理地绕开传统刑事司法合作途径的冗杂程序，保证那些通过线上沟通即可实现的电子证据交换合作得以高效进行；二者，在于使经由传统执法、司法协助的合作资源更多被用于重点案件中，使人力、物力可以集中于需要进行线下侦查的关键案件，避免诸如线上电子证据合作请求等经常性事务占用过多的协助资源。不过应当看到，FIRST 建立的合作不涉及主权内事项，而取证合作是国家执法、司法体系之间的主权合作，国家在涉及主权事项上的行为更为慎重，从不涉及主权到涉及主权，国际性组织与机制的此种转变过程极为不易。对于涉及主权内事项的取证合作机制而言，最适合建立此种机制的路径应当是依托已经具备本领域内主权事项合作经历的国际性组织，其中较为合适的选项为国际刑警组织。

国际刑警组织（INTERPOL）本身即为刑事活动的互相协助而设立的，在属性上已经奠定主权间合作的基调，故而 INTERPOL 是最适合建立取证合作机制的平台。对于取证合作机制而言，FIRST 最值得效仿的方面，即其致力于将各国安全事件响应部门予以整合的宗旨与结构，将安全事件响应纳入统一体系下。国际性取证合作机制也须以整合全球电子证据取证活动为目标，为此需要倡导各国的执法部门（尤其是犯罪侦查部门）参与到 INTERPOL 的合作框架当中。甚至可以鼓励各国在执法部门中建立电子证据取证实验室（或任何其他名称，部门职责旨在探索网络数

〔1〕 African Union, *Convention on Cyber Security and Personal Data Protection*, Chapter IV – Final Provisions Article 28 – 3.

据信息的可审查性研究,探索各种系统环境、各类形式电子证据的取得、认证、交流规则),电子证据取证实验室既是各国国内执法部门进行电子证据研究的政策、技术供给平台,也是国际社会进行跨国电子证据取证合作的基本节点。此种枢纽机构在各国司法互助中已不少见,为协调发出和接受的引渡和司法互助请求,许多国家都指定了一个"中心机构",并赋予其以接收并执行请求或将请求转发主管当局的权力。例如,《有组织犯罪公约》第 18 条就要求缔约国就司法互助请求指定一个中心机构,相对应地,INTERPOL 也可以如同 FIRST 一样,致力于组织并协调各国的"中心机构",并为各国建立、完善此种"中心机构"提供帮助。

2. 私营部门在电子证据跨境合作中的重要地位

随着全球数据总量以及数据流动的规模大幅增加,个体因居于互联网数据的末端,其在网络犯罪侦查中的利用效率更低,大量的数据活动都会经由互联网企业等私营部门来完成,私营部门尤其是互联网服务提供商持有大量数据,各个国家在网络犯罪侦查中最常交涉的对象无疑是私营部门,因此私营部门在未来电子证据的跨境取证合作中不可谓不重要。

互联网云技术等新技术的开发、运用由私营部门主导,此类技术的应用使互联网企业迸发新的活力,但对于网络犯罪侦查而言却是新的挑战。解铃还须系铃人,有效应对此类新技术挑战的关键往往也在于私营部门。

当前全球各国的执法部门与私营部门建立了复杂且多样的合作关系。无论此种关系的形态如何,从跨国刑事协作的角度来说,促进执法部门与私营部门合作关系的通畅便利,必定是国际性文本需要关注的重要议题,两者之间的沟通效率在较高的程度上决定着跨国刑事协作的效率。国际公司和国内服务提供商经常提到,它们通过设立执法协调中心,以推动与执法当局的合作。

这些机构包括机构内计算机安全事件响应小组、IT 安全、法律、风险管理或保安等内部机构。甚至还有公司成立了跨学科团队或任务小组,专门管理与执法机构之间的关系。

从私营部门的角度来看,其与政府部门的合作必然是极为谨慎的。谷歌等全球服务提供商曾在公开信息中声称:“基于自愿,我们可应外国机构的有效法律程序向其提供用户数据,但前提是这种请求必须与国际准则、数据所在地国家的法律、谷歌自己的政策和请求国的法律相一致。”私营部门与执法机构之间的合作关系很大程度上是建立在相互信任基础之上的,因此并不具有法律约束力,正因如此,这种关系仅存在于有限的区域之内。一方面,可以看出,私营部门愿意在面对犯罪问题时配合公权力机关,不过此种合作之上附加着多重门槛。对于私营部门来说,当其接到政府部门的合作请求时,首要任务就是明确是否有向用户请求该信息的法定权利,以及是否有向执法部门提供该信息的法定披露义务,并致力于保证自己不违反其他任何法律,或与当事人和客户隐私有关的合约义务,其间存在诸多需要顾虑的因素。另一方面,技术能力与资源也决定着私营部门是否能有效展开与政府部门的合作。不同类型数据的留存政策也大不相同,不同的服务提供商在内部政策中对于某一类信息的留存时间不尽相同,此外一些信息只在用户账户活动期间才会予以留存。一些私营部门表示,执法机构请求的执行可能很耗时,且由于存储和记录留存协议及政策的规定,并非总是轻而易举就可以实现,执行执法机构请求所需的人力资源也可能影响请求的执行或其及时性,尤其规模较小的机构在面对执行执法机构的请求时,于人力和资源支出方面更加力不从心。

从政府部门的角度来看,出于维护社会秩序的目的,其期待更强的社会管控效果。政府部门往往更多表态为必须在隐私和正当程序之间取得平衡,同时及时披露证据,以确保私营部门不会成为侦查的“阻碍”。[1]可以看出公私部门之间的关系仍偏于对立,而非建立实质性的合作关系。事实上,各国侦查部门最经常采用的还是利用法院命令从服务供应商处获取证据,其中私营部门处于被动态势,其更多顾虑于保证网络中个人数据的安全与隐私,以确保其作为互联网从业公司的商业信誉,因此其参与合作以正当法律程序为前提;政府部门更多关注社会管控,期待将更多权力扩张进网络中的个人数据领域,以更好地实现社会治理。不同的目标使两者当前暂时处于相背而行的状态。面对上述情势,私营部门在配合公权力方面只会更为谨慎,那些开展跨国业务的互联网企业表现得更为明显。在多个国家拥有办事处的公司表示,在不同国家开展经营活动始终都要考虑地方法律和法规。但是就接收国际执法请求而言,跨国私营部门通常只承认其主要营业机构所在地的管辖权。若非以办事处的形式开展国际业务,而是诸如设立子公司或并购本地企业的形式,跨国私营部门在他国境内的商业存在将不得不接受所在国管辖,该商业存在可能同时受到所在国的属地管辖与母公司所属国的属人管辖。

无论当前政府部门与私营部门之间是何种状态,促进两者间的合作必是未来工作的发力方向。一方面,两者之间需要建立长久的正式合作关系,此种合作应当比以往的合作模式更为快捷,且可能沿用于他国的政府部门以及私营部门。此种正式合作应当就不同情形下的合作方式予以明确规定,政府部门在寻求合作时可以依托该合作程序实现合作的一次到位,正式合作关系的建立意味着当执法部门需要寻求证据方面的合作时,私营部门可以快速予以回应,而非被动接受进而诉诸对法律授权、隐私条款等方面的低效审查中。另一方面,两者之间也需要建

[1] See UNODC, *Comprehensive Study on Cybercrime*, p. XXIII.

立可靠的非正式合作关系。执法部门与私营部门之间建立的非正式合作关系对于高效侦查网络犯罪乃至探知、预防网络犯罪方面都有积极意义，共享网络犯罪相关威胁和趋势、举报可疑网络犯罪案件等措施，对于私营企业而言也是一项长远的安全投资。

三、网络犯罪执法阶段的程序规范

刑事程序法是体现互联网作为控制架构的典型情景，刑事程序法对网络犯罪的介入将是互联网走向控制架构的重要场景之一，其中针对网络犯罪的侦查措施有别于传统的侦查措施，势必需要通过全新的网络犯罪侦查体系建构来实现以秩序为目标的控制。

网络犯罪侦查体系的建立在内核是场景构建的能力，寻求以数据侦查为核心建立执法、司法法律体系。网络犯罪侦查体系的内核实则是整体网络设施和技术的完善，网络犯罪侦查权力的实现实际上需要在本国互联网体系的设备设施中建立可实施数据侦查的技术、资源保障，允许执法机构得以依法调取任何为案件所需要的数据，如互联网服务提供商方面将需要为保全数据而确立数日乃至数周、数月的数据留存期限。其中凸显网络犯罪侦查与传统犯罪侦查的极大不同，网络犯罪侦查在情景上迥异于传统的犯罪侦查，对于侦查人员而言，传统侦查技能与经验无法完全适应于网络犯罪侦查，至少在所应具备的技能形式上有较大差别，如互联网侦查软件、恶意软件分析、电子证据提取与保全等，如此则对侦查人员与侦查设备技术的专业性提出要求。无论如何，在此种全新背景中的侦查场景构建中，数据侦查将是未来网络犯罪侦查的核心要素，对数据可采取的法律措施直接决定了网络犯罪侦查的侦破效率。

(一)趋于完善的网络犯罪侦查阶段

从现有刑事侦查程序来说,一些国家尽可能广泛地运用传统刑事侦查措施,一些国家针对网络犯罪制定了特定的刑事侦查措施,将之与一般刑事程序结合运用于实践。目前各国之间的刑事侦查措施存在多种样态,为侦查程序中的相关合作带来困难。整体而言,相对于诸多网络犯罪行为的实体定罪问题而言,各国对网络犯罪侦查权的方法体现出的核心共性较少。[1]各国当前仍较多采用本国的一般程序性规则,来规制网络犯罪行为中的侦查措施(见图5-1)。此种一般性的侦查权力本身即具有相当程度的本土性特征,由此导致各国在网络犯罪侦查中也会延续传统侦查权力的本土特性,各国在网络犯罪中采取的侦查措施也将不尽相同。未来国际社会无疑将在网络犯罪侦查措施的协调上耗费更多精力。此外,侦查技术能力不足也影响着网络犯罪侦查的合作。根据《网络犯罪综合研究报告》的问卷总结,最经常提到的需要技术援助的领域是网络犯罪侦查技术。[2]几乎所有国家都报告称它们具有一定的数字取证能力,但各个区域的不少答复国指出,本国取证鉴定员数量不足、联邦和各州之间的能力存在差异、缺乏取证工具,由于有待分析的数据过于庞大而导致工作积压。[3]上述实践中的问题将使跨国侦查合作受到影响,被请求国网络犯罪侦查措施及能力的缺失将直接导致跨国合作的失败。

---

〔1〕 See UNODC, *Comprehensive Study on Cybercrime*, p. XXII.

〔2〕 See UNODC, *Comprehensive Study on Cybercrime*, p. XXIII.

〔3〕 See UNODC, *Comprehensive Study on Cybercrime*, p. XXIV.

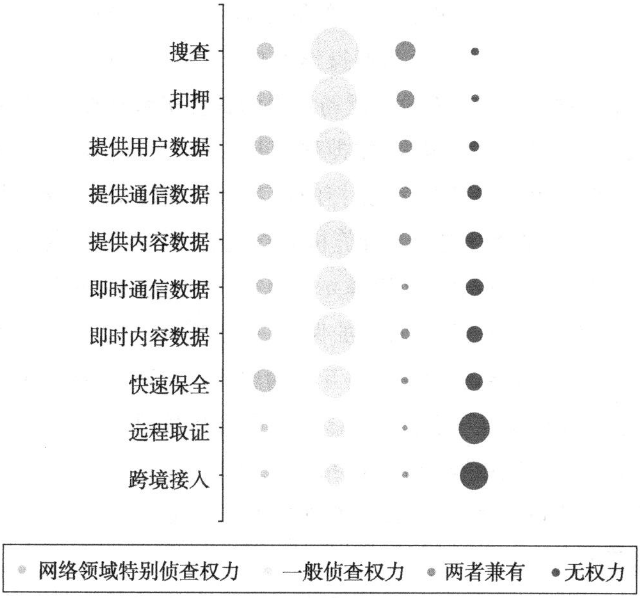

图5－1 各国规制网络犯罪行为的一般程序规则

资料来源：UNODC，*Comprehensive Study on Cybercrime*，p. XXII。

从图5－1可知，搜查、扣押，数据保全，数据披露，数据即时收集等侦查措施更易为各国接受，这些侦查行为基本都有刑事诉讼法的规范支持。在这些措施上的相似性可以保证在运用传统跨国刑事司法合作途径方面有所助益。在远程取证等较为激进的侦查手段方面，国内法上仍缺乏足够的规范支持，在国际性文本层面上无疑也不易达成共识，相关刑事诉讼法及其实践更易受到国际人权法的严格审查。〔1〕

（1）搜查、扣押。一般性的搜查权往往可及于计算机硬件，对硬件的搜查、扣押行为事实上也无须刻意与其他实物的搜查与扣

〔1〕 See Colvin M. & Cooper，J.，et al.，*Human Rights in the Investigation and Prosecution of Crime*. Oxford：Oxford University Press. 2009.

押相区分。对于相关硬件之上的数据是否可适用搜查、扣押，从一般刑事程序中的搜查、扣押操作方式来说，所针对的客体无法及于非实物的证据。面对广泛场景中的计算机数据搜集需要，沿用一般刑事程序中的搜查、扣押程序是一种可行的方法，但需要对传统刑事程序中可搜查、扣押的对象做广义的解释，允许将此种搜查、扣押的程序应用于计算机数据，且对其搜查、扣押的合理方式予以限定。不过上述解释并不易行，更切实的办法仍是量体裁衣，针对电子证据设定特定的保全、披露措施。此外，针对实物的搜查、扣押需要注意其限度：互联网服务提供商、网络服务提供商等私营企业发送、储存和控制着大量的互联网连接、交易和内容相关的计算机数据，当搜查、扣押行为对商业活动存在干扰时，需要避免搜查、扣押手段超出案件侦查所必要的程度，进而违背比例原则。

(2)数据保全、披露。“保全”和“披露”这两项措施的分离，对于网络犯罪侦查的意义在于达到侵入式侦查与私权保护之间的平衡，在执法部门未能取得披露令状的情形下有效保留电子证据。保全与披露对数据及系统的侵入程度不同，执法机关更易获取保全令状，从而可以为后续犯罪侦查保留具有潜在重要价值的证据。对于数据保全来说，看似是执法部门职责的数据保全问题，归根结底实则是私营部门的数据留存期限问题。通常而言，数据在系统中存储的时间即数据运作过程所需要的时间，当数据所属的进程结束时，数据便因超出存储的时间而被覆盖或删除，其中涉及具体内容的数据存储时间极短，与内容相关的其他数据(用户数据、通信数据)则会保存一段时间。例如，在网络通话中，网络通话的内容数据仅在通话进行中短暂保留于服务器上，通话结束将不再保留通话内容的数据，仅留下有关此次通话的通话者、通话时间等通信数据。[1]当涉及个人时，数据保全与披露的情形相对简单，个人通常不会刻意删除相关数据。当数据保全涉及互联网服务提供商时需要给予更多关注，互联网服务提供商在所获取的用户数据的存储时间上千差万别，但考虑到成本、隐私等问题，存储时间普遍都不长。这一问题不仅给一国之内的网络犯罪侦查带来影响，对于跨国网络犯罪而言，传统执法、司法合作程序耗时以月计，在此期间对案件侦破有价值的相关数据可能早已消逝。[2]至少从跟进网络犯罪瞬息消逝的极快节奏来说，国际性文本需要鼓励各国建立针对私营企业的数据留存规范。在数据留存的基础之上，侦查部门方才有实施数据保全及披露措施的可能性。针对内容数据与其他数据的隐私性差异，国际性文本还可以要求各国依据数据的隐私性质设定不同数据留存的最短期限。

(3)数据即时收集。在数据实时传输的过程中采取各类手段搜集侦查所需的计算机数据。

即使要求互联网服务提供商尽可能地缓存并留存其所属服务器的数据，诸如内容数据等数据仍然无法被有效存储，在案件侦查需要时，侦查部门可能需要收集正处于活动状态的数据信息。即使收集数据也需要区分"内容数据"与其他数据，当涉及内容数据时，此种令状的审批可能需要考虑更多因素。多数国家在本国国内法中都规定了类似于侦听的技术措施，此种侦听措施在对象上解释为包含计算机数据并不存在太大障碍，《网络犯罪综

〔1〕 造成此种情形的原因在于存储计算机进程中的所有数据需要大量的资源支持，而此种存储对于服务器所属者来说没有太大价值，且可能侵犯服务使用者的隐私，仅当为网络犯罪案件的侦查措施涉及时才体现出内容数据保全的价值。

〔2〕 James Tetteh, Ami - Narh, Patricia A. H. Williams, *Digital Forensics and the Legal System: A Dilemma of Our Times*, ECU (2008), https://ro.ecu.edu.au/cgi/viewcontent.cgi?article=1040&context=adf.

合研究报告》的问卷调查显示，超过60%的答复国表示存在数据即时收集方面的法定权力，且存在通过一般性侦查权力实现数据即时收集的做法。[1]但侦听措施大多不涉及搜集环节，与数据即时收集的目标仍有差距，因此一些国际法文本同时对监控和收集措施予以规定。[2]最大的问题在于，数据即时收集措施的适用受到较大的限制，作为公权力而言，其对私权利的侵入程度更深，尤其如今的个体开始越发注重个人数据隐私，此类措施应更多针对较严重的犯罪。对于国际性文本来说，应当设立相应条款，鼓励缔约国在国内设立数据即时收集的相应侦查措施，以保证在有必要请求他国采取此类措施时，跨国刑事司法合作能够顺畅进行。

(4)远程取证。所谓远程取证，以键盘记录器和远程管理软件为例，当被置于嫌疑人设备上时，这些工具将远程提供该设备的键盘活动信息及其储存的计算机数据。[3]远程取证比数据即时收集的侵入程度更深，数据即时收集从私营部门处间接搜集所需信息，远程取证则直接从数据源头采取技术性侦查措施，故此大部分国际性文本都未将其列为可选的刑事侦查措施，在一定程度上可视为较为极端的侦查措施。因侵入程度太深，在采用此种取证方式方面国际社会层面难以取得共识，更易遭到高度重视公民隐私保护的国家之反对，因此不适合在国际性文本中规定此类侦查措施。

(5)跨境数据访问。即直接在互联网上跨境获取犯罪侦查所必需的数据。对于互联网上公开可获取数据的跨境访问无须予以特别关注，即使作为侦查行为而言，对公开数据的访问在访问内容及访问方式上皆属于合法行为，此外为实现打击犯罪的目

---

[1] See UNODC, *Comprehensive Study on Cybercrime*, p.131.

[2] Council of Europe, *Convention on Cybercrime*, Article 20, 21.

[3] Gartner, *Remote Forensics Report*, 2012.

标,此种访问是可容忍的。跨境取证的关注重点应当是私营部门、公共事务部门、政府部门所存储的非公开信息。虽说境外计算机数据的访问只有通过司法互助程序才是正当的,但是在案件侦查中对境外数据的直接访问实际上常常发生,执法部门可能会在没有取得个人或服务提供商同意的情况下,直接访问境外数据。如侦查人员使用嫌疑人设备上已登录或正在使用中的实时连接,或侦查人员使用合法获得的访问凭证访问境外数据时,事实上即是未经正常的协助程序进行的境外数据侦查。对于此问题,应当认为此种侦查行为冲击了数据实际所在国的数据主权,但此种行为本身具备合理性。〔1〕国际性文本需要就执法机构酌情直接访问境外数据的情形,制定更具可操作性的共同标准和保障措施,为此需要尽快建立合作来消解数据主权与此类便捷侦查措施之间的矛盾。目前已有国际性文本对此作出规定,〔2〕欧委会此款规定中仍要求某种形式的许可,但此种许可是被访问国家国内法的准许(consent)而非司法互助中的授权(authorisation),即发起请求国在满足被请求国的相关国内法时,即可在无须被请求国正式授权的情况下进行跨境访问。考虑到跨境网络犯罪的侦查难度,未来的国际性文本需要对此种针对网络犯罪的全新侦查形式有所回应,并就跨境数据访问行为建立统一的共识。

经由上述分析,不难发现网络犯罪侦查中存在大量受限但为

---

〔1〕 不能期待该国在具备更便捷侦查方法可选时,要求其采取时限长且结果不可预估的司法互助手段。引发这种现象的原因在于,正式合作程序所需的时间太长,当可通过更便捷的方法实现侦查目的时,侦查人员自然不会舍近求远,因此对此类行为之性质要妥善进行界定。

〔2〕 Council of Europe, *Convention on Cybercrime*, Article 32. 此款规定:一方可以在不经由他方授权的情形下:(1)访问公众可用的计算机存储信息,不考虑数据的地理位置;或;(2)如该方获得司法主管机关通过计算机系统向他方披露数据的法律和自愿允许,通过其管辖范围内的计算机系统访问或接收位于他国的计算机存储数据。

侦查目的所不可或缺的侦查措施,如通信拦截、通信监视、审查服务器内容等。此类侦查措施受到司法授权的限制,而网络犯罪侦查常常以时效性为核心,数据的易逝性使嗣后侦查的工作量急剧增加甚至无从侦查。此类侦查可能涉及国际人权法所重点关注的言论、隐私保护议题,国内立法若对此类议题过度予以回应,则针对网络犯罪的侦查权限度无疑将受到影响,司法授权与否的衡量因素将可能更多偏向个人保护,以致无法达到打击犯罪的目标。总结而言,特别针对网络犯罪所需要的侦查形式至少要包括以下内容:(1)搜查、扣押网络设备等硬件设施;(2)命令快速保全数据;(3)命令提供信息数据、通信数据、内容数据等数据;(4)即时收集通信数据、内容数据等数据;(5)跨境数据访问。其中数据保全、披露与数据即时收集对于网络犯罪侦查的必要性较高,增进这些措施在国内法层次上的统一对于提升跨国执法、司法协作效率而言有较大价值,此种统一化的路径可以经由示范法或习惯国际法实现;直接跨境取证的必要性也日益凸显,问题在于跨境数据访问不仅涉及隐私或人权问题,还涉及他国主权问题,若非已经存在协定,此种跨国取证行为可能会引发争端,对此国际社会应在此种侦查形式的合作中投入更多努力,在方便网络犯罪侦查的同时,使此种侦查措施契合他国有关个人数据隐私以及正当侦查程序的相关法律。

(二)侦查措施中的公共权力与个体隐私

针对网络犯罪的侦查措施既需要在国内法的层面继续完善,也需要国际法为其建立协调框架。在此种框架的构建中需要面临的最现实问题在于,各国法律在面对公权力对私权利的介入问题时的尺度有所不同,因此各国所允许采用的刑事侦查措施也存在差异。侵入程度的不同决定了各类刑事侦查措施的行为限度,对于侵入性较低的侦查措施,如数据保全和数据披露指令,其可由执法当局直接命令执行,如果涉及内容数据收集和数据即时收集的指令,其签发可能就要由司法部门授权。对于后者这些具有更高侵入性的侦查措施,其执行和授权的相关法律条款倘若超过其他国家可接受的平衡限度,则其可能违背国际性文本对于个体隐私的保护要求。

在未来一段时期,网络犯罪侦查措施对个体隐私的侵入限度应当受到更多限制。随着社会个体网络活动频次的提升,个体也将更加注重其在互联网环境中的私益价值,其中以隐私权利为主要焦点,如《公民权利和政治权利国际公约》第 17 条规定:任何人的私生活、家庭、住宅或通信不得加以任意或非法干涉。网络犯罪侦查活动,尤其是侵入性更高的即时数据收集、内容数据收集等措施可能会接触大量的个人信息(电子邮件、网络通信内容、互联网浏览历史、个人文档等),互联网环境下的侦查措施对个体隐私的侵入程度不亚于传统的技术侦查措施,当此种侦查是经由互联网服务提供商进行时,被收集数据的对象甚至对个人隐私被侵入的事实一无所知,此种情形下因而更易引发权力的滥用。在一些情况下,侦查部门也能直接从私营部门获得已存储用户数据、通信数据,甚至是内容数据。在这一方面,私营部门机构经常报告称,其主要政策是披露数据时遵守正当法律程序,但在某些情况下也自愿遵从直接的执法要求。此种侦查部门和私营部门之间的非正式关系,在超过半数的答复国中存在,这种关系有助于信息交流和建立信任,[1]但此种关系的非正式特征不利于个体隐私保护。此种非正式的合作未能制度化,其对个人隐私的侵入未获得授权,甚至可能影响私营部门所提供的数据作为电子证据的效力。

在注重隐私保护的国家,侦查犯罪过程中的公权力运行可能会受到限制,即使在互联网环境中,也会致力于援引、解释传统隐

〔1〕 See UNODC, *Comprehensive Study on Cybercrime*, p. XXIII.

私保护规范来保障个体隐私。然而当前更为普遍的状况则是国家在加大打击网络犯罪力度的同时,未能给予私权利充分的保护。例如,在许多国家,数据留存法获得通过的同时,并未针对访问上述信息的问题制定法律保障措施,也未考虑到,新的技术进展正在模糊内容数据与通信数据之间的差异。尽管宪法规定倾向于要求对通信内容的访问设定保障措施,但对事务日志等数据的保护仍较为有限。此种信息可能将会是侦查活动所涉及的部分,跟通信内容一样具有一定程度的隐私敏感性。为此需要明确规定犯罪侦查部门采用上述侦查措施的条件与情形,如侦查措施可适用的情形、侦查措施时限、侦查措施程序等。在沿承传统的犯罪侦查约束措施之外,网络犯罪的侦查约束措施还需要确定对所收集数据的消除措施等,以回应个体在个人数据隐私保护中呼吁被遗忘权的趋势。

为了更好地打击网络犯罪,更恰当地运用网络犯罪侦查措施,寻求侦查措施与个人隐私之间的平衡是必要的。刑事侦查措施对隐私侵入的正当性在于其打击犯罪、维护社会秩序的目的,其运用也将受到严格授权程序的限制。在网络犯罪的新情景下,刑事侦查为获取侦查所需的正当权力,最为妥当的办法即是明文进行授权,而非仅仅寻求解释一般性的刑事侦查条文,即使制定新法律条文或修订既有条文将会消耗更多资源与时间,正式的针对网络犯罪侦查措施的立法措施也需要尽快上线,尽早确立合法网络犯罪侦查行为对隐私侵入的正当性。在国际性文本取得长足进步之前,各国需要在本国国内实施立法完善措施,以保证:(1)侦查措施均须在其自身法律和实践背景下进行评估;(2)程序法的限制和保障措施必须反映侦查措施不同程度的侵入性。此种对隐私保护—侦查措施两个端点之间的平衡,直接影响着国际性文本可能的执行效果:当有关网络犯罪的刑事司法协助请求在侦查措施方面更为平衡时,其更易被接受;当刑事执法协助请求违背他国的隐私保护法时，此种协助请求则可能遭到拒绝。由以上情形来看，在跨国执法合作中应以“克制且必要”为原则寻求侦查合作，尽可能尊重其他国家的隐私政策，避免诉求过度而损耗国家间合作的信赖基础。

四、网络犯罪司法阶段的程序规范

网络犯罪治理措施的效果提升，不仅在于执法端，还存在于司法端。通常而言，执法部门与司法部门之间在应对刑事活动中的新情势时，执法部门在行使职能过程中表现出更为灵活变通的态度，尤其对于警察部门来说，侦查网络犯罪案件势必无法避开对电子证据的取证，因而警察部门及其在国际层面的沟通平台国际刑警组织对取证合作持更开放的态度。司法部门则秉持社会价值平衡之尺，价值塑造的积淀性特征未必会对新情势给予及时反馈，且司法部门对法律的忠实执行使法律的滞后性也成为司法活动的滞后性。因此，对于打击网络犯罪的司法阶段的阐述，将不同于侦查部门。

（一）未受重视的网络犯罪司法阶段

在促进打击网络犯罪的国际合作方面，对于司法端的要求不同于执法端。执法端更注重通过电子证据的保全与收集来证明犯罪过程，其实践操作更为多样、繁杂；司法端则更注重对电子证据的理解，以法律标准审视执法端的证明过程。与执法机构相比，检察机构、审判机构在涉及电子证据时，不存在获取电子证据的问题，其问题集中在解读电子证据上，如何使电子证据足以充分支持所诉请的罪名，势必需要充分理解一些非直观的抽象电子证据，以及其如何证明犯罪相关事实，如通过理解“时间戳”[1]等抽象字符序列确认与犯罪相关的时间因素。

当前各国普遍未在网络犯罪治理方面给予司法环节应有的重视。目前各国检察部门普遍在网络犯罪领域的专业化程度要低于执法部门，检察部门一般不会指定检察人员专门负责网络犯罪案件，所有检察人员都要办理网络犯罪案件。这种情况在审判部门也是一样，大多数网络犯罪案件都是由非专业法官审理的，他们没有接受过任何网络犯罪相关培训。[2]执法部门作为网络犯罪治理的首个环节，在设备、人员上更易得到国家财政的支持，各国执法部门在应对网络犯罪侦查的能力与措施上不断完善，与此形成鲜明对比，检法部门对网络犯罪的回应能力却得不到有效提升。即使存在此种提升措施，也大多为对互联网的基本概念及架构、网络犯罪相关法律的基本要素分析，极少涉及电子证据的取证过程与效力等方面。在多数国家，分析电子证据的任务由执法机构承担，但检察官必须审核且了解电子证据，才能立案审理。非洲所有国家和其他区域1/3的国家报告称资源不足，因而检察官无法进行此项工作，他们的计算机技术通常低于侦查人员。[3]有关网络犯罪法律、证据收集，以及基本的和高级的计算机知识的司法培训是该领域的特别要务。[4]

各国对网络犯罪治理司法环节的不重视，将为未来的网络犯罪治理国际合作形成挑战。目前在具体涉及司法程序对电子证据的处理时，各国表现出极大的差异性。当前更为普遍的状态是

---

〔1〕“时间戳”是指格林尼治时间1970年1月1日00时00分00秒(北京时间1970年1月1日08时00分00秒)起至现在的总秒数，其对时间的表达并非日常生活中人们所熟知的××××-××-××形式，作为在网络活动中所常用到的技术，理解诸如“时间戳”等非直观的数据内容对于计算机取证而言还是必要的。

〔2〕 See UNODC, *Comprehensive Study on Cybercrime*, p. 173 – 174.

〔3〕 See UNODC, *Comprehensive Study on Cybercrime*, p. XXIV.

〔4〕 See UNODC, *Comprehensive Study on Cybercrime*, p. XXIV.

电子证据在提交至司法程序时须满足多样条件，如电子证据具备一定实质要件时可予以采信（如数据须有一定的完整性），或是在电子证据具备一定形式要件时可予以采信（如数据的取得须遵循特定授权方式）。此外，电子证据移交给检察或司法机构的方式及其在刑事审判中的运用方式也多种多样：将被扣计算机实体运至法庭、在法庭上出示存储设备上的数据拷贝、在法庭上出示电子证据的打印件、向法庭出示专家分析报告和证词（计算机数据仍为储存状态）等。各国之间的差异性更为严重的表现在于，一些非洲国家甚至没有采信电子证据，[1]其表面原因在于法律未对电子证据予以规定，其内核则在于执法部门没有技术人员与技术手段获取有效真实的电子证据，而司法部门也没有能力对所获取的电子证据予以辨别。上述差异将可能给网络犯罪治理的跨国合作带来困难，国内司法程序在网络犯罪检察、审判活动中的不专业、不严肃，将降低其他国家与此类国家进行刑事司法合作的意愿。

（二）司法措施中的能力提升与合作提升

司法阶段面临的首要问题在于，在面对网络犯罪问题时专业知识匮乏。检法部门不能对网络犯罪的相关要素充分认知，在网络犯罪特别立法不够充分的情况下便无法更好地解释传统立法并予以适用。检法人员须获取充分的技能支持，此种支持可以从两个源头予以解决：其一，检法人员必须系统地接受相关培训，甚至形成一批此领域的业务专家，2021 年联合国毒品和犯罪问题办公室的报告中就提及："会员国应当支持联合国毒品和犯罪问题办公室订立一个教育项目或方案，重在提高司法机关和检察机关、会员国的数字法证专家及私营实体对网络犯罪及适当对策的

---

〔1〕 See UNODC, *Comprehensive Study on Cybercrime*, p. 165.

认识。"[1]其二,由执法部门向检法部门传递此种技术支持,如此还能促进网络犯罪治理各环节的衔接与协调。

从国际社会的角度来看,国际社会需要通过多方面渠道引导网络犯罪司法程序的专业化,致力于塑造走向趋同的司法程序。如根据各国以往成功提交电子证据的经验制定庭审证据呈现的政策或规范,以期在国际社会中建立有关电子证据展示、质证、采信的良好做法,以及在电子证据的传递过程中多方可以形成何种良好模式(在媒介层面的传递上如何保障一致性,在向其他环节的传递过程中如何确保理解的一致性),乃至包括如何将涉及互联网技术的专家证人以恰当的形式引入检控、审理过程(专家证人作证可由何方提起、可以对何种方面的问题进行作证等,且上述方式良好方式是否具备在多种法域适用的可能性)。

司法阶段其次要面临的问题在于,如何为网络犯罪国际法治理提供更顺畅的司法合作模式。通常来说,国际性文本在司法阶段关注更多的方面即刑事司法合作。在目前的网络犯罪案件中绝大多数做法是采用传统合作方式获取域外证据,超过70%的国家报告称,会为此提出正式司法互助请求。[2]此种机制的回应时间往往为数月。在正式合作的范围内,近乎60%的请求会将双边文书作为法律依据,20%的案件中采用多边文书。针对电子证据易逝性的新情势,我们仍以传统的刑事国际合作来应对,且此种合作更多基于由外交关系状态影响的双边法律文书。此种状态并不契合于依赖高效率合作沟通的网络犯罪,传统刑事司法合作机制无法应对电子证据的易逝特性。因此,未来的国际性文本至少需要就网络犯罪的刑事司法合作设立单独机制,通过确立独立

[1] See UNODC, UNODC/CCPCJ/EG.4/2021/2, p.5.

[2] See UNODC, *Comprehensive Study on Cybercrime*, p. XXV.

的合作机制避免走向传统合作的低效道路。

此外，在网络犯罪的司法程序中，司法部门大多掌握着对外进行刑事司法合作的内容审查职责，其中最重要的任务即审查所请求事项（如引渡、证据交换等）是否在本国被认定为犯罪行为，即是否满足双重犯罪原则（principle of dual criminality）。双重犯罪原则作为被普遍接受的习惯国际法，[1]可适用于调查取证、送达文书等狭义的国际刑事司法协助，也适用于引渡、刑事诉讼移转、被判刑人移管等涉及人身自由的场合。对于被请求国来说，满足双重犯罪原则是坚持罪行法定以及保障人权的需要，同时双重犯罪原则也直接关系着一国对本国国内事务的司法主权。对于网络犯罪这一对调查取证合作提出更高要求的犯罪类型而言，双重犯罪原则的意义尤其不可忽视。如今各国开始对本国的互联网公司提出"数据本地化存储"的要求，以保证本国及本国国民的数据安全，境外电子证据的留存与取得越来越依赖于别国的刑事司法协助。在对此类协助的双重犯罪审查方面，有必要对所请求的事项予以区分，尤其在电子证据的刑事司法合作方面给予更多关注，在大多数不涉及国家利益的场合中，确保双重犯罪审查不会成为阻碍电子证据跨国合作的原因。

五、小结

本章内容主要是对当前网络犯罪国际法治理规则中的程序规则进行讨论，程序性规则直接决定着各国以何种方式进行网络犯罪治理的协同合作，各国国内法的相关程序性规则越完善、越相近，则网络犯罪国际法治理体系中的合作越易达成。本章主要涉及内容如下。

---

〔1〕 参见［美］M. 谢里夫·巴西奥尼：《国际刑法导论》，赵秉志、王文华等译，法律出版社2006年版，第226页。

1. 总体而言,在相关国际法文本中,当前治理体系的发展状态尚且无法使缔约国遵守具体的程序规则,但可以使缔约国承担制定、完善相关国内程序规则的义务。当前治理体系完善面临的问题在于,各国在打击网络犯罪的程序规则方面受传统刑事程序体系的影响较大,各国程序规则的不一致、不完善成为阻碍合作的主要因素。此外,执法、司法实践中的具体操作能力也影响着程序规则在实施及合作中的实际效果。

2. 电子证据是程序规则中的核心因素,网络犯罪治理的难点更多在于查证而非惩罚,证明犯罪事实的各种证据以非实体形式为主,为传统刑事证据体系带来挑战,各国对待电子证据规则的不一致性,使打击网络犯罪的国内执法、司法程序进展缓慢。如今云技术在带来便利的同时使跨境获取电子证据的难度增加,在数据跨境流动的背景下,刑事活动中电子证据的获取要求政府部门提供更多可控性的同时,还要求其与他国政府部门进行善意合作,并共同在国际组织等场景中建立常态化的合作。

3. 在程序规则的执法阶段,执法部门通常善于跟进网络犯罪的新趋势,各国在制定、完善执法侦查措施方面进展也更快,诸如数据保全、数据披露、数据即时收集等侦查行为已经成为执法部门打击网络犯罪的基本措施,但是各国在可采取的侦查措施方面存在较大差异。其背后的原因在于各国在公共权力与个体隐私方面的平衡尺度不同,以克制方式寻求执法侦查中的国际合作将是极为必要的。

4. 在程序规则的司法阶段,司法部门在网络犯罪司法实践中存在滞后性,其工作性质要求相关人员具备理解案件相关要素的能力,但在网络犯罪检察、审判工作中,具备良好网络知识背景的人员较少,诸如庭审等过程中的工作形式也有待改进。各国有必要提升本国打击网络犯罪的司法水平,以塑造高效、趋同的司法程序为目标展开合作;尤其在司法部门负责的跨国刑事司法合作程序方面,网络犯罪国际法治理体系需要各国更妥善地运用“双重犯罪”审查标准,并且在网络犯罪方面建立独立的、以效率为目标的新刑事司法合作机制。

第六章　网络犯罪国际法治理的全球协作

网络犯罪国际法治理的现有实践在实体及程序规则中尚且有诸多分歧,该治理体系的区域化状态则成为固化此种分歧的藩篱。区域化治理不利于在全球层面打击网络犯罪,不同治理区域之间的隔阂缝隙中将可能滋生出更为严重的全球性网络犯罪,因此作为全球性的议题,网络犯罪治理体系必须是全球化的。

当前网络犯罪治理的总体目标在于制定契合国际政治格局的网络犯罪打击框架,其中打击网络犯罪是根本目标,契合国际政治格局则是达成根本目标的可行路径。作为尚处在发展状态的议题,其间尚有大量需要深入探究的方面,国际社会的成员国需要充分披露己方立场、加强协商以确保合作之中无芥蒂,避免陷入信息不对称的混乱博弈境地。如何建立信赖保障各国参与打击网络犯罪的国际合作,此问题首先是政治互信问题,即基于何种平台建立合作,在组织架构中如何体现以及合理分配话语权；其次是合作方式问题，即合作中如何确定哪些问题是最为紧迫的目标，以及国际社会所关心的目标如何得到最有效的实现。以下将从场域、理念、运作三个角度分析网络犯罪国际法治理的前进路径。

一、场景归并：网络犯罪国际法治理的场域趋同

时至今日，网络犯罪的国际法治理不再是孤立的文本制定问题，其强烈依赖于既有的国际性机制。网络犯罪治理对于既有国际性机制的路径依赖，既是出于已有国际性组织在国际治理中越发重要的地位，也是出于网络犯罪议题自身作为新治理领域而言缺乏足够的独立性。如今越来越多的国家和国际性组织都在介入此议题，且区域性组织表现得尤其活跃，这凸显出网络犯罪已经在区域性层面呈现相当的活跃性，使之成为区域性治理议程中不可绕开的议题。随着互联网对全球互通的持续增进，未来网络犯罪将在全球层面造成不可忽视的危害，将区域性治理的成效与影响力凝合为全球性治理机制势在必行。

（一）网络犯罪国际法治理的多元场域

自进入21世纪以来，打击网络犯罪议题日益受到重视，制定打击网络犯罪的国际和地区性文书方面出现较大进展，包括但不限于在以下背景的地区、组织在网络犯罪治理方面有所成就：（1）欧洲地区组织；（2）阿拉伯地区组织；（3）非洲地区组织；（4）加勒比地区组织；（5）上海合作组织；（6）英联邦；（7）联合国；（8）国际刑警组织。全球目前已有近100个国家加入了至少一项具有法律约束力的网络犯罪文书，但可以说迄今为止没有一项文书获得了全球范围内的影响力。[1]从寻求国际层面的合作角度

---

〔1〕 See UNODC, *Comprehensive Study on Cybercrime*, p. 67.

来看,联合国以及国际刑警组织无疑是最具公信力的平台,在联合国等国际性框架下讨论网络犯罪问题,本应是众望所归的结果,然而其间存在诸多曲折。

其一在于,一些区域性组织在本区域的既有网络犯罪治理文本上存在政治话语诉求,寻求将本区域的治理文本打造为全球性文本,在政治立场上即不支持在其他国际性机制中塑造新文本。欧委会《网络犯罪公约》作为最早关注网络犯罪的国际性文本,其文本的完成度和前瞻性都相当之高,且欧委会后续以本公约为基础建立委员会,与时俱进不断更新、扩展文本内容,从该文本作为法律规范的角度来评价,欧委会的《网络犯罪公约》是值得赞赏的。问题在于,欧委会成员国以及作为该公约缔约国的美国、加拿大、澳大利亚等国在其中倾注着政治立场,寻求以本公约引导全球网络犯罪治理规则,掌握此间的话语权,此种政治性因素的介入使《网络犯罪公约》在格局上便失去其全球性前景。《网络犯罪公约》作为欧委会的文本成果,参与其规则制定的初始缔约国在公约准入方面设定了严苛的程序,〔1〕导致文本的民主性差,即使在设定向全球推广该公约的目标并付诸变革后,依然没有太大的改善。〔2〕如今网络犯罪公约委员会(T – CY)已经开始选择通过邀请方式增加公约缔约国。此外,在国际性场合中,欧美国家也在不遗余力地为本公约背书。2020 年联合国大会通过决议,表示将组建网络犯罪委员会来推进全新文本,〔3〕此决议由俄罗斯主导提出,决议以 79 票赞成、60 票反对、33 票弃权获得通过,此

〔1〕 Council of Europe, *Convention on Cybercrime*, Article 37.

〔2〕 See Cybercrime Convention Committee (T – CY), *Criteria and Procedures for Accession to the Budapest Convention on Cybercrime – Update*. 2012, https://rm.coe.int/16802e7041.

〔3〕 See United Nations General Assembly, A/RES/74/247 (*Countering the Use of Information and Communications Technologies for Criminal Purposes*).

决议遭到美国、欧盟的反对，[1]其中大量的反对票都来自《网络犯罪公约》的缔约国。作为致力于推进全球网络犯罪治理的体系，体系之间本应秉持相互包容的态度，但欧委会及其成员国对于联合国等全球机制寻求参与该议题的排斥表态，已然使《网络犯罪公约》在另一重意义上远离作为国际性文本的可能性。事实上，俄罗斯以往作为欧委会成员国时，一直未签署《网络犯罪公约》，2022 年 3 月自其宣布启动退出欧洲委员会的组织程序以后，俄罗斯与《网络犯罪公约》之间的分歧只增不减；同样考虑到传统政治利益分歧，包括中国、东南亚国家、中亚国家、非洲国家在内的诸多国家，在未来一段时期内都不太可能成为该公约的缔约国。

其二在于，多数文本无法为全球性文本提供充足的共识支持。区域性文本在一方面可能成为已有立场的固化藩篱，但另一方面也在一定地域范围内凝合着国家间的立场，本应为国际性文本的建立奠定良好的共识基础。然而既有的多数文本无法达成此种目标，至少从应然发展历程来说，未能成为国际性文本的有效铺垫。一些区域性文本在制定中存在路径依赖问题，未能在充分调查的基础上反映本地区网络犯罪治理的现实需求，如阿拉伯国家联盟的《打击信息技术犯罪公约》本质上就是对欧委会文本的模仿。一些区域性文本并非仅仅针对网络犯罪问题的专门性文本，如非洲联盟的《网络安全与个人数据保护公约》实际是综合电子商务、个人数据保护、网络安全、网络犯罪等多方面问题的公约，其在网络犯罪相关条款的制定中极为粗糙，在程序性规定方

---

[1] See The Hill, *UN to form cybercrime committee in move opposed by US*, EU (December, 2019), https://thehill.com/policy/international/476109-un-gives-green-light-to-draft-treaty-to-combat-cybercrime?scene=2&clicktime=1577662032&enterid=1577662032&from=timeline&isappinstalled=0.

面甚至仅有1个条款。[1]与之相似,上海合作组织的文本《上海合作组织成员国保障国际信息安全政府间合作协定》不仅不是专门性文本,甚至有关网络犯罪问题的规定还是原则性条款,没有进行任何细致讨论。一些区域性文本则没有约束力,作为示范性文本而言影响力极为有限,如加勒比、英联邦国家曾就网络犯罪问题制定过示范性文本,至今都未曾看到上述组织在已有工作基础上建立约束性文本的动作。以上文本的现状说明,国际社会在网络犯罪治理议题上的发展程度较低,大部分既有国际性文本未能在网络犯罪治理议题中贡献有效的解决方案,此种状况对于制定全新的国际性文本而言将是极大的挑战。

即使面临上述困境,国际性文本的制定仍然势在必行,且其可行的趋同方向有且仅有联合国。如一些观点所言,欧委会《网络犯罪公约》不符合目前网络犯罪的治理趋势,也不能反映发展中国家的利益,目前更应当在联合国框架下制定新的国际性公约。[2]联合国对网络犯罪议题的观察分析起步于20世纪90年代,作为最早关注网络犯罪议题的全球性组织,其已出台大量不具有约束力的决议、报告,在全球层次的网络犯罪治理中具有不可取代的地位,联合国在网络犯罪治理方面的工作成就已经得到各国的普遍认可。国际刑警组织将会是国际性文本制定中的极大助力,[3]国际刑警组织(INTERPOL)近期开始关注涉网络的

〔1〕 African Union, *Convention on Cyber Security and Personal Data Protection*, Article 31.

〔2〕 参见于志刚:《缔结和参加网络犯罪国际公约的中国立场》,载《政法论坛》2015年第5期。

〔3〕 国际刑警组织虽是政府间国际组织,但在宗旨上保持政治中立,其不会介入任何政治、军事、宗教或种族罪行。主要调查恐怖活动、有组织罪案、毒品、走私军火、儿童色情、高科技罪案及贪污等案件。

国际性犯罪行为，其提出的7个全球警务目标中，[1]即将网络空间作为打击犯罪、保障安全的关注对象。INTERPOL以“Cybercrime as a Service”的用法形容网络犯罪，[2]其已充分认识到网络犯罪对于人类社会的危害性，其视角更为现实，致力于为警方找到跟上新网络犯罪技术的诸种措施，以使警方足以了解网络技术为罪犯创造着何种新的可能性，以及如何将网络技术作为打击网络犯罪的工具。INTERPOL秘书长Jürgen Stock表示：“国际刑警组织作为一个支持全球警察的中立平台，可以有效运用其成员国和合作伙伴所共享的调查数据，进而在本组织制定的网络犯罪战略中提供行动情报。”[3]另外，INTERPOL的务实态度也意味着其在建立更长远的文本机制方面缺乏经验，作为各国刑事实践而非各国整体刑事司法政策的连接点，INTERPOL无力成为一个全球性网络犯罪治理文本的承载平台，但其在实务中积累的治理经验与合作信赖，将可以成为联合国进行全球性网络犯罪文本治理的重要资源。

（二）联合国作为网络犯罪治理的核心平台

从国家间法律的协调来说，正式的多边文书极具价值但更为难得，选择恰当的治理平台将有助于此种文书的达成。治理平台

---

〔1〕 7项目标分别为，目标1：打击恐怖主义威胁；目标2：促进全球边界完整性；目标3：保护弱势群体；目标4：为人们和企业提供安全的网络空间；目标5：促进全球诚信；目标6：遏制非法市场；目标7：支持环境安全和可持续性。

〔2〕 “XaaS”（X as a Service）意味着企业或个人可以以更低的成本进行业务运营，尤其在IT行业的公司中，XaaS使企业或个人得以减少与物理设备相关的巨大开销，此处用Cybercrime as a Service形容网络犯罪为犯罪行为提供了一种更为低成本的方式。

〔3〕 See INTERPOL, *Police Facing Increased Cyber Challenges Says INTERPOL Chief*, INTERPOL (September, 2018), https://www.interpol.int/en/News-and-Events/News/2018/Police-facing-increased-cyber-challenges-says-INTERPOL-Chief.

的选择直接决定着国际社会网络犯罪治理的格局，从作为规制对象的互联网的无界性来看，全球性的平台更适合于网络犯罪的规制。近年来，俄罗斯大力推介联合国在网络犯罪治理中的地位，联合国在网络治理中的中流砥柱作用同时在被中国政府反复提及，2016年6月26日，中俄就网络犯罪相关问题达成7点共识，其中第6点明确：加大工作力度，预防和打击利用网络进行恐怖及犯罪活动，倡议在联合国框架下研究建立应对合作机制，包括研究制定全球性法律文书。〔1〕目前，联合国已经通过决议决定设立特设委员会，〔2〕以拟订一项关于打击为犯罪目的使用信息和通信技术的全面国际公约，此项工作已经纳入国际社会议程。至少站在中俄以及诸多发展中国家的立场角度来看，联合国作为全球性治理机制的公信力，意味着它是值得承载未来全球性网络犯罪治理新文本的最合适平台。

1. 联合国作为网络犯罪治理核心平台的可行性

在联合国大会2015年信息社会世界峰会十周年成果审议高级别会议上，中国代表主张在联合国框架下谈判制定全面均衡的打击网络犯罪国际公约。〔3〕中国所选择的话语舞台合理与否，需要我们审视一个问题：联合国在多大程度上适合作为网络犯罪治理的中心？

早在1990年第八届预防犯罪和罪犯待遇大会上，联合国便已通过《关于预防和控制与计算机相关犯罪手册》，可以说联合国

---

〔1〕 中华人民共和国外交部：《中华人民共和国主席和俄罗斯联邦总统关于协作推进信息网络空间发展的联合声明》，载外交部官网，https://www.mfa.gov.cn/web/zyxw/201606/t20160626_338417.shtml。

〔2〕 See United Nations General Assembly, A/RES/74/247 (Countering the Use of Information and Communications Technologies for Criminal Purposes)，该特设委员会旨在拟订一项关于打击为犯罪目的使用信息和通信技术行为的全面国际公约。

〔3〕 人民网：《联大审议信息社会世界峰会十周年成果》，载人民网，http://scitech.people.com.cn/n1/2015/1217/c1057-27938405.html。

是全球网络互通以来最早关注网络犯罪问题的国际组织。2000年联大再次作出决议，授权经社理事会下的预防犯罪和刑事司法委员会对网络犯罪问题进行讨论，[1]该委员会曾经在2002年预防犯罪和刑事司法委员会的第十一届会议报告中提及联合国采取行动应对网络犯罪的重要性。[2]此外联大自20世纪90年代以来，每年都会通过"从国际安全角度看信息和电信领域的发展"决议，其中皆无例外地涉及对网络犯罪问题的关注。[3]近年来，联合国依然在加大对网络犯罪治理问题的关注度。2010年第十二届联合国预防犯罪和刑事司法大会通过《萨尔瓦多宣言》，提请由联合国预防犯罪与刑事司法委员（CCPCJ）下设联合国打击网络犯罪政府间专家组，以专门研究网络犯罪问题，由联合国大会A/65/230决议予以通过。专家组在大量实证材料研究的基础上提出诸多建议措施，在专家组工作的基础上则由联合国毒品和犯罪问题办公室（UNODC）于2013年发布《网络犯罪综合研究报告》（*Comprehensive Study on Cybercrime*）。中国作为专家组成立的首倡者与专家组转型的倡导者，以及专家组工作进程的主要支持者与坚定维护者，今后仍将为专家组的工作提供有力支持。[4]此外，致力于网络空间综合治理议程的国际电信联盟（Inter-

---

〔1〕 See United Nations General Assembly. A/RES/56/121 (*Combating the Criminal Misuse of Information Technologies*, 2002).

〔2〕 See United Nations Economic and Social Council. E/CN. 15/2002/8 (*Effective Measures to Prevent and Control Computer - Related Crime*, 2002).

〔3〕 历次文件中均采用"认为有必要防止为犯罪或恐怖主义目的利用信息资源或技术"的表述。See United Nations General Assembly. A/RES/53/70、A/RES/54/49、A/RES/55/28、A/RES/56/19、A/RES/57/53、A/RES/58/32、A/RES/59/61、A/RES/60/45、A/RES/61/54、A/RES/62/17、A/RES/63/37、A/RES/64/25、A/RES/65/41、A/RES/66/24、A/RES/67/27、A/RES/68/243、A/RES/69/28、A/RES/70/237、A/RES/71/28.

〔4〕 参见叶伟：《联合国网络犯罪政府专家组及中国贡献》，载《中国信息安全》2018年第6期。

natlonal Telecommunication Union, ITU）亦是联合国的重要专门机构。

事实上，联合国本应在网络犯罪国际性治理方面有所成就，然而受到其本身职能以及此议题难度的限制，致使其无法在此议题中投入足够的精力去凝聚各国共识。联合国之所以未能在自身极具资源优势的平台上制定具有约束力的国际法文件，原因在于：(1)即使联合国具备资源优势，但其人力、财力需要投入的社会性议题非常多，经社理事会仅在犯罪方面就需要应对跨国有组织犯罪、毒品犯罪、腐败犯罪、预防犯罪与刑事司法的技术合作等多种议题，更何况还存在大量其他社会性议题，如人权问题、难民问题、儿童与妇女权利保障议题、发展权议题、可持续发展议程等多种议题。但我们也看到联合国也开始给予网络犯罪问题更多的关注，如《萨尔瓦多宣言》[1]中即决定设立政府间专家组。此举也意味以联合国平台制定全球性文书的道路早已起步，且联合国主导的网络犯罪治理国际公约制定已经正式列入联合国日程，目前尚在文本草拟阶段，预计草案将在 2024 年完成并供各国谈判。(2)联合国以全球治理为目标，其行事的基本范围即是全球性的，与其他的多边性文书有着显著不同。多边文书基于共同的区位环境，共同的区位也意味着相同或相近的经济、文化传统，在网络犯罪的基本治理立场上分歧更小且更易趋同，此外基于地缘政治安全的考虑，同一区位的国家之间往往更倾向于合作以保障周边安全。联合国则需要整合全球范围内的网络犯罪治理立场，在工作目标上需要兼顾多种立场。对 19 份网络犯罪多边文书的条款的分析表明其中存在共同的核心条款，同时所涉及的实质性

---

〔1〕 United Nations General Assembly, A/RES/65/230 (*Annex: Salvador Declaration on Comprehensive Strategies for Global Challenges: Crime Prevention and Criminal Justice Systems and Their Development in a Changing World*).

问题方面也存在重大不同。[1]由此直接导致工作量激增，事实上仅依赖政府间专家组已然不足以应对研究分析工作，UNODC 在网络犯罪方面需要倚赖于多种框架已塑造的共识来展开工作，其中包括但不限于上述 5 个多边框架，甚至还涉及 INTERPOL、ITU 等专门性全球框架。

即使前路满是荆棘，联合国作为网络犯罪治理新文本载体的情势已是箭在弦上。无论未来发展成何种状态，联合国作为全球性治理平台的潜力与能力皆是毋庸置疑的。从哈贝马斯"话语伦理"标准来看，联合国都是比其他任何场域更为优质的框架：对话的开放性或非排他性；对话的民主性，对话过程的公正性。考虑到联合国在网络空间治理中的重要地位，2011 年 9 月，中、俄等四国向联合国大会提交《信息安全国际行为准则》(*International Code of Conduct for Information Security*)草案，并于 2015 年 1 月再次提交修改后的文本。[2]2013 年 4 月，金砖国家联名向联合国预防犯罪与刑事司法委员会提出《加强国际合作，打击网络犯罪》(*Strengthening International Cooperation to Combat Cybercrime*)的决议草案，[3]两份文件传递出的一大主要信息即持续发挥联合国在网络治理中的影响力。联合国作为当前国际秩序的核心之一，是目前国际社会成本最低且最有效的治理框架，在网络犯罪治理领域也不例外，坚持联合国这一核心平台将是未来一段时期内诸多发展中国家的基本态度。

---

〔1〕 See UNODC, *Comprehensive Study on Cybercrime*, p. XIX.

〔2〕 See UN Document, A/66/359 (*International Code of Conduct for Information Security*, 2011), A/69/723 (*International Code of Conduct for Information security*, 2015).

〔3〕 See United Nations Economic and Social Council, E/2013/30 (*CCPCJ Report on the 22nd Session*, 2013).

2. 联合国作为网络犯罪治理核心平台的前进道路

2010 年,联合国大会于决议 A/RES/65/230[1]中要求联合国预防犯罪和刑事司法委员会(Commission on Crime Prevention and Criminal Justice,CCPCJ)建立开放性的政府间专家组以研究网络犯罪问题。该专家组在后续工作中撰写了《网络犯罪综合研究报告》。联合国网络犯罪政府专家组是在中国、俄罗斯、巴西等国倡议下,于 2011 年根据联大决议设立,是联合国框架下探讨打击网络犯罪国际规则的重要形式。秘书处在向成员国、政府间组织、私营部门和学术机构进行广泛问卷调查的基础上,于 2013 年年初完成上述研究报告草案,在 2013 年 2 月的专家组第二次会上,各方对《网络犯罪综合研究报告(草案)》进行了讨论,因有关各方对报告的结论和建议存在较大争议,会议未达成成果。此后,专家组进程一度停滞。经金砖国家的共同努力推动,专家组于 2017 年 4 月召开第三次会议,决定以研究报告草案为基础讨论网络犯罪的实质问题。金砖国家根据该共识提出专家组 2018 ~ 2021 年工作计划草案。近年来,随着互联网技术的快速发展,各国网络犯罪立法政策得到同步快速发展,趋同性和差异性同时凸显,为工作组未来计划增添了更多变数。

根据联合国最新的工作进展,[2]联大拟在第 78 届大会期间审议由 UNODC 特设委员会提交的公约草案,草案名为《关于打击为犯罪目的使用信息和通信技术的全面国际公约》。目前特设委员会仍在广泛吸取各国关于公约结构以及要素的意见,在 2023 ~ 2025 年将逐步形成公约草案。

---

[1] United Nations General Assembly, A/RES/65/230 (*Annex: Salvador Declaration on Comprehensive Strategies for Global Challenges: Crime Prevention and Criminal Justice Systems and Their Development in a Changing World*).

[2] See United Nations General Assembly, A/RES/75/282 (*Countering the Use of Information and Communications Technologies for Criminal Purposes*, 2021).

目前联合国在网络犯罪治理方面已有相当的经验积累，未来的工作首先即是总结已有经验。一方面，在联合国框架下的已有公约、决议中筛查汇总网络犯罪议题中的共识。联合国在其框架下发布的诸多文件中涉及网络犯罪因素，其中不乏一些有约束性的文本，如2000年《〈儿童权利公约〉关于买卖儿童、儿童卖淫和儿童色情制品问题的任择议定书》在序言部分特别提及网络空间中的儿童色情制品打击问题；[1]联合国大会以及联合国毒品与犯罪问题办公室也制定了不少探索网络犯罪治理的决议，诸如"从国际安全角度看信息和电信领域的发展"系列决议。此类文件中已经显示出一些国际社会打击网络犯罪的共识，通过编纂汇总其间成果，联合国可以为将来更好地展开网络犯罪治理研究工作奠定良好基础。另一方面，联合国及其所属组织的优良工作方式仍要保持。联合国毒品与犯罪问题办公室在以往的工作中，曾广泛深入地对各国打击网络犯罪的国内法及其实践进行考察，并通过问卷方式获取通常调查渠道难以获取的官方数据以及官方态度，在上述工作的基础之上，UNODC的网络犯罪问题政府间专家组才编纂出深入阐述网络犯罪问题的《网络犯罪综合研究报告》。通过探求各国实践及其立场，联合国为今后有关工作确立了良好根基。随着未来联合国框架下的网络犯罪治理议题涉入深水区，联合国将面临更多的分歧与挑战，上述优良工作方式无疑需要继续继承发扬，确保联合国在网络犯罪治理议题中不会脱离实际。

---

〔1〕 CRC. *Optional Protocol to the Convention on the Rights of the Child on the Sale of Children, Child Prostitution and Child Pornography* (OP - CRC - SC). 序言：关注互联网和其他不断发展的技术提供了越来越多的儿童色情制品并回顾打击互联网上的儿童色情制品国际会议(维也纳，1999年)，特别是它作出的要求在全世界范围内对儿童色情材料的制作、传播、出口、播送、进口、蓄意占有和宣传予以刑事处罚，并强调各国政府与互联网产业间建立更加密切的合作与伙伴关系的重要性。

在总结已有经验的基础之上,联合国作为网络犯罪治理的核心平台,在未来的网络犯罪治理议题中需要确认网络犯罪治理的基本原则。在以往有关信息技术发展的系列决议中,联合国已经对诸多问题给出基本结论,在后续工作中需要将之抽象上升为网络犯罪治理议题中所应秉持的基本原则,即主权、共治、普惠三个原则。实际上主权、共治、普惠立场亦是联合国以往工作的核心价值,这些原则的影子在联合国的工作中有迹可循,在其框架下的网络犯罪治理议题中也需要予以确认。

其一,在主权原则方面,《联合国宪章》第 2 条第 1 款即规定主权平等原则,并将其延伸至网络治理领域。2013 年"从国际安全的角度来看信息和电信领域发展政府专家组"临时议程文件指出:"国家主权和源自主权的国际规范和原则适用于国家进行的信息通信技术活动,以及国家在其领土内对信息通信技术基础设施的管辖权。"[1]作为网络犯罪国际治理中的重要场所,联合国在价值取向上的选择更符合国际社会的普遍道义,选择将主权原则纳入网络治理议程的指导原则,意味着联合国认可国家所引领的强制性秩序应当居于网络治理的主导地位。联合国应当更加明确:当前的任务不是警惕国家公权力在网络犯罪治理中的膨胀,反而应当是避免该种强制性秩序的缺位,主权国家主导的治理模式可更迅速地促成网络秩序的实现,使网络从"混乱自由"向"秩序自由"过渡。

其二,在共治原则方面,联合国作为全球囊括国家最为广泛的组织,本身即是各国参与民主治理的重要机制。对于国际公约这类治理手段来说,话语诉求的冲突以及条约体系建构的庞大工

---

〔1〕 See United Nations General Assembly, A/68/98 (*Group of Governmental Experts on Developments in the Field of Information and Telecommunications in the Context of International Security*, 2013).

作量使得网络犯罪的国际治理处于进退维谷的尴尬境地。然而无论是在保障话语诉求或是系统建构方面，联合国都具有毋庸置疑的竞争力，联合国既希冀网络犯罪的全球共治，亦有能力实现此种共治。联合国关注网络犯罪问题时间已久，经验优势使其对网络犯罪议题的认识更为深刻，其在全球治理中的权威形象使其有能力肩负建构全球性治理框架的重任。联合国也更强调网络治理话语权的公平性，在联合国框架下参与治理更能体现不同国家的多元诉求，保障国家所享有的、强调其关切的权利，联合国在整合区域治理分歧方面，可通过其最大程度的包容性为共治思想作注。

其三，在普惠原则方面，联合国致力于使其治理成果惠及全球国家，目前已经成为发展中国家最为信赖的国际机制之一。联合国可以更好地引导发展中国家参与到网络犯罪治理议题之中。对发展中国家来说，对网络犯罪治理相关国际议题的参与度与本国互联网的发展水平息息相关。一直以来联合国也在持续关注发展中国家更关心的数字鸿沟问题，早在 2003 年，联合国的重要专门机构国际电联（ITU）举办的第一次信息社会世界峰会（WSIS）上，即提出倡议建立“数字互助基金”，在发展中国家间反响热烈。联合国有能力并且也应当承担起缩小数字鸿沟的责任，其聚合资源的能力是其他国际组织所不能比拟的，只有解决好数字鸿沟问题，联合国方才能在网络犯罪治理议题中凝聚更多国家的声音。在此基础之上，网络犯罪国际治理在照顾发展中国家的话语需求时，还需要同时顾及技术、规范两个层面，联合国则有能力兼顾这两个方面，从而确保这些国家在运用联合国机制维护自身的网络发展利益时，不存在环节缺失的问题。

二、求同存异：网络犯罪国际法治理的协同进路

国际社会在网络犯罪的规则治理方面仍存在较多分歧，对多

元规则之间的调和将是在联合国框架下进行网络犯罪治理的主要方面。此种调和将是系统性的工程,联合国若要参与网络犯罪治理,便需要采取多领域的措施予以支持,不过从总体策略的角度来说,求同存异是最契合国际关系现状的路径。在联合国实施规则治理需要确认:在哪些方面可以寻求规则治理的共识,在哪些方面可以允许存在差异。

(一)网络犯罪国际法实体规则的协同进路

在实体性规则方面,联合国治理进路可以从国际社会已有经验中找到切入点。当前国际社会在网络犯罪的文本治理中已有较多经验,在联合国框架下制定网络犯罪综合性的多边文书,以期在定罪方面有所进展,可以在当前具有约束力和非约束力的国际和地区文书中,借鉴现有的核心共性。从当前的经验来看,在跨国网络犯罪的刑事司法协助方面,各国表示协助请求涉及最多的是计算机相关儿童色情内容的制作、散布或持有行为,以及教唆和诱骗儿童从事的犯罪,随后是涉及计算机相关诈骗或伪造行为的请求。[1]被协助请求最多的犯罪类型,一方面意味着犯罪的严重性,另一方面也意味着各国认为此类犯罪最可能得到他国的协助,即使上述调查不能说明所提及的犯罪具有普遍性,却可以说明所提及的犯罪迫切需要得到规制。因此,联合国在切入网络犯罪治理时,在寻求打击网络犯罪的共同方面时,儿童色情相关犯罪、诈骗相关犯罪将是极好的切入点,更有可能为其他类型的网络犯罪治理建立良好的示范。不过从网络犯罪的个别重点类型切入仍非实现治理开端的最佳角度,值得引起国际社会关注的网络犯罪问题通常还具有“有组织”的特性,联合国参与网络犯罪治理可以从此切入。

---

〔1〕 See UNODC, *Comprehensive Study on Cybercrime*, p. 211 – 212.

跨国有组织网络犯罪可以作为联合国介入网络犯罪国际法治理的重点关注方面。网络犯罪与有组织犯罪作为不在同一犯罪分类标准下的犯罪类型,两者之间在所描述的犯罪内容上存在重叠,许多网络犯罪行为需要高度组织化及专业化,此外,传统的有组织犯罪集团极有可能广泛参与到网络犯罪中——至少在金融驱动的网络犯罪中参与度很高,如计算机诈骗、伪造及身份犯罪。[1]互联网在某些方面重塑并改造了有组织犯罪的犯罪手段与犯罪场合,反之,“组织化”也成为严重跨国网络犯罪的基本行为方式与特性,在短时期内,网络犯罪已经从曾经的个别专业罪犯犯下的少量罪行转变成为普遍的“有组织、产业化”(organized and industrial like)犯罪。[2]甚至有观点认为,有组织犯罪集团作为一个常在因素,大幅削弱了独立黑客在网络犯罪中的主角地位。[3]

从网络犯罪的发展趋势来看,未来更易在跨国层面造成恶劣影响的网络犯罪势必是有组织的网络犯罪。网络犯罪本身即具有极强的跨国特性,当其与跨国的有组织犯罪相结合成为有组织网络犯罪时,打击犯罪的诸类措施都将面临极大挑战。当前已有报告对有组织网络犯罪问题进行过专题研究,将有组织的网络犯罪分为两类[4]:第一类与数字环境紧密相连,以网络为基本行为

---

〔1〕 See UNODC, *Comprehensive Study on Cybercrime*, p. 44.

〔2〕 Moore, T., Clayton, R., Anderson, R., *The Economics of Online Crime*. Journal of Economic Perspectives, Vol. 3, p. 3 - 4(2009).

〔3〕 UNODC, *Digest of Organized Crime Cases: A Compilation of Cases with Commentaries and Lessons Learned*, UNODC(2012), https://www.unodc.org/documents/organized - crime/Digest_Organized_Crime.pdf.

〔4〕 BAE Systems Detica and London Metropolitan University, *Organised Crime in the Digital Age*, 2012. p. 50. 同时报告还提及并不严格归属于此分类的第三种类型,即主要从事线下犯罪活动,但致力于提升与数字环境的交叉性,对于所谓的第三种类型,事实上脱离于网络环境,也不会影响此类有组织犯罪行为的基本效果,故而并非严格意义上的有组织网络犯罪。

环境,第一类可以进一步分为“蜂拥式”(以线上为中心、分离结构)和“中心式”(以线上为中心、关联结构);第二类同时兼顾线上与线下,在两者间跨越、转换,第二类是组合和延伸的混合犯罪,主要为上线与线下的组合连接或相互延伸,只有通过综合执法行动才能锁定。有组织网络犯罪问题尚未在已有的国际机制、国际性文本中得到应有的关注,其中包括欧委会《网络犯罪公约》文本。网络为有组织犯罪治理带来极大挑战,互联网和相关技术为个人提供了跨越地理距离展开更广合作的平台,使得有可能建立短期的“蜂拥式”犯罪组织,摆脱等级森严的传统有组织犯罪模式。此方面使犯罪组织在跨国的意义上更为便利,在统筹多种手段和人力资源方面,网络为犯罪的“组织化”提供了有利条件,不再构造并依赖等级制度意味着跨国合作实施的网络犯罪将成型更快,此种情势给网络犯罪治理的国际合作提出更高要求,也给联合国深度参与网络犯罪治理带来机遇。联合国主持起草并于2000年生效的《打击跨国有组织犯罪公约》关注有组织犯罪问题,在面临互联网环境中的跨国有组织犯罪时,虽说公约仍有用武之地,但难以保障可以有效适用于有组织的网络犯罪问题。在此可以参照《儿童犯罪公约》制定涉及网络犯罪问题的公约议定书,在跨国有组织网络犯罪问题方面做出回应,以此为契机开启联合国深度参与网络犯罪治理的道路,而非停留在诸种决议、研究报告等无约束的文件层次。以跨国有组织网络犯罪治理为突破口,联合国将可以更充分地展示自身在网络犯罪治理中的优越性。

在切入之后,在联合国框架下的实体规则讨论需要考量各类网络犯罪行为的紧迫程度,由重至轻逐次展开议程。在最基本的意义上,首先要保证国际社会在普遍关注的重大网络犯罪的罪名界定方面达成深度共识,使严重网络犯罪行为得到有效惩治。各国参与国际刑事司法合作需要大量的资源投入,所以许多文书都对国际合作请求规定了犯罪严重性门槛。联合国治理框架便要致力于促进各国在网络犯罪刑罚严重性上的尺度统一，这将有利于通过共同践行刑法上的相称性原则[比例原则（principle of proportionality）]来保障网络犯罪刑事司法协助的顺畅运作。此处对于罪行严重性的认定可区分为两种：（1）行为在性质上本身较为严重，如儿童色情相关犯罪行为；（2）行为在程度可能较为严重，此类行为在行为性质上可轻可重，但当通过有组织等方式实现时，其在危害程度上可能超出想象，如滥用工具、网络诈骗等犯罪行为。对此类严重犯罪行为联合国在治理中需要给予更多关注，鼓励各国尽快达成合作共识，引导各国尽早在本国立法中明确此类行为的严重性，同时在联合国框架下增进相关公约、决议对此类罪行的惩罚共识，力求通过协商做到刑罚尺度统一，减少此类罪行在刑事司法协助中可能遭遇的国内法规空白障碍。对于情节不及上述方面的网络犯罪，如知识产权侵权、极端言论等行为，联合国需要在其框架下加强此类情节的立法实践与司法实践沟通，增进相互之间的了解程度，采取国际法相关的立法技术，如保留条款、任择议定书等形式，确保各国在其所关心的非普遍性网络犯罪问题方面得到回应。

（二）网络犯罪国际法程序规则的协同进路

在程序性规则方面，效率必须是联合国参与网络犯罪治理的主要着力点。已有的文本已经认识到网络犯罪不同于传统犯罪的方面，传统网络犯罪治理所依赖的刑事司法互助程序不足以有效应对网络犯罪，如欧委会《网络犯罪公约》的24/7等制度则在这方面建立了良好的先例，此种旨在增进合作效率的渠道需要得到充分的重视。目前在刑事程序上的跨国合作可以从多方面着手：（1）依靠传统合作路径，但是需要增进环节效率，主要受力点为司法合作环节；（2）建立即时联络通信网络，可依托INTERPOL等国际性组织来建立，主要受力点为执法合作环节。

在运用已有的程序性协作机制方面,已有程序性协作机制可以以网络犯罪治理为契机进行改革。目前有关网络犯罪合作的国际性文本继承了一般性司法互助文本的特性,如在引渡条款中确立双重犯罪原则,[1]在涉及政治犯、[2]公共秩序[3]等方面时,被请求国可拒绝互助请求等。在跨国网络犯罪案件中,正式合作机制的使用比其他合作形式的使用更多。超过70%的执法当局表示,为从其他法域获得各种类型的证据,正式司法互助程序使用得最多,[4]但需要注意到正式合作机制的回应时间是以"月",而不是"天"为尺度来衡量的。[5]其原因在于:其一,更多使用正式却偏低效的沟通渠道,如外交函件等方式;其二,互助工作在被请求国国内可能需要经手多个部门,如行政司法部门、检察部门、审判部门或其他与犯罪特定因素相关的行政职能部门。为解决此类问题,欧委会及阿拉伯国家联盟的公约中确立了使用快捷通信方式的互助手段,[6]考虑到邮件、在线系统等形式的非正式性,此种快捷手段目前更多是作为应急方案存在的。总体来说,国际社会在本议题下的程序性协作程度较差,国际社会应当考虑到网络犯罪的跨国性发展趋势以及网络犯罪电子证据在时

---

〔1〕 See Council of Europe, *Convention on Cybercrime*, Article 24 - 1, 25 - 5, League of Arab States, *Convention on Combating Information Technology Offences*, Article 32 - 5, 37 - 3 - 4.

〔2〕 See League of Arab States, Convention on Combating Information Technology Offences, Article 35.

〔3〕 See Council of Europe, *Convention on Cybercrime*, Article 27 - 4 - b.

〔4〕 See UNODC, *Comprehensive Study on Cybercrime*, p. 201.

〔5〕 See UNODC, *Comprehensive Study on Cybercrime*, p. 206.

〔6〕 See for example, Council of Europe, *Convention on Cybercrime*. Article 25 - 3. 该款规定:在紧急情形下,各方可以在适当的安全和鉴别级别(包括使用必要的加密方式)上,要求相互协作或相应的紧急通信方式,包括传真或电子邮件,且在被要求方请求时,提供正式的确认。被要求方应当对要求方的紧急通信方式作出接受和回应。

效上的易逝性，正式且快捷的沟通方式必须成为打击犯罪国家间互助的常态化工作方式。

在建立即时联络机制方面，国际社会的已有经验值得参考，但需要找到更合适的运作方式。在打击网络犯罪的合作机制中，24/7 是最常被提及的机制，24/7 网络请求的回应时间比正式司法互助请求的回应时间更短，一方面是因为此制度具有“全天候”的性质，另一方面即作为一种非正式合作，24/7 联络点能够采取的行动范围比正式司法互助所能采取的行动范围更为有限，行动复杂度也更低。从 24/7 网络当前的利用率来看，受调查国家通过 24/7 网络处理的请求总数仅占网络犯罪案件总数的 3%。[1] 24/7 机制的设立初衷是没有问题的，重点在于其如何运作，对于建立全新的即时联络机制来说，INTERPOL 无疑是比其他国际性组织或安排更优的方案。国际刑警组织实际上也在采用 24/7 机制，兼之其在跨国犯罪执法实务中的极大影响力，网络犯罪治理中的即时联络枢纽角色应由其承担。在 INTERPOL 之上建立即时联络机制的优势在于：其一，INTERPOL 具有极强的务实属性，其所关注的事务更侧重于数字取证、快速沟通处理等亟须关注的事务，INTERPOL 下设的网络融合中心（Cyber Fusion Centre）即旨在收集、分析网络空间犯罪活动的所有可用信息，并不断向各国提供具有操作性的新情报；其二，INTERPOL 受到政治因素影响尚且较小，其本身即旨在为受主权限制的跨国犯罪侦查活动建立渠道，在侦查犯罪行为方面的共同目标使之更不易受到政治因素干预，倘若因政治因素干预而致使 INTERPOL 框架下的机制陷于停滞，对于任何参与国而言都将因打击犯罪效率的降低而损及本国的司法权威。总体来看，INTERPOL 务实且良好的角色形象有助于其成为建立即时联络机制的最佳平台，此种即时联络机制的建立可

[1] See UNODC, *Comprehensive Study on Cybercrime*, p. 213.

以直接在联合国框架下的文本中有所阐述，将 INTERPOL 的组织优势转化为联合国的治理策略。

除政府间的正式合作之外，政府间的非正式合作也应得到关注。政府间的非正式合作通常旨在为正式合作提供支持，如提供技术支持或法律咨询，但不排除一些非正式合作直接实现了正式合作的功能，如提供嫌疑人的相关信息，甚至直接请求行使搜查、扣押、快速保全等通常需要令状的刑事程序。在此种情形下，非正式合作具备了预防性质：仅在是否具备令状等授权形式方面与正式合作有所区别，但在事后此种授权形式会被补正，非正式合作因此在一些场合被当作犯罪侦查中的预防措施予以实施。但在更多的情形下，非正式合作不被允许在正常情形下适用具有强制性的侦查措施，此种具有预防性质的非正式合作通常在特定场合才有可能出现，如作为传统司法合作手段在时效上无法跟进时的应急手段。非正式合作在形式上多种多样，其本身甚至可能仅仅是在长期工作关系中建立的行为惯例，或是存在于非规范形式的政策性文件之中，也可能以规范性文件为依据建立了此种合作机制。从建立可持续运作的合作机制来说，由规范性文件所支持的合作无疑是最佳选择，其次即为政策所支持的合作，但当国家间未能在刑事领域建立相当的合作信赖关系时，足以走向常态化的合作机制也值得关注，即规范性 > 制度性 > 常态性。

在国际性文本程序性规则的完善中，还需要考虑一些其他问题。其一，在实体内容审查程序中，双重犯罪原则作为国际刑事司法合作中的重要基本原则无疑应得到遵守，凡将双重犯罪视为一项条件的，如果协助请求中所指的犯罪行为在两个缔约国的法律中均为犯罪，则应当视为这项条件已经得到满足，而无论被请求缔约国和请求缔约国的法律是否将这种犯罪列入相同的犯罪类别或者是否使用相同的术语规定这种犯罪的名称。[1]在不对相关方造成损害的前提下,为实现更广泛的合作,甚至可以鼓励确立无须严格履行双重犯罪原则的场合,以确保最大限度地打击网络犯罪。[2] 其二,在程序内容的审查程序中,当一国的国内法没有对他国所请求的网络犯罪侦查行为进行规定时,则他国依据各类双边、多边文本所提起的相关请求是否应当得到回应?原则上不能对所指定的特定措施予以回应,仅可采取有法律依据的替代性侦查措施:一是出于基本法律原则,确保法无授权即禁止的公权力行使原则;二是出于条约义务,被请求国应尽到相应效果的协助义务,对于此类问题,解决的重点还是在于推进各国国内网络犯罪相关刑事程序立法的完善以及统一。其三,国家间在此种程序性事务方面的合作还需要特别注意相关材料的充分性,根据各国报告,合作中最易出现的问题是程序性违规和证据提供的不足,表明发起请求的国家有必要认真准备合作请求。[3]对此,联合国框架下的文本治理可以建立材料交换的示范性方法,在涉及合作请求时,确定必须予以提供的、最低限度的材料,如各类令状、判决书、符合双重犯罪原则的证明、确定犯罪行为的初步证据、犯罪者身份及地理位置信息等,请求国需要根据具体请求提供相应文本的复印件。

三、多方协作:网络犯罪国际法治理的民主运作

网络犯罪治理虽然可以依托于当前已有的刑事司法合作体

---

〔1〕 For example, UN, *United Nations Convention Against Corruption*, Article 43 – 2.

〔2〕 See Vermeulen G., De Bondt W., Ryckman C., *Rethinking International Cooperation in Criminal Matters in the EU*. Antwerp: Maklu, 2012, p. 133; Klip A., *European Criminal Law*. Antwerp: Intersentia, 2012, p. 345.

〔3〕 Study Cybercrime Questionnaire. Q214 and Q239. See UNODC, *Comprehensive Study on Cybercrime*, p. 205.

系，不过在互联网内容的时效性驱使下，倘若不建立更为民主的合作体系，国际社会甚至将无法有效达成打击网络犯罪的目标。对于国际社会各类议程的博弈态势而言，达成民主性目标偏偏是最为奢侈的事情。国际社会需要在规则目标与民主治理之间寻求更平衡的治理措施，只有世界各国之间求同存异，各类犯罪治理参与主体之间通力合作，在各方利益"最大公约数"的基础上制定国际法规则，相互之间照顾彼此的关系、立场，才有可能妥善解决层出不穷的网络犯罪治理难题。其中至少应当涉及的方面包括：发展中国家网络犯罪治理能力的改善，以及发挥非国家行为体在网络犯罪治理中的话语作用。联合国作为国际社会治理最具民主性的框架之一，其对于发展问题的关注使其得到大量发展中国家的支持，且其框架下所辖的大量组织、机构也使其在发挥非国家行为体的治理功能方面具备天然优势。[1]

（一）统筹治理视野下的网络犯罪治理合作

网络犯罪的治理能力取决于三个方面：互联网发展水平、刑事司法技术化水平以及法律体系的完善程度，当前国际社会需要统筹提升各国的网络犯罪治理能力，其中的问题关键在于发展中国家。当前发展中国家的网络犯罪治理能力普遍不足，对于发展中国家网络犯罪治理能力的关注，也是国际社会增进网络犯罪治理效率的重要方面，其中的原因即在于网络犯罪具有极高程度的跨国性。

---

〔1〕 联合国框架下存在大量职能部门，其治理方面遍及人类社会的基本方面。尤其在经社理事会下设有大量的附属机构（预防犯罪和刑事司法委员会、麻醉药品委员会、人口与发展委员会、社会发展委员会、统计委员会等）和自治性机构（世界卫生组织、世界知识产权组织、国际复兴开发银行等），这些职能部门在本领域内与广泛的政府部门、私营部门建立了多样的合作关系，其中预防犯罪和刑事司法委员会、国际电信联盟等职能部门或国际组织都对网络安全、网络犯罪等问题有较多关注。

1. 发展中国家的网络犯罪治理态势

如今全球网络犯罪在犯罪实施者一端表现出向发展中国家转移的态势,此种态势带来的影响在于:一方面,使缺乏防护的发展中国家的脆弱网络体系越发脆弱;另一方面,发展中国家的国内法和国际法体系不甚健全,相关刑事合作规范依据的缺乏为打击此种跨国网络犯罪带来较大困境。

随着发达国家有关网络犯罪的法律体系趋于完善,大量有组织的跨国网络犯罪团伙选择在发展中国家发起犯罪行为;甚至发展中国家的国民也开始察觉到在本国实施网络犯罪的便利性,其中最为典型的案例,即 INTERPOL 破获的尼日利亚特大网络诈骗案。在尼日利亚破获的特大网络诈骗案中,我们看到网络犯罪已经在发展中国家扎根,与此相对应的治理现状则是,尼日利亚官方在打击网络犯罪方面尚未得到成熟的技术支持,若非借助于 INTERPOL 的力量,尼日利亚将极有可能无法破获该特大网络诈骗案件。发展中国家的网络犯罪发展态势已然不容小觑,尤其是在发展中国家年轻人参与计算机金融诈骗的亚文化已经兴起,许多人不到 20 岁就参与网络犯罪中。[1] 网络犯罪治理能力的欠缺已经成为此种类型化、群聚型网络犯罪的温床,此环境下的网络犯罪风险成本较低,一者发展中国家的法律规范未能及时跟进治理网络犯罪,或者即使予以跟进也未能对症下药,从法律文本制定的源头即已缺位;二者发展中国家的法律实施更易在效率、透明度等方面有所欠缺,即使针对性地制定打击网络犯罪的规范,也未必能得到良好执行。

发展中国家的政府部门普遍无法尽到有力打击网络犯罪的职责。与上述情势相对应,发展中国家的官员往往会认为跨国性质比例较低,一方面,这可能表明发展中国家的网络犯罪的实施

---

〔1〕 See UNODC, *Comprehensive Study on Cybercrime*, p. XVII – XVIII.

者,更侧重于国内受害人以及(可能是独立的)计算机系统;另一方面,也有可能是由于发展中国家在能力方面面临挑战,执法机构较少查明国外服务供应商或与国家案件相关的潜在受害者。[1]大量统计数据也指出,发展中国家治理能力的欠缺:《全球网络安全指数 2017》指出,发展中国家缺乏训练有素的网络安全专家,也没有对网络安全司法问题的深入理解,响应调查的国家中,半数没有网络安全战略。[2]根据 UNODC 所作的问卷调查,在立法方面,不足半数的答复国家认为本国刑事和程序法律框架充分健全,但这掩盖了巨大的区域差异。虽然 2/3 以上的欧洲国家报告称本国立法充分健全,但非洲、美洲、亚洲和大洋洲的情况却恰恰相反,因为这些区域 2/3 以上的国家认为本国仅有部分法律是充分的,或根本不充分。在报告称本国法律不充分的国家中,只有一半国家表示将制定新的法律或计划制定法律。在执法方面,发展水平较低的国家拥有的专业警察数量显著偏少,每 10 万名互联网用户中只有 0.2 名左右,而在较发达国家,这一比率要高 2~5 倍。据报告,在较不发达国家,约 70% 的专业执法警察缺乏计算机技能和相关设备。在所有国家,专业打击网络犯罪的警察人数占警察总数的比例都不到 1%。[3]

毫无疑问,发展中国家的执法部门、司法部门在侦查和打击网络犯罪方面需要得到长期、可持续和全面的技术支持与援助。发展中国家的发展权实现寄托于现代科学技术的发展,网络技术是此种发展权的重要途径与方面,网络技术得以健康有序地实现自身发展以及服务于社会发展,必须要依托于打击网络犯罪。对于发展中国家而言,这是维护其发展权益的重要方面,对于国际

[1] See UNODC, *Comprehensive Study on Cybercrime*, p. 6.

[2] See ITU, *Global Cybersecurity Index* 2017, p. 17.

[3] See UNODC, *Comprehensive Study on Cybercrime*, p. 154.

社会而言,则是维护总体网络环境的重要举措。

2. 发展中国家的网络犯罪治理能力提升

在刑事技术措施层面的技术援助将是发展中国家的较为核心的诉求之一,这一点也势必要在全球性的网络犯罪国际治理文书中得到体现。对网络犯罪提供多种意义上技术援助的价值是毋庸置疑的,根据《网络犯罪综合研究报告》的问卷研究,全球75%的答复国都表示在网络犯罪领域需要技术协助。[1]对此种协助的需求不是单层次、偶发性的需求,而是多方面、常态化的需求。事实上,当前对打击网络犯罪能力建设(capacity building)的诉求日益提升,此方面也是INTERPOL在刑事合作中重点关注的方面,目前全球已经设立的网络犯罪治理能力提升项目包括:东盟网络能力发展项目(ASEAN Cyber Capacity Development Project)、美洲网络犯罪能力建设项目(Cybercrime Capacity Building Project in the Americas)、全球打击网络犯罪扩大行动项目(GLACY +),分别由东盟(JAIF - 日本东盟一体化基金资助)、加拿大、欧盟与欧洲委员会主导。联合国框架未来势必要在网络犯罪治理能力上做更多文章,联合国参与全球网络犯罪治理能力提升议程的最大优势在于,可以与本组织下的其他相关议程进行更具视野的交叉讨论,如电子商务、打击跨国有组织犯罪等议题,这是已有项目所不能比拟的。

网络犯罪治理能力提升议程所涉及的最重要内容,便是网络犯罪侦查、司法能力建设。在联合国框架下的网络犯罪治理文本中须新增技术协作一章,致力于网络犯罪侦查的技术普及与共享,其中主要涉及:普遍性的长期侦查技术合作,包括人员的定期培训与交流、设备的持续供给与升级;加强国际、地区与国家合作

[1] See UNODC, *Comprehensive Study on Cybercrime*, p. 178.

伙伴关系,包括与私营部门和学术机构的伙伴关系,[1]以期提供强化的技术援助,帮助发展中国家预防和打击网络犯罪。

在人员基本及专业技能培训、数据搜集与分析技术共享方面,可以区分不同的目标展开培训。如有可能,此种人员培训在最基本的意义上应该覆盖所有执法人员,以保证足以应对犯罪情势与互联网之间建立的普遍关联:(1)今日的传统犯罪在较大的可能性上遗留有涉及犯罪意图、犯罪方法等方面的电子证据,即使互联网或许不是犯罪环节中的核心因素,电子证据已然成为所有类型犯罪侦查的一个重要组成部分,不少传统刑事案件至少会对侦查人员合法提取相关电子证据提出要求,确保侦查人员接受计算机相关证据保全方面的培训意义重大。事实上,此情形下的培训目标通过国内层次的培训即可实现。(2)在面对互联网作为核心因素的犯罪时,可选择性地培养部分具备专业技能的侦查人员,此类人员需要得到更深入的培训。在高度发达国家,约70%的专业警察据报拥有高级IT技能,但在较不发达国家,这一比例只有20%左右。相比之下约45%的较不发达国家表示,它们的专业网络犯罪警察只拥有基本的IT技能。[2]针对这一类情形的培训目标,国际组织需要投入更多精力为发展中国家提供援助,以应对更加复杂、更加专业的网络犯罪侦查及司法需求。

在网络犯罪治理能力培训的目标中,尤其需要对电子证据问题给予更多关注。电子证据对于打击网络犯罪而言意义重大,然而目前全球超过60%的答复国没有在法律上对电子证据和实物证据进行区分,[3]并且还存在一些对电子证据不予认可的国家,此类国家通常为网络技术欠发达的国家,对于电子证据缺乏验证

[1] See UNODC, *Comprehensive Study on Cybercrime*, p. XV.

[2] See UNODC, *Comprehensive Study on Cybercrime*, p. 154.

[3] 许多国家都认为进行区分是一种良好做法,因为它能够确保各种证据都能得到公平的采信。See UNODC, *Comprehensive Study on Cybercrime*, p. XXIV.

手段，依其自身能力无法获取可信的电子证据，使之不得不对电子证据采取封闭的态度。由此将会导致在跨国进行网络犯罪侦查时，侦查行动将无法获取他国的有效支持，应对这一问题的方法仍然回到了如何协助全球所有国家建立电子证据的侦查、留存、验证能力。在网络犯罪活动中，涉及犯罪因素的网络数据信息通常会被嫌疑人刻意施加保密措施，或采取保密途径进行传输，如对数据使用加密软件、将数据内容隐藏于文件中以避免引起怀疑等。在此种情势下，发展中国家的侦查人员的技术直觉与技术措施都需要进一步加强，通过传授通常符合法律授权的取证经验，以及提供可实现取证目标的取证设备，发展中国家在网络犯罪侦查中的能力将得到显著提升。

（二）扁平治理视野下的网络犯罪治理合作

在网络犯罪的国际法治理体系中，国家行为体与非国家行为体的价值皆不可忽略。国家可以更有效地集中本国资源打击网络犯罪，进而维护社会秩序，但国家权力的行使受到法律为其设定的程序性限制，其权力行使止于法律所划定的边界，此外国家可以投入犯罪治理活动中的资源也是有限的。非国家行为体则可以在国家行为体的受限之外予以补充，如国际性组织可以在职能范围内促进合作关系建立，私营企业与政府部门建立更高效的数据留存、披露方式，也可以基于自身业务给出咨询意见，为网络犯罪预防或政策制定提供参考，教育机构、社区乃至社会个体则可以在社会末梢为网络犯罪的防范教育、宣传提供良好帮助。如果说国家行为体是放入瓶中的石头，则非国家行为体就是在石头之后放入瓶中的沙砾和水，两者之间协作互助才能使网络犯罪治理的整个体系趋于完善，在国际社会中也不例外。

1. 网络犯罪治理中的非国家行为体

当前网络犯罪治理中发挥主要作用的主体便是国家行为体。作为网络犯罪治理中的有效监管者，国家正逐步弥补自身在互联网中的监管缺位。此种有效监管在主权范围内更易推行,在主权范围之外,国家作为监管者的角色受限,但监管活动不应当缺失。现有国际治理体系在国家间建立的组织、条约架构,对网络犯罪的国际监管完全可行,即使力度有所欠缺,对于打击跨国网络犯罪、保障刑罚的"必然性"来说,国家行为体仍是中流砥柱。

国家行为体在网络犯罪治理中的角色定位,与传统犯罪治理的国家行为体定位并无差别。在国际社会层面,国家行为体以其自身的运作方式展开网络犯罪治理的博弈与合作,其主要的合作场景即各类政府间国际组织,在此类框架下,各国都在投入力量实现打击网络犯罪的目标,这也是本书在前述行文中讨论的基本内容。即使国家间在打击网络犯罪的实践操作方面存在差异,也不影响其职责的正常履行。通常来说,各国都会在网络犯罪治理方面建立专门机构以保证国家间的协调,多数国家都表示已任命一个主要政府机构负责网络犯罪预防和打击的协调工作。在这类机构中,各国报告最普遍的是国家警察或执法当局,其他普遍提到的主要机构为总检察长办公室或首席检察官办公室、司法部等。在小部分国家,网络犯罪领域的主要协调角色据报告由电信部、网络安全机构或计算机应急小组承担;在国际层面,各种国际组织以及国际性文本也在为国家间的治理差异创造合作条件。至少在可预见的未来,在国家行为体之间以及国家行为体所参与的政府间国际组织中,网络犯罪治理的发展态势是可预测的。

未来全球网络犯罪治理的更多突破点将在于非国家行为体。既往的讨论更多关心如何界定国家在网络治理中的角色,致力于围绕主权国家来建立、完善网络犯罪治理机制,除此之外也确实存在"多利益攸关方"的治理思路,指出非国家行为体在网络犯罪治理中的重要地位。在网络犯罪议题中,对犯罪行为的治理依赖于公权力对国家强制力的高效行使,私营部门在介入该议题方面存在天然门槛,然而在网络犯罪的治理实践中,私营部门的角色是不可或缺的。对网络犯罪侦查而言,政府部门往往呈现一定的局限性:一是受技术所限,通常而言新技术往往先为犯罪者所利用,经过一定时期后才为执法部门用以侦破案件,网络技术也不例外,执法部门在技术措施方面未必能有效跟进犯罪行为的技术革新;二是受资源所限,打击网络犯罪不是执法部门的全部职能,因此执法部门在网络犯罪侦破中所能投入的人力、财力资源有限,在全球网络犯罪行为飙升的趋势下,此种局限对执法部门的执法权威形成掣肘,此时国家行为体与非国家行为体之间的公私合作显得极为必要。

事实上从互联网创建伊始,一些非国家行为体的机构就开始对互联网的发展和运作产生影响,其中包括私营公司,还有一些志愿者团队。〔1〕尤其是各类私营部门的地位难以被忽视,如服务供应商持有用户信息、记账发票、一些连接日志、地点信息以及通信内容,所有这些都可能是证明犯罪的关键电子证据。当服务提供商仅仅基于法律条文被动出示此类数据时,其尚无法在网络犯罪治理中有一席话语,然而随着越来越多的私营部门乃至其他非国家行为体开始主动寻求承担其社会责任时,网络犯罪治理体系则开始显现出更大且更不可预测的成长空间。在诸种非国家行为体中,私营部门实体参与打击网络犯罪合作关系的程度最高,其次为学术机构、国际和区域机构。甚至在一些公私部门合作伙伴关系中,私营实体已主动调查并起诉网络犯罪行为,此类行动对执法工作起到了补充作用。〔2〕私营部门在一些可见的方面已经在为打击网络犯罪贡献力量,实际上私营部门和其他非国家行为体在网络犯罪中的治理潜力,往往更多表现在网络犯罪治理实

---

〔1〕 Ziewitz M. & Brown I. ,*A Prehistory of Internet Governance*. In Brown,I. , Research Handbook on Governance of the Internet. Cheltenham:Edward Elgar. 2013.

〔2〕 See UNODC,*Comprehensive Study on Cybercrime*,p. XXVII.

践中不可见的方面。网络犯罪的国际治理通常需要准确的国家信息和全球信息,以作为将来采取行动的实证基础,而各类私营部门是这一方面的一个重要信息来源,其可通过技术手段评估一些犯罪的发生或流行情况,由此形成私主体在打击网络犯罪技术措施方面的重要补充功能。考虑到打击网络犯罪须保证科学的立法、司法认知,非国家行为体在技术、经验层面可以提供有效的参考意见,从而为制定良好的打击网络犯罪的法律规范而服务。

非国家行为体在全球网络犯罪治理中的潜力极大,不过到目前为止,非国家行为体在网络犯罪的国际治理中还没有发挥其预期作用。联合国网络犯罪全球方案负责人尼尔·沃尔什(Neil Walsh)在世界互联网大会"网络空间国际规则制定"国际会议中指出:目前的治理情况是多利益相关方并没有很好地发挥作用,尤其是大型企业并没有充分发挥自身作用。〔1〕为了更好地发挥非国家行为体的作用,国际社会需要在非国家行为体与当前网络犯罪国际治理机制的衔接方面创造更多条件,这是非国家行为体仅依靠自身很难实现的。在同各个社区组织、非政府组织、商业部门和公民个人之间开展合作和建立伙伴关系的基础之上,政府领导方才能在治理和预防犯罪方面发挥更重要的作用。〔2〕

2. 在国家行为体与非国家行为体之间建立合作

国家行为体与非国家行为体之间的公私合作目前已经是扩展网络犯罪治理体系的重要方式。在国际社会层面,国家行为体与非国家行为体之间的公私合作已有所成就。在尼日利亚破获

〔1〕 中华人民共和国国家互联网信息办公室:《网络空间国际规则论坛 国际社会如何在网络空间建章立制》,载中华人民共和国国家互联网信息办公室网,http://www.cac.gov.cn/2018-05/11/c_1122777580.htm。

〔2〕 United Nations Economic and Social Council, E/2002/13 (*Action to Promote Effective Crime Prevention. Annex Guidelines for the Prevention of Crime*. July 2002. para 3.)

的特大跨国网络诈骗案中即集中体现着公私合作的力量，在INTERPOL作为轴心平台联系协调各方力量之外，趋势科技（Trend Micro）、飞塔（Fortinet）的FortiGuard实验室等非官方力量都在此案中给予了信息层面的协作。对于公私合作而言，法律框架、信任、激励等建立可预期性与可信赖程度的因素，则是网络安全领域稳健公私合作模式蓬勃发展的关键推动因素。一项针对全球私营部门的调查显示，80%的核心网络犯罪个人受害者都不会向警方报案，报案率低的原因在于人们对互联网环境下的受害行为和举报机制缺乏认识、受害人感到羞耻和难堪，以及认为会给公司名誉造成风险。[1]从上述情形来看，国际社会在公私合作方面还有很长的路要走。

私营部门与政府当局之间可能存在“不同的目标”，使两者达成合作则意味着两者都要受益，政府部门可以从合作中提高打击网络犯罪的效率，私营部门则可以从中获取必要的犯罪风险信息，因此公私合作要保证“信息共享是双向的”。通常而言，国际社会中的公私合作内容主要涉及：(1)在法律规则授权下，私营部门以更具效率的方式回应政府部门的执法诉求，倘若此种便利可以无差别地应用于外国执法部门或私营企业则更佳；(2)私营部门应在自身营业范围内对不合理的数据流动予以监控分析，尽到服务运营商对自身平台的监管责任，主动将异常网络状态报告给本国执法部门，并通过各类途径报告给INTERPOL等国际性组织部门；(3)分享网络犯罪威胁及发展趋势、网络犯罪新类型、网络犯罪防范知识普及、网络犯罪防范技术方法等方面的信息，为打击网络犯罪提供信息、智力支持。

在建立公私合作框架方面，国际社会未来将要采取的措施可能会受到个人数据相关立法的影响。当前网络技术较为先进的

---

〔1〕 See UNODC, *Comprehensive Study on Cybercrime*, p. XXI.

国家开始限制本国网络数据的流出,此类措施的目的旨在保护国家、国民的数据安全与隐私,这契合于数据权保护的基本趋势。私企对其所收集、处理的网络信息当然应当受到国家主权的管辖,由此引发的问题即在于跨国层面公私合作因此受到限制。欲突破此种主权限制,实现对网络犯罪的有效治理,必须有统一协调公私合作的国际性组织,INTERPOL 这类合作平台的重要性在此凸显。INTERPOL 致力于寻找在网络犯罪领域具有技能和专业知识的新伙伴,以补充全球执法界的技能和专业知识,目前已与一些网络安全、信息技术和银行业的组织和私营公司建立正式的伙伴关系。

在建立公私合作框架的过程中,私营企业(尤其是跨国私营企业)将扮演关键角色。跨国私营企业在当前全球经济发展中发挥着极其重要的作用,其自身即全球资源高效配置与全球信息高效沟通的重要媒介,各类提供网络服务的跨国公司。其本身即是庞大的数据库,对于其工作范畴内跨国数据流动的掌控,即是官方打击网络犯罪的重要助力,尼日利亚特大网络诈骗案已经说明了这一点。在建立网络犯罪侦查的数据共享措施方面,与各类网络安全以及大型公司的合作应当受到更多重视。大型公司更重视网络安全问题,也更倾向于积极采取法律行动打击僵尸网络、垃圾邮件发送者和诈骗犯罪分子,安全公司也在积极对新出现的威胁进行监测并发布定期报告,与上述企业建立合作可以更有效地提高侦查效率。此外,私营企业在网络犯罪的预防方面可扮演的角色不仅在于数据共享,还在于可以直接参与塑造更为安全的互联网环境。私营部门作为互联网环境中的交互平台,通过积极“过滤”互联网通信或内容,可以在第一时间预防网络犯罪。各国法律也通常会为服务提供商设定平台责任,要求服务提供商在审核本平台所展现的服务内容方面承担管理义务,如防止服务被用于发送大量垃圾信息或垃圾邮件、将服务用于侵犯版权等。[1]国际社会需要以法律文本的形式鼓励所有国家私营企业进行自我约束,至少也要为私营企业设立最基本的第三方平台责任。

在建立公私合作框架的过程中,诸如教育机构、社会等其他非国家行为体扮演着辅助角色。尤其在网络犯罪预防方面,各国需要强调公众的防范教育及防范意识,[2]执法部门的行动资源有限,私营企业则以逐利为目标,其他非国家行为体则是最为合适的防范教育角色。学术机构是网络犯罪预防领域的一个重要合作伙伴。在知识的开发和共享、法律和政策的制定、技术及技术标准的研发、技术援助的提供及与执法当局的合作等方面,学术机构均可提供协助。一般而言,学术机构与执法机构的合作没有任何制度基础——国家机构既没有制定任何合作标准,也没有提供任何与大学进行合作的预算,因而所有现有接触和合作都是非正式的。针对网络犯罪的学术研究,用以协助展开公共安全工作的资金、人员规模和专业学术人员的供应,特别是取证工具的研究和分析、培训和技术人员等领域资金的增加等,都是改善工

〔1〕 一些国家设定了强制性报告安全漏洞时间的责任,报告的目的是让安全漏洞的受害者能够采取措施(如修改密码等)以降低安全影响,增加对企业的竞争压力,迫使其改善安全水平,同时为负责数据和关键基础设施保护的监管部门的工作提供支持。一些国家为网络服务提供商设定了中间责任,这类规定通常旨在为中间机构提供保护,即只要满足特定条件,特别是接到通知以后即删除特定内容,即可免除服务提供商在传输或储存第三方违法内容(最典型的如版权侵权)时的责任。一些国家还为网络服务提供商设定了内容过滤的责任,一些国家的法律要求互联网服务提供商阻止用户访问儿童色情之类的非法内容。最典型的如邮件服务商的垃圾邮件过滤。垃圾邮件的过滤手段多样而复杂,包括对电子邮件的来源进行分析,以识别已知的垃圾邮件来源,以及对电子邮件的文本进行分析,以识别信息中常见的短语和内容模式。被识别为垃圾邮件的信息有时会被整体滤除,有时则会被分类至用户的"垃圾邮件文件夹"。

〔2〕 United Nations Economic and Social Council, E/2002/13 (*Action to Promote Effective Crime Prevention. Annex Guidelines for the Prevention of Crime*. July 2002. Para 6, 25).

作成果所必需的。执法机构需要更多资源并扩大开放,学术界需要开展更多的应用性研究,学术界与政府机构和执法当局之间的合作仍有巨大的发展潜力。[1]事实上,对公众的教育也存在限度,当公众需要更多地投入去防范各类安全威胁时,其投入成本甚至可能比安全损失还要多,此种投入可能包括大量的时间投入与教育投入,正常的网络用户都会拒绝此种效益不对等的预防及教育措施。[2]这就意味着针对网络犯罪的防范教育势必是长久之功,对社会个体的防范教育需要更多志愿性的行为体参与其中。

四、小结

本章内容主要是对当前网络犯罪国际法治理的体系前景的总体描述,在探讨当前网络犯罪国际法治理的具体规则之外,还需要从更宏观的角度考虑上述规则得以发展的路径。基本目标在于建立具备更广泛适用性的网络犯罪国际法新文本、新组织机制,以更好地完善整体治理体系,主要为三个方面的问题:在何种场景中、以何种方式、有哪些参与者,本章主要涉及内容如下。

1. 在网络犯罪国际法治理体系的场景方面,当前各个区域都在建立、完善本区域内的网络犯罪国际法治理体系,对于整体国际社会层面的治理内容的完善,更为可行的发展道路在于在已有的全球性组织中进行完善,而非寻求扩展适用那些受到政治因素干扰的区域性文本、机制。联合国作为全球性组织,其在网络犯罪治理方面的深入研究,以及其在长久的国际治理中建立的治理经验,使其足以胜任上述任务,且其在治理中对主权、共治、普惠

---

〔1〕 See UNODC, *Comprehensive Study on Cybercrime*, p. 255.

〔2〕 Herley C., *So Long, And No Thanks for the Externalities: The Rational Rejection of Security Advice by Users*, New Security Paradigms Workshop, Oxford, 2009.

等原则的践行,将使其可以更好地完成网络犯罪的全球性治理任务。

2. 在网络犯罪国际法治理体系的方式方面,联合国需要从更易切入的实体罪名入手,寻求逐步在网络犯罪国际法治理体系中发挥更多作用,网络相关的儿童色情犯罪,以及跨国有组织犯罪将是极好的治理切入点;此外,目前的治理体系在程序规则方面仍没有实现高效沟通,联合国需要以建立更具效率的程序性协作机制为契机,通过确立线上信息交换机制,以及借助 INTERPOL 等全球性组织的权威性,切入并完善网络犯罪国际法治理体系。

3. 在网络犯罪国际法治理体系的参与者方面,联合国作为国际社会最具民主性的框架之一,需要在新治理领域的网络犯罪方面,注重提升发展中国家的治理地位,以及非国家行为体的治理价值。发展中国家治理能力的提升受到互联网发展议题的影响,联合国需要在支持发展中国家的网络发展水平和治理能力方面,寻求更多的资本、技术转移。非国家行为尤其是私营部门在跨国数据流动中的不可撼动地位,使其必然成为国家行为体长期交流合作的对象,鼓励公私合作框架将是联合国参与治理的努力方向之一,其他行为体诸如研究部门、社区等也将发挥一定的作用。

第七章　网络犯罪国际法治理的中国话语权

近年来，中国政府也在积极努力地应对网络犯罪问题。习近平主席指出：各国应该共同努力，防范和反对利用网络空间进行的恐怖、淫秽、贩毒、洗钱、赌博等犯罪活动。不论是商业窃密，还是对政府网络发起黑客攻击，都应该根据相关法律和国际公约予以坚决打击。[1]从目前的治理能力与治理效果来看，中国在国内层面的网络犯罪治理中表现良好，通过对现有刑事规范进行修订和解释，在打击网络犯罪方面已形成有威慑力的初步体系；在国际层面，在各类网络空间的政府间议程中，中国对跨国网络犯罪治理问题的关注度不足，目前仍将更多的注意力放在互联网经济、技术发展方面，此点在世界互联网大会（World Internet Conference）中表现明显。一方面，中国

〔1〕《习近平在第二届世界互联网大会开幕式上的讲话（全文）》，载新华网，http://www.xinhuanet.com/politics/2015-12/16/c_1117481089.htm。

不会参与欧委会《网络犯罪公约》等治理体系；另一方面，在俄罗斯积极寻求在联合国框架下开展网络犯罪治理的讨论时，中国表示予以支持，但采取的措施仍然较少。

作为网络空间治理相当重要的领域，在网络犯罪国际治理中的低投入将给中国将带来负面影响。与其他网络技术先进国家相比，中国在打击网络犯罪中的话语投入远不及欧洲甚至东盟，上述国家和地区在联合国、国际刑警组织以及自身框架内部方面致力于打击网络犯罪的协同沟通。美国更侧重于网络技术在军事层面的意义，因而深耕于网络军事战略方面，俄罗斯则旗帜鲜明地在联合国框架下倡导新的打击网络犯罪多边文书，中国则尚无瞩目的作为，目前仍处于话语被动阶段。未来中国在网络犯罪治理的话语权方面可能受制于其他寻求制约中国的国家，从网络领域方面的国际政治博弈来看，中国参与网络犯罪国际法治理的前景无疑是困难重重的。未来中国需要加大对网络犯罪国际治理议题的研究，积极寻求成为此领域的积极参与者乃至引领者。

中国话语的彰显需要结合当前国际社会的博弈现状来展现，即从政治话语〔1〕的角度切入。所谓语言与权力相互建构，语言叙述即是政治过程，〔2〕语言学与政治学科之结合在研究起始即有较高的融合度，早期语言学研究在深入到语言背后的社会关系领域，即“话语”(discourse)领域时，已经展现出对权力关系的思

〔1〕 语言思想家诸如雅克·德里达、路德维希·维特根斯坦、约翰·奥斯特等已然对语言背后的社会关系问题有所思考，而米歇尔·福柯、皮埃尔·布迪厄等学者则直接将权力意象与语言相关联，对“话语”议题有较多表述。福柯提出“话语是可以掌控的，社会关系作用下的话语帮助建构并维持着一定的‘真理’和社会秩序”，布迪厄则提出“符号权力”(symbolic power)以描述经由语言互动的社会权力关系。

〔2〕 刘永涛：《话语政治：符号权力和美国对外政策》，复旦大学出版社2014年版，第31～34页。

考,进而形成"语言学的政治语言学",[1]随后发展出"政治学的政治语言学",[2]在国际关系领域,国际法规范甚至也成为此种分析的容纳对象。[3]政治学科本身尤其重视权力属性,首先从语言学中汲取的即是如何利用语言资源获取政治权力,操纵社会意识,[4]正如本书主要研究网络犯罪的国际治理,其中便存在着大量试图利用"语言"获取政治影响力的实践,此种语言的形式可能涉及文本、组织、议程等多种方面,中国话语对网络犯罪治理的切入将包含所有这些方面,下面将从中国的话语理念、话语角色、话语交互三个方面分析此问题。

一、从话语理念看网络犯罪国际法治理的中国方案

所谓话语理念是塑造主体行为模式的思想性内容,秉持何种话语理念,主体便会以何种思考角度分析问题。当前欧美国家大

---

[1] 孙玉华:《语言的政治 VS 政治的语言——政治语言学的理论和方法》,载孙玉华主编:《话语与国际关系——国际政治语言研究》,时事出版社 2015 年版,第 3 页。

[2] 刘永涛:《话语政治:符号权力和美国对外政策》,复旦大学出版社 2014 年版,第 48 页。

[3] 语言学与法律学科的结合则更早局限于"法律修辞学"的视野之中,法律学科最早从语言学中汲取的正是如何更好地运用语言来表达法律规范的真正含义,进而忽视对"法律话语"(legal discourse)的研究。自 1993 年国际法律语言学家协会成立以来,法律语言学才展现出法律学科对语言背后社会关系的探求,并由此时真正开始进入法律话语的研究之中。作为法律在国际社会层面的表达,有关国际法的话语研究似乎还未得到足够的重视,既有的法律语言研究更多集中于国内法层面,尤其以审判关系中的话语分析为典型,作为国际法重要组成部分的国际条约、国际惯例等反而成为国际关系类学者在进行话语分析时的材料文本。政治学科的研究资源不局限于规范性文本,其涉及的内容包括外交谈判、政策演说、国际条约等,其形式常见于报纸、电视、电台、互联网,也常见于各种政治场合的辩论、政党集会、民众游行之中,政治学研究者不会过分拘束于语言如何服务于特定形式的表达,在没有思维定式约束的情形下两个学科反而能够取得更好的融合效果。

[4] 杨可:《俄罗斯现代政治语言学——一门新兴的交叉学科》,载《中国俄语教学》2012 年第 1 期。

力倡导的“网络空间负责任国家行为规范”〔1〕就是一种思想性的理念表达。中国参与网络犯罪的国际法治理要有自己的话语理念，中国欲站稳网络犯罪的治理立场，就必须依托于某种思想性的理念阐述，且此种理念阐述要正确认识网络犯罪治理逻辑背后的“真理”因素：如今国际关系开始走向真理即强权的时期，〔2〕中国所展开的网络犯罪治理主张在多大程度上是“真理”，决定着中国的话语高度与接受度。中国既不能使西方垄断话语权，做西方话语的附庸，也不能压制西方的话语，而是拥有与西方平等对话交流的话语权，让中国以正能量话语影响世界。〔3〕

（一）作为话语理念根基的“网络空间命运共同体”

网络犯罪不是独立的问题，它作为犯罪的新场域无法脱离于犯罪的社会性特征，也无法脱离于网络体系的总体治理脉络。所有国家的网络犯罪预防活动都有待通过一种整体的方法予以加强，其中包括提高治理意识、加强公私伙伴关系、将网络犯罪问题战略与更为广泛的网络安全观念相结合。〔4〕对于中国来说，此种更为广泛的网络安全观念的构造不可或缺，这种观念将是中国所有治理话语的理论支持。问题在于，想象、设计和传播一种全新的语言叙述，需要投入物质资源、时间和努力，使用现成的常用语言所花费的成本会相对低，把一种不常见的语言使用转换成为民众所接受的常用语言使用，不但需要一个时间过程，而且不能确

---

〔1〕 黄志雄：《网络空间负责任国家行为规范：源起、影响和应对》，载《当代法学》2019 年第 1 期。

〔2〕 张殿军：《硬实力、软实力与中国话语权的建构》，载《中共福建省委党校学报》2011 年第 7 期。

〔3〕 韩庆祥：《全球化背景下“中国话语体系”建设与“中国话语权”》，载《中共中央党校学报》2014 年第 5 期。

〔4〕 See UNODC, *Comprehensive Study on Cybercrime*, p. Ⅻ.

定是否一定会成功。[1]因此在赫德利·布尔(Hedley Bull)看来,理念之所以重要,正是由于理念被实力强大的国家所接受和践行,特定规范和制度的作用总是和物质权力分布密不可分。中国需要确信自身所希望接受和践行的独特理念,也需要使之被更多国际力量所接受。

话语理念的构造并非一日之功,中国在近10年来已经开始注重国际社会中的话语表达。对于话语表达而言,它们首先表现为一个集体的(至少是说话者和受话者之间的)共同的信仰。[2]在国际治理的政策交流层面(互联网国际治理亦不例外),此种集体的共同信仰如何区分需要界定。在多数情况下,甚至在治理中不存在可倚赖的共同信仰,由传统价值分歧引发的互联网治理分歧导致互联网中无国际层面的共同信仰。不过此种信仰存在被塑造的可能性,其间需要长时间的持续话语投入。近年来,中国提出的"人类命运共同体"(a community of shared future for mankind)成为中国在对外交往中的核心词汇,中国国家主席习近平在各类国际场合都在倡导国际社会共同构建"人类命运共同体",此后该表达开枝散叶在多个领域延伸开来,在网络空间中也提出"网络空间命运共同体"的表述。2015年,习近平在第二届世界互联网大会上提出构建"网络空间命运共同体",并就此提出4项原则、5点主张,成为2019年世界互联网大会《携手构建网络空间命运共同体》概念文件的重要基础。[3]

"网络空间命运共同体"并非孤立的概念,它依托于"人类命

---

〔1〕 刘永涛:《话语政治:符号权力和美国对外政策》,复旦大学出版社2014年版,第142页。

〔2〕 [法]乔治-埃利亚、[法]萨尔法蒂:《话语分析基础知识》,曲辰译,天津人民出版社2006年版,第33页。

〔3〕 世界互联网大会组委会:《携手构建网络空间命运共同体》,载世界互联网大会官网,https://www.wicwuzhen.cn/web19/release/release/201910/t20191016_11198729.shtml。

运共同体”的基本理念，此外还有“外空命运共同体”[1]、“海洋命运共同体”[2]等伴生概念。向上看，它依托于中国提出的有着宏大体系性的理念；向下看，其本身则是网络空间各项具体治理议题的理论依托。当前关于“网络空间命运共同体”的论述尚不充分，作为网络犯罪治理所依托的理念来说，“网络空间命运共同体”的内涵仍有待进一步发展。更进一步来说，近5年间“人类命运共同体”理念在诸类国际性文件之中（包括联合国大会决议）皆开始有所展现，[3]在网络空间的治理议题方面，“人类命运共同体”对议题的嵌入程度还十分有限。对于未来中国参与网络犯罪国际治理的进程而言，“网络空间命运共同体”内涵的充实与发扬将是中国话语的依托所在，2022年11月7日，我国发布《携手构建网络命运共同体》白皮书，介绍中国互联网治理理念与实践，其中就述及合作打击网络犯罪，中国在网络犯罪治理问题中抓住并延伸这一话语契机时不我待。

当前，国际社会无处不在的博弈态势可能使“网络空间命运共同体”的阐释、发扬遇到困境。命运共同意味着国家之间应无芥蒂，通过建立更深厚的合作互信共同选择道路、共同应对困境。然而，国际社会的无政府属性使国家间博弈充斥着国际关系的所有方面，国际社会甚至无法建立起“同命运”的意识，乃至国际社

---

〔1〕 2017年第七十二届联合国大会第一委员会于12月通过“防止外空军备竞赛进一步切实措施”和“不首先在外空放置武器”两份安全决议（A/72/407），这也是“人类命运共同体”理念首次纳入联合国的普遍性安全决议之中，由此在学界延伸出“外空命运共同体”的概念。

〔2〕 习近平于2019年4月23日在青岛集体会见应邀出席中国人民解放军海军成立70周年多国海军活动的外方代表团团长时提出：“我们人类居住的这个蓝色星球，不是被海洋分割成了各个孤岛，而是被海洋连结成了命运共同体，各国人民安危与共。”由此正式延伸出“海洋命运共同体”的概念。

〔3〕 蔡高强、焦园博：《“人类命运共同体”语境下国际法价值理性的增进》，载《北京理工大学学报（社会科学版）》2019年第4期。

会仍普遍将网络空间的规范性治理视作博弈的领域。当前的国际议题常常是被强国"叙述"出来的,何种议题更为重要,何种议题、何种观点进展更快往往受到强大力量的干预,于是在大国所主张的议题之间,往往会出现恶意的对立态度。在第74届联合国大会的决议中,欧美与中俄在网络方面的对抗性突显,两方互为对方提案的反对国,[1]两者决议草案皆获得通过,其实质原因在于两个决议分别支持了两种协商机制,分别为"信息和电信领域的发展政府专家组"和"信息和电信领域发展不限成员名额工作组和政府专家组"。[2]从上述情势来看,中国若要在联合国等国际场合倡导"网络空间命运共同体"理念,其举措无疑会受到此种博弈态势的影响。

从更好地发扬中国的"网络空间命运共同体"理念,以及更好地实现网络犯罪的共同治理目标来说,中国需要强调坚持以"沟通合作"[3]而非"竞争博弈"的视角来看待国际关系,从东西方所共有的理论性阐释中寻求可以为国家间的"沟通合作"进行背书的依据,因为"经沟通而达成的共识具有理性的基础,它不是来自任何一方的强制行为"[4]。中国对"网络空间命运共同体"的

---

〔1〕 欧美与中俄两方分别提交决议草案"从国际安全角度促进网络空间国家负责任行为"(A/C.1/74/L.49/Rev.1)与"从国际安全角度看信息和电信领域的发展"(A/C.1/74/L.50/Rev.1),根据A/74/363的决议结果来看,前者的反对国包括:玻利维亚国、中国、古巴、朝鲜、埃及、伊朗、尼加拉瓜、俄罗斯、叙利亚、委内瑞拉;后者的反对国包括:加拿大、格鲁吉亚、以色列、乌克兰、英国、美国。

〔2〕 大多数国家抱持着协商机制多多益善的态度,故而多数国家对两者都表示赞同。两者反对票数相当,但弃权票分别为8票和48票,表明欧美国家在政治宣传与手段上更甚,一是欧美在网络空间国际法方面动作频繁,确实取得了成效;二是美国运用其强大的政治威慑使一些国家无法站在折中立场上,或者至少不能支持中俄的决议草案。

〔3〕 哈贝马斯曾提出行为的两种基本类型,即战略行为和沟通行为。在哈贝马斯看来,许多目标只有通过与其他行为体相互协调才可能获得实现。

〔4〕 Jurgen Habermas, *The Theory of Communication Action*. Boston: Beacon Press, 1987, p. 287.

阐释,势必需要在此种沟通合作的国际背景中实现。

(二)网络空间命运共同体的内涵阐释

依托"网络空间命运共同体",中国的话语理念须为应对网络犯罪问题带来新的气象。在当前无政府的国际环境下,网络犯罪治理的国际合作中存在诸多困境,使网络犯罪治理的前景飘摇不定,一些观点将这些困境归结为价值困境、体系困境与参与困境,[1]中国治理理念的展开势必需要正视这些困境。作为互联网大国,中国在应对上述困境时所秉持的网络犯罪治理理念,既应当符合网络空间自身的发展规律,又能够实现网络的可持续发展繁荣。习近平主席已在多个场合阐述构建网络命运共同体的四项原则:尊重网络主权、维护和平安全、促进开放合作、构建良好秩序。面对参与网络犯罪国际治理的上述困境,中国基于自身的治理经验给出解决问题的理念性方案。中国已经推出《网络空间国际合作战略》阐明当前实现总体网络空间国际合作治理的基本原则,为中国的治理理念奠定现实及理论根据。《网络空间国际合作战略》以互联网治理体系变革的四项原则作为我国推动网络空间国际合作的基本主张,总结而言即和平、主权、共治、普惠,[2]中国需要积极总结、阐述其中的治理内涵,使中国理念为网络犯罪国际治理添砖加瓦,为塑造更为秩序化的网络环境提供重要助力。

《网络空间国际合作战略》更是针对网络犯罪议题,明确勾画出中国对全球网络犯罪治理的设想。在《网络空间国际合作战略》第四章行动规划中对"深化打击网络恐怖主义和网络犯罪国

---

[1] 蔡高强、焦园博:《论联合国框架下网络犯罪国际治理的中国立场》,载《中央民族大学学报(哲学社会科学版)》2019 年第 2 期。

[2] 中华人民共和国国家互联网信息办公室:《网络空间国际合作战略》,载中华人民共和国国家互联网信息办公室网,http://www.cac.gov.cn/2017-03/01/c_1120552617.htm。

际合作"给予特别关注,将未来全球网络犯罪的治理重心置于联合国框架之下。《网络空间国际合作战略》作为在总体网络空间实现合作治理的中国理念,其所提出的四项原则亦是网络犯罪实现国际合作治理的指导性原则,在网络犯罪治理中发现并细化上述原则的内涵对于彰显中国理念而言极具价值。对于和平、主权、共治、普惠四项原则来说,和平是网络犯罪治理议题的前提性原则,各国首先需要保障一个无武力冲突的网络环境,方才有可能讨论其他网络议题,和平原则更多与网络武装冲突、网络反恐等问题相关,故在此不予展开讨论。在和平的基础之上,主权、共治、普惠三者亟须在网络犯罪的国际治理层面予以深入阐释。未来中国关于网络空间犯罪治理的核心逻辑即在于主权、共治、普惠三个方面,三项原则对当前网络犯罪国际治理的主要困境皆有重要的指引价值。需要注意的是,这些立场在网络犯罪规范治理的语境下同样面对所有规范都无法逃避的问题,即实然与应然之落差,如何将应然的原则与国际社会的实然状态联结起来,则需要更深入的思考分析,强化中国网络犯罪治理立场的合法性。

关于主权立场,中国之所以选择站在主权价值之下,不仅在于中国一贯坚持主权立场,中国的态度正如赫德利·布尔所指出的:"西方自由国际主义者如此频繁地注意并予指责的第三世界各国人民的'国家主义',植根于他们自己的痛苦经历,即没有国家就一无所能。"[1]网络主权的提出,既是出于应对网络技术居于优势的国家之威胁而采取的政策,亦是出于对"主权"理念的严格践行。网络主权观带有明显的国家中心主义,更适应于当前国际社会中的主权现实,在实现网络犯罪治理的有效性上也更甚于

〔1〕 Hedley Bull, *Justice in International Relations*, Waterloo: University of Waterloo Library, 1984, p. 27.

其他自律性的方案。[1]在网络犯罪治理领域,中国必将是主权价值的坚定支持者,不会在主权立场上见风使舵,将利益置于原则之先。这一核心立场已在中国对联合国网络犯罪公约拟定的初期意见中得到体现,[2]未来也将始终贯穿于我国在这一议程中话语表达。

关于共治立场,目前网络犯罪治理领域的诸多国际规则,无论是欧洲委员会的《网络犯罪公约》、非洲联盟制定的《网络安全与个人数据保护公约》、阿拉伯国家联盟制定的《打击信息技术犯罪公约》都只能作为区域性的秩序规则,然而网络本身即全球性的,若不能在全球层面予以统一治理,治理效果将大打折扣。尤其是欧美所欲推广的《网络犯罪公约》排他性严重,其在政治立场上的选择性势必导致其民主性匮乏。欲要规避上述问题,势必需要在规则制定阶段即保证所有国家共建共享,以共治思路推动网络犯罪的国际治理。中国所坚持的共治原则乃是全球性质的共治,即使道路崎岖,网络犯罪的规范治理依然无法脱离共治而自足。

关于普惠立场,对于发展中国家而言,目前更重要的任务反而是回归信息基础设施建设,联大已多次在决议中提及促进信息

---

〔1〕 参见董青岭:《多元合作主义与网络安全治理》,载《世界经济与政治》2014 年第 11 期。

〔2〕 See United Nations General Assembly, A/AC. 291/4[Compilation of Views Submitted by Member States on The Scope, Objectives and Structure (Elements) of A Comprehensive International Convention on Countering the Use of Information and Communications Technologies for Criminal Purposes, 2021].

技术及能力建设、弥补数字鸿沟的重要性。[1]若不对发展中国家的关切予以关注,全球在塑造网络犯罪治理规范体系上付出的努力将遭遇民主性危机。作为发展中国家,中国更能体会其他发展中国家对于缩小网络鸿沟问题的关心,《网络空间国际合作战略》已经就此提出共同推动全球信息基础设施建设,铺就信息畅通之路的行动措施。在这一问题上,我们已经提出"数字丝路"来弥合数字鸿沟,作为"一带一路"倡议的子集,数字丝路将有效改善在网络空间中被边缘化的不发达国家的网络地位。[2]网络犯罪的规范治理欲要引起发展中国家的重视,则必须关注发展中国家的基础性诉求,进而引导其正视网络犯罪的规范治理议题,在此基础上才有可能在具有普遍代表性的组织框架下制定公正的国际规则,保证网络犯罪治理的规则制定及其规范成果真正惠及所有国家。

二、从话语角色看网络犯罪国际法治理的中国方案

所谓话语角色是行为体在交互关系中塑造的经常性样态,话语分析中常使用角色塑造思维分析和概括话语场域中的主体特性。在交际过程中,话语参与者根据社会规约和话语的情景语境,选择恰当的角色关系,用相应的言语(或非言语)表达方式传达话语意义,从而实现交际目的。此种思维同样可以适用于分析网络犯罪国际法治理中的中国地位,通过更有效地塑造自身在治

[1] See United Nations General Assembly, A/RES/64/211(*Creation of a Global Culture of Cybersecurity and Taking Stock of National Efforts to Protect Critical Information Infrastructures*,2010,p.2);A/RES/70/125(*Outcome Document of The High – Level Meeting of the General Assembly on the Overall Review of the Implementation of The Outcomes of The World Summit on the Information Society*,2016,p.3);A/69/723(*International Code of Conduct for Information Security*,2015,p.4).

[2] 李海敏:《"数字丝路"与全球网络空间治理重构》,载《国际论坛》2019年第6期。

理过程中扮演的角色,可以鲜明突出中国在治理议程中所应当承担的责任以及所做出的贡献。中国作为互联网大国,在网络犯罪的国际法治理中无疑需要扮演比当前更为重要的角色,这不仅是因为中国在此方面存在话语诉求,而且是世界对中国的期待。

(一)网络犯罪治理中的话语身份塑造

在国际关系领域,一个国家身份的形成,通常是本国与其他国家之间相互关系的结果。[1]在国际关系中,有效的影响力不仅依赖于军事恐吓,而且还取决于一个国家的政策及实践在多大程度上被其他国家(或次国家行为体)接受为是合法的。由于国家之间的话语交互不是在真空里进行的,而是受到具体的社会及文化环境的影响和制约,因此它们都竭力使自己的观点和立场在(国际)公众眼里具有合法性和正当性。[2]虽说政治话语的身份叙述从行为结果的角度来说为一定的目的服务,但作为行为过程而言,中国在网络犯罪的国际法治理中尤其需要重视身份叙述的"正当化"和"合法化"。此种正当性在已为政治话语所笼罩的国家内层面而言或许已无须论证,问题在于,在国际社会层面,国家关于自我身份的叙述必然如投入水中的石子一般,在全球范围引起效果不一的差序性影响,由此导致身份叙述的"正当性"不再是相对独立的议题,而是采取综合措施提升外部性的问题,身份叙述的正当性必须依赖尽可能多国家的认可来取得。

网络犯罪治理话语权的博弈是多方参与者决策交织的结果。卡里尔·鲁斯布尔特(Caryl Rusbult)曾按照"破坏性—建设性""主动—被动"两种维度,对人际交往中应对冲突的方式进行分

---

〔1〕 刘永涛:《话语政治:符号权力和美国对外政策》,复旦大学出版社2014年版,第96页。

〔2〕 刘永涛:《话语政治:符号权力和美国对外政策》,复旦大学出版社2014年版,第141页。

类：退出（exit）、忽视（neglect）、发言（voice）和忠诚（loyalty），即组织行为学中的EVLN模型。[1]EVLN模型的分类依据以结果为导向，交往中的诸多主客观因素交织为上述4种结果，对于分析国家交往亦有一定的参考价值。无论人际交往与国家交往在过程因素上存在何种差异，交往结果通常亦符合退出、忽视、协商、忠诚的模型构造，如退出国际议题、不参与国际议题、积极构造国际议题、被动参与国际议题。[2]在联合国框架下的网络犯罪国际法治理议题中，借鉴EVLN模型将有助于更有条理地分析不同国家在网络犯罪治理中的角色，进而提出更具针对性的话语策略。

首先，从中国的角色定位来看，将自身塑造为发声者（voice）是最基本的目标。在网络犯罪的国际治理议题中，积极参与国际议题的设置是中国实现话语突破的必然逻辑。[3]打铁还需自身硬，中国的话语逻辑想要为世界所接受，势必需要自身功夫过硬，在打好扎实的逻辑根基后，再考虑如何由内及外地根据国际社会参与网络犯罪治理的基本规律筹划话语方案。在网络犯罪的国际治理中，话语角色的塑造首先取决于国家在国内治理中展现出的治理状态，当国内有更好的治理效果以及良好的治理范本时，其更易被认为是具有信服力的网络犯罪国际治理参与者。在网络犯罪国际治理的话语身份方面，国内立法的对外部环境的影响

---

〔1〕 See Hirschman A. O., *Exit, Voice, and Loyalty: Responses to Decline in Firms, Organizations, and States*, Cambridge: Harvard University Press, 1970; Rusbult C E, Zembrodt I M, Gunn L K. Exit, *Voice, Loyalty and Neglect: Responses to Dissatisfaction in Romantic Involvements*, Journal of Personality and Social Psychology, 1982.

〔2〕 以《巴黎气候变化协定》为例，中国与欧洲国家积极参与议题讨论，即是此国际议题的积极构造者（voice），其他积极响应参与的国家即被动参与者（loyalty），美国即退出者（exit），少数未参与到协定中的国家即不参与者（neglect）。

〔3〕 参见周敏凯：《加强国际关系领域中国话语体系建设提升中国话语权的理论思考》，载《国际观察》2012年第6期。

力不容小觑。一国的国内立法会为其他国家所考虑，尤其一些国家会被认为是在此领域进行国际合作的重要协调对象，此种重要性并非基于国际政治地位的考量，更多是在某一具体国际议题下的影响力使然（即使此种具体议题下的影响力通常与政治影响力存在正相关关系）。在网络犯罪治理领域，当前可能成为各国立法于全球层面协调对象的国家或地区主要为美国、欧盟，在某些区域内，一些国家也可能成为他国的重要协调对象，主要为中国、俄罗斯。其他国家对此类国家的协调，更多是出于及时有效打击可归于本国管辖的网络犯罪的需求，来树立、维持本国的司法公信力，其中相互毗邻的国家之间在法系上的亲近，也使得此种协调较少遇到法律传统层面的阻碍，如阿拉伯国家的伊斯兰教法传统、东亚国家的儒家法文化传统，因此地缘邻近的国家之间更容易相互影响，进而塑造出话语角色。

为保证我国在网络犯罪治理议题中有效地发起协商，我国还需更加积极地向国际社会展现中国治理方案的合理性及治理成效，塑造我国在打击网络犯罪领域的权威地位。完善国内网络犯罪立法是当前大多数国家的主要工作，中国也不例外。中国在打击网络犯罪的措施方面取得更多成果，其他国家就越能确信中国有能力引导这一议题。我国要致力于将打击网络犯罪的法律体系塑造得更为完善，在网络犯罪侦查、起诉、审判的整个阶段做到公正、科学、高效，彰显中国在打击网络犯罪议题中的研判深度。近年来，中国已颁布《网络安全法》等对网络犯罪治理至关重要的法律文件，最高人民法院也及时对涉及网络犯罪的诸多操作问题给出司法解释。[1]我国当前已经可以对网络犯罪治理的体系化进行思考，以前瞻性的立法为我国参与网络犯罪国际治理背书，

---

〔1〕 参见胡云腾主编：《网络犯罪刑事诉讼程序意见暨相关司法解释理解与适用》，人民法院出版社2014年版。

并对中国在打击网络犯罪中的成果数据予以统计汇编，撰写"网络犯罪治理白皮书"。[1]

其次，从中国之外其他国家的角色来看，想要增加中国理念的支持者就必须要对各类角色都有所研究。其他国家最为理想的状态应当是建设性的，然而前文所述及的三类困境客观上形成中国立场的实施阻力，使其他国家对中国的治理立场持有多种态度。持支持中国治理立场的其他国家大多属于忠诚(loyalty)角色，更多地表现为追随中俄的话语议程设置，对于中国立场的彰显而言有益。持其他立场的国家则需要妥善予以应对，针对扮演的不同角色有的放矢，依其角色特性制定不同的方案。

对于更关注数字鸿沟议题的国家，其对网络犯罪治理议题更多地表现出漠视，其定位更接近于忽视(neglect)角色，即消极应对网络犯罪治理的相关议题。应使此类国家认识到，中国对网络治理新体系的期待并不局限于网络犯罪领域，消除数字鸿沟在内的诸多议题亦是中国及联合国关注的重要方面，中国将更加积极主动地参与数字鸿沟议题，使网络治理的多个议题之间互为助益。对于引领"伦敦议程"的欧美国家，其定位则更偏向于退出(exit)角色，欧美一方面积极参与包括联合国框架在内的网络犯罪国际议题讨论，另一方面却反对在全球层面制定网络犯罪公约，表现为典型的退出特征。尤其"美国是以绝对的国家利益为标准的，在加强网络信息安全领域的国际合作以促进国际规则的制定方面，美国既可能是一个积极因素，也可能是一个消极的绊

〔1〕 我国目前已经开始编写较多网络领域的白皮书、报告，如《网络与信息安全产业白皮书》《移动互联网白皮书》《中国互联网状况》《中国互联网网络安全报告》《中国互联网络发展状况统计报告》等，然而尚未有专门就网络犯罪进行分析的报告。美国已有就该方面进行研究的年度报告《美国网络犯罪调查》，中国亦应在此方面有所作为。

脚石”。[1]欧洲国家在互联网领域亦有明显的本区域利益优先趋向。[2]消除体系困境并实现全球共治，既需要从多极格局出发让欧美认识到其绝不可能在仅以自身利益为先的前提下独占网络犯罪治理的话语权，也要使其明确其当然可以在以联合国为中心的治理体系中取得符合其地位的发言权而不受排挤，以公平公正的对等立场与此类角色沟通协商。

（二）中国作为治理议程发声者的行为策略

中国话语的彰显在于中国要成为发声者，同时也要采取与发声者角色相适应的措施。中国作为网络犯罪国际法治理议程发声者的行为策略包括以下三个方面：其一，要坚持将联合国作为网络犯罪治理场域，无论从议题研究深度还是议题商讨民主性看，联合国对于中国话语而言都是不可或缺的；其二，逐步从区域层面推进中国理念，当前仍有未被网络犯罪国际法文本所覆盖的区域，此类区域以发展中国家为主，此类区域将是中国话语更易得到认可的区域；其三，在全球层面中国话语要坚持以普惠作为基本治理目标，共同治理的目的在于共同受益，普惠原则本质上也是“网络空间命运共同体”的基本内涵所在。

中国话语能力的伸张既在于广泛、深入地参与已有的国际议题，也在于推进新议题的设置，这也是为何在网络犯罪的国际治理中，中国积极寻求发声者（voice）地位的原因，而发声的最好平台无疑是联合国。为使国际社会能善用联合国体系制定治理规则，中国需要向其他国家展现我国对网络犯罪国际法治理蓝图的规划，将主权、共治、普惠的理念真正贯彻到联合国框架下的网络

---

〔1〕 张新宝：《论网络信息安全合作的国际规则制定》，载《中州学刊》2013年第10期。

〔2〕 欧盟最新通过的《通用数据保护条例》（General Data Protection Regulation，GDPR）即对欧盟与其他地区间的跨境数据流动予以规制，目的在于保护欧盟公民免受隐私和数据泄露的影响。

犯罪治理中，使其他国家对中国设置及主导议题的能力更有信心，为中国的话语身份塑造提供更加坚实的正当性基础。目前，在联合国框架下讨论网络犯罪议题已然触及欧美国家的话语利益，这就意味着联合国对网络犯罪治理议题的深入参与过程将不会是一帆风顺的。倘若联合国在参与过程中对于已有机制、文本（尤其是《网络犯罪公约》文本及其机制）产生路径依赖，依循已有的治理模式展开研究，不仅无法为网络犯罪治理带来新的气象，反而会更加巩固欧美国家对于在联合国框架下寻求制定网络犯罪文本的质疑。从最终目标来说，联合国框架还是要致力于构造包含实体性规范、程序性规范、合作规范等多方面条款的全方位文本，但需要找到更适当的切入角度，尽可能降低受到政治博弈因素干扰的可能性。目前，中国依托既有的双边警务合作关系、双边刑事司法协助条约以及其他涉及打击网络犯罪的跨国机制，与世界上主要的互联网国家在合作打击网络犯罪议题方面，开展制度化、常态化的交流。〔1〕中国应尽可能地抬高自身作为轮轴的轴心地位，以坚实的轴心立场带动大量的双边治理合作，积小流以成江海，在多种双多边合作的工作基础之上，寻求联合国框架下的统一治理，构造真正的泛多边共治机制。

中国话语的彰显须在总结已有治理状态的基础上，对潜藏的治理因素有所预测，获得更多尚未参与网络犯罪国际法治理的国家支持。目前在其他未签署或批准任何有约束力公约的地区中，南美洲以及东南亚将可能形成新的公约集群。南美与东南亚在进入现代以来，都存在区域合作的实践，且紧密程度日益加深，从其未来发展趋势来看，一衣带水的近邻属性以及相近的经济发展

---

〔1〕 如国际刑警打击信息技术犯罪亚太地区工作组、与美国等国家建立网络犯罪调查专人联络机制、与其他亚洲国家携手建立亚洲计算机犯罪互联网络等。参见《中国代表团在联合国打击网络犯罪会议上的发言集萃》，载《中国信息安全》2011 年第 10 期。

程度都只会使这两个区域更加团结。在没有集群环境的国家中，印度、伊朗等国家将可能成为重要的发声者，印度作为发展潜力巨大的世界重要一极，其网络技术潜力毋庸置疑，在打击网络犯罪方面势必存在话语诉求；伊朗在美国实施核制裁时期受到美国的“震网”（stuxnet）病毒打击，因而在网络相关的国际议题中站在美国立场的另一侧，如若美国在网络犯罪议题中的地位开始彰显，伊朗也更易积极地参与相关话题进而成为发声者。目前亚洲地区尚无具有操作性的打击网络犯罪文本，这对于本区域内打击犯罪的国家间交流，以及本地区在国际社会中的话语权展现带来负面影响。当前欧洲、阿拉伯地区、非洲地区皆已对打击网络犯罪议题给出自己的方案，北美主要国家也都加入了欧洲的《网络犯罪公约》，这些地区无论是在法规协调还是话语影响力方面已经有所成就。从先入为主的角度来说，无论是具有约束力的公约文本还是示范法，乃至他国国内法，都可能对本区域的国内法制定以及未来的区域性国际法制定产生间接影响。〔1〕亚洲地区网络犯罪治理文本的缺失对于中国话语而言无疑是机遇，作为地缘相近的国家，网络犯罪在亚洲国家之间的流动频率多于域外国家，各个亚洲国家在打击网络犯罪上存在共同诉求。随着上海合作组织、中日韩三角关系、中国—东盟关系的加强，在这些国家间促成双边或多边形式的网络犯罪治理文本势在必行。其中上海合作组织已有相关文本和实践，仍需要有针对性地在网络犯罪方面进一步展开相关讨论；在其他两方面的关系中，传统经济合作

〔1〕 各国可能在起草国家法律时参考不止一份文书，比如西非某国国内立法参考了《英联邦示范法》、欧委会《网络犯罪公约》，以及《西非经共体草案法令》。另一个西亚国家表示参考了《阿拉伯国家联盟示范法》以及该区域其他国家的立法条款。此外，各份多边文书本身就包含了大量交叉渗透的内容，如《英联邦示范法》和欧盟《关于攻击信息系统的决定》的草案都与欧委会《网络犯罪公约》内容具有较高的一致性。See UNODC，*Comprehensive Study on Cybercrime*，p. 74.

的加强有助于此类刑事司法互助合作的开展，中国应当有所尝试。

中国话语的发扬需要在普惠上做更多文章，更多地团结发展中国家。网络犯罪治理存在多种职能不同的体系，国际社会在诸方面都在尝试发展深度合作，网络犯罪治理需要贯通的领域，包括但不限于安全应急体系、技术共享体系、刑事合作体系、司法合作体系等，中国的治理立场应在这些领域中追求普惠立场，确立多个体系之间合作的普惠性目标，确保我国所倡导的网络治理普惠原则是参与者共同受益的普惠原则。关于安全应急体系，事件响应与安全组论坛（FIRST）是这一领域至关重要的体系，早在2001年年底，FIRST已经包括全球100多个应急响应安全组织。截至2016年，CNCERT已与69个国家和地区的185个组织建立"CNCERT国际合作伙伴"关系。[1]关于技术共享体系，当前各国国内已兴起与网络技术相关的研究机构，如我国有中国互联网信息中心（CNNIC）、中国信息安全认证中心（ISCCC）等，但各国间的技术共享观念与体系还不成熟，国际社会迫切需要一个专门的常态化网络安全技术交流机制，尤其需要满足发展中国家的技术保障需求。安全应急与技术共享更多是从技术层面应对网络犯罪问题的措施，技术支持的广泛协作是遏制网络犯罪事态严重化的关键一环，从治理体系的整体安全角度出发，发展中国家不应成为整个体系的技术薄弱环节，将上述两个领域融合于联合国治理框架之下将是网络犯罪治理不可或缺的一部分。历经数年发展，中国在网络技术方面已有相当成就，更重要的是私营主体参与热情高，我国应当有信心引领安全应急与技术领域的国际合作，在民间企业层面引领与发展中国家的网络技术交流合作，致

---

〔1〕 国家互联网应急中心：《CNCERT简介》，载国家互联网应急中心官网2022年8月1日，http://www.cert.org.cn/publish/main/34/index.html。

力于借助联合国推进网络技术合作与互助的浪潮，并在此过程中塑造联合国作为普惠性技术合作平台的地位。刑事执法与司法合作更多表现为打击网络犯罪中的规范合作。执法合作在主权问题上的敏感性较低，不过分强调司法主权问题，因此国际刑警组织才可以更好地支持全球执法机关的顺畅合作，利用其遍布全球的工作网络为各国一线执法、司法部门提供确切、有价值的信息与数据，司法合作方面则还有更多的基础功课要做。目前有关打击网络犯罪的刑事司法合作基本依托于传统的刑事司法协助，[1]既存的国际组织已经开始尝试适应信息化时代，不断推动自身在新治理领域的职能扩展，在职能扩展之外，刑事司法合作还应兼顾发展中国家的网络犯罪治理现状，既要照顾到其治理方式的独特性，亦要强调以合作凝聚共识，对于刑事司法合作应鼓励发展中国家持乐观谨慎的态度，敢于突破主权壁垒来争取自身的话语利益，使网络犯罪的刑事司法合作从制定到实施的整个环节都能惠及自身。从中国的治理立场来看，当前我国在刑事司法合作方面也已有相当数量的成果呈现，[2]依托既有经验我国可尝试在联合国治理体系中就刑事司法合作正式提出“全球网络法治”，发起“全球网络法治论坛”，深度融合网络犯罪治理多种观念，在发达国家与发展中国家之间塑造共识，并确保规范合作与技术合作之间的衔接，尽力将技术治理手段贯穿在规范治理之中，保证技术与规范两方面的治理在融会贯通的基础上实现普惠。

---

〔1〕 例如2017年国际刑警组织（INTERPOL）在法国里昂举办了首届“打击网络和金融犯罪”高级别对话，呼吁推动跨行业和跨国境合作打击网络和金融犯罪。

〔2〕 参见《中国代表团在联合国打击网络犯罪会议上的发言集萃》，载《中国信息安全》2011年第10期。

三、从话语交互看网络犯罪国际法治理的中国方案

所谓话语交互即各个行为主体与其他主体所构造的联系。每一次的话语交互都是塑造影响力的措施,中国对网络犯罪国际法治理的介入,对每一次的话语交互都应当有所关注,其中尤其以两方面的交互最为重要:其一,与其他主要国家或地区的交互,其中以欧洲和美国为主要对象,与此类主体的协调沟通将有助于消解网络犯罪国际法治理的阵营分割困境;其二,与发展中国家的交互,作为中国话语得到发扬的基本盘,确保发展中国家支持中国的治理理念及方案,与此类主体的合作将有助于消解网络犯罪国际法治理的民主欠缺困境,对于中国参与治理而言意义重大。

(一)网络犯罪治理中与他者的话语协调

在话语交互方面,当前网络犯罪国际法在阵营上的分割并非良好状态。从实现打击网络犯罪的目标来说,阵营分割无益于良好治理效果的达成。中国欲要在网络犯罪的治理中取得话语成果,则需要直面此种阵营分割的状态,并就此种分割态势采取协调措施,其中最重要的协调对象即美国与欧洲。从话语协调的角度来说,中国与欧美之间在国际政治博弈方面的紧迫程度远不及俄罗斯,这就意味着俄罗斯采取的治理立场与措施在较大程度上存在针对欧美的倾向,相较之下中国与欧美之间的整体合作关系良好,当中国扮演与欧美阵营之间的协调者角色时,也更易在阵营隔阂的弥合进程中取得进展。这也是为何中俄虽然站在同一治理立场,但中国在网络犯罪国际治理中具有更强大潜在能量的原因。

在与欧美的网络犯罪治理合作方面,中欧之间的合作措施十分有限,中美之间则相对更为紧密。中欧之间的差异不仅有传统地缘政治的影响,更反映出双方在网络空间的战略认知、网络政

策的决策体系方面存在一定的差异。事实上,欧洲在网络犯罪治理方面介入最早,已经形成自己的国际法治理体系,在欧洲国家团结起来以寻求全球治理领导力的时期,欧洲不易与中国之间就网络犯罪问题达成深入的合作关系,想要展现中欧网络对话合作在网络空间大国关系和全球治理中的示范、引领作用,〔1〕至少在当前欧委会《网络犯罪公约》文本影响力与日俱增的时期不太可能。相较之下,中美之间虽然在网络安全问题上龃龉不断,却在网络犯罪问题上存在切实的合作关系。

2015 年,中美之间进行了首轮"中美打击网络犯罪及相关事项高级别联合对话",并达成《中美打击网络犯罪及相关事项指导原则》,中美在初次打击网络犯罪及相关事项高级别联合对话机制中,即确立热线机制,在网络安全个案、网络反恐合作、执法培训等方面取得了积极成果。"在首次对话的'成果清单'中,中美双方在打击网络传播儿童色情违法犯罪方面已经有了实质性的动作。〔2〕 在第

〔1〕 鲁传颖:《试析中欧网络对话合作的现状与未来》,载《太平洋学报》2019 年第 11 期。

〔2〕 2016 年 2 月,中国公安部接到美国国土安全部移民与海关执法局的通报,称移民与海关执法局波士顿分局在工作中发现一个可能位于中国境内的嫌疑人涉嫌在互联网上大量传播儿童淫秽信息。根据美方的调查,该嫌疑人拥有多个淫秽网站的 VIP 身份,美方怀疑其有性侵儿童的行为。中美打击网络犯罪及相关事项高级别联合对话机制建立以来,两国执法机构在线索协查、案件协作方面取得一系列进展。此次接到美方通报后,公安部立即部署相关省市对通报线索进行调查,迅速锁定并抓获了涉嫌在网上传播儿童淫秽信息的犯罪嫌疑人孙某,以及涉嫌性侵、猥亵儿童并制作淫秽信息的犯罪嫌疑人黄某。在对两名嫌疑人的电子设备进行勘验时,中国警方发现了大量在网上传播儿童淫秽信息、交流性侵儿童经验的线索,并立即将侦查发现与到案嫌疑人交流儿童淫秽信息的境外线索通报美方,供其开展侦查工作。

二次会议中更是达成7项成果,[1]将合作领域扩展到网络知识产权窃密、网络传播儿童淫秽信息、不正当适用技术和通信帮助暴力恐怖活动、电子邮箱和钓鱼网站等网络诈骗、网络贩枪等数个新领域。中美之间在打击网络犯罪方面的高级别对话受到全球瞩目,国际刑警组织全球网络犯罪专家组专家金波彼时也认为:在下次对话中,中美双方可以在线索排查、证据交换、案件侦查方面进一步加强合作,为全世界各国警察执法部门在打击同类案件中做出典范。"[2]第八轮中美战略与经济对话框架下战略对

[1] 第一,桌面推演。双方认可2016年4月举行的网络安全桌面推演,认为推演内容充实,富有成效。双方决定在下次对话前就网络犯罪和网络保护场景举行第二次桌面推演。第二,热线机制。双方决定实施《中美打击网络犯罪及相关事项热线机制运作方案》,并就热线的范围、目标和程序达成一致。中美决定在2016年9月前测试热线机制。第三,网络保护。中美双方决定继续加强在网络保护方面的合作。双方决定于2016年8月在中国举行网络安全保护工作层面专家研讨会。今后专家将继续定期会晤并在高级别对话中向部长们报告。第四,信息共享、案件合作和资源。中美双方决定加强关于网络犯罪及其他恶意网络行为的协查和信息请求的交流;继续就网络犯罪调查和双方共同关心的网络事件进行信息分享和开展合作;就如何加强双方刑事司法协助信息交流和处理召开研讨会;定期共享网络威胁信息,包括加强恶意软件样本及相关分析报告的共享。双方认识到增加人力和资源解决网络犯罪威胁的重要性,将进一步强化联络机制和各自负责刑事司法协助约定的中央主管机关。双方讨论了用于向外国执法部门提出的包括电子证据在内的紧急协助请求提供帮助的24/7高科技国际联络点网络。第五,利用网络实施的犯罪案件。双方致力于优先就以获取经济利益为目的网络知识产权窃密案件进行合作。在打击网络传播儿童淫秽信息、不正当使用技术和通信帮助暴力恐怖活动、电子邮箱和钓鱼网站等网络诈骗、网络贩枪4个领域开展合作。双方决定于2016年在中国召开针对不正当使用技术和通信帮助暴力恐怖活动的研讨会。美中双方决定制订行动计划,以应对电子邮件诈骗案件带来的威胁。第六,中美网络空间国际规则高级别专家组会议。双方就中美网络空间国际规则高级别专家组首次会议进行了讨论。第七,第三次高级别对话。双方计划于2016年下半年在华盛顿举办下一轮对话。参见中华人民共和国国家互联网信息办公室:《第二次中美打击网络犯罪及相关事项高级别联合对话取得七项成果》,中华人民共和国国家互联网信息办公室网,http://www.cac.gov.cn/2016-06/15/c_1119050375.htm。

[2] 中华人民共和国国家互联网信息办公室:《中美网络安全执法合作成果初显 让网络犯罪分子难逃法网》,载国家互联网信息办公室网,http://www.cac.gov.cn/2016-06/14/c_1119040437.htm。

话成果清单中对网络安全议题指出：欢迎去年12月中美首次打击网络犯罪及相关事项高级别联合对话的成果，决定在此基础上继续实施打击网络犯罪及相关事项的指导原则，合作打击包括黑客攻击在内的恶意网络行为。[1]然而自特朗普政府主政以来，中美之间的此项对话机制陷于停滞，至今未能取得进一步的合作成果。

中美之间的打击网络犯罪合作之所以如此受到关注，原因在于两国如何走网络犯罪合作治理的道路将对全球合作有着重要的示范作用。外交部军控司司长王群也曾指出中美共同推动网络空间全球治理目标的必要性，[2]中美之间通过点对点的合作可以带动面对面的合作，消解网络犯罪治理政策方面的体系分歧，为更广泛的国际治理机制的实施消除障碍。近年来，美国因政府换届导致其对外政策变化极大，中美之间打击网络犯罪的高级别对话也不再运作。在特朗普政府执政时期，中美打击网络犯罪合作的可能性极低，如今甚至存在诸多争端。如亚当·弗格森提出的，将国家之间的相互敌视看作促使社会在各个领域取得成就的动力来源的观点，[3]美国在过去一个世纪正是其践行者，对于西方政治家来说，使一个国家的社会内部不断处于冲突和面临外来威胁状态，将有助于维持这个国家的社会生活并刺激人们的

---

〔1〕 中华人民共和国国家互联网信息办公室：《第八轮中美战略与经济对话框架下战略对话具体成果清单》，载国家互联网信息办公室网，http://www.cac.gov.cn/2016-06/08/c_1119008640.htm。

〔2〕 参见中华人民共和国外交部：《外交部军控司司长王群在〈赫芬顿邮报〉发表署名文章：〈共同的利益和责任：中美应携手推动基于规则的全球网络空间〉》，载外交部官网，https://www.fmprc.gov.cn/wjbxw_673019/201605/t20160512_382246.shtml。

〔3〕 Adam Ferguson, *An Essay on the History of Civil Society*. Edinburgh: Edinburgh University Press, 1966, p. 178.

创造性。[1]

当前中美网络争端更多来自美国对中国治理模式的全面否定和抵制,而中国对多利益攸关方模式则开放与宽容得多。因此,推进中美基于规则的互信,中方要更系统、全面地向外界阐释其治理模式与理念,美方也要对中国治理模式给予真正的理解。[2]当存在新的合作契机时,中美重开打击网络犯罪的谈判将是势在必行的。事实上,即使是在特朗普政府上台后,两国之间在非政府层面仍存在交流,例如2017年由中国网络空间研究院、美国布鲁金斯学会联合主办的互联网国际高端智库论坛,即以"网络空间新型大国关系"为主题,深入探讨构建网络空间新型大国关系的原则、路径与实践,交流大国在网络空间国际规则制定中应发挥的作用,思考智库在全球互联网发展以及网络空间新秩序建立中的作用,为构建网络空间新型大国关系提供智力支撑,助力打造网络空间命运共同体。新型大国关系在网络治理议题中的引入,将直接影响全球网络空间治理议程的进度。网络犯罪问题作为网络空间治理的核心议题之一,其议题的紧迫程度更易激发各方的合作动力,在大国关系之间建立更好的合作示范。在契机合适时,中国需要积极主动与美国继续展开打击网络犯罪的双边合作,更进一步寻求将此种合作上升为双边协定形式,确保两国之间在该议题方面的合作不因政治因素的更替而频繁受到干扰。

(二)网络犯罪治理中对他者的话语关怀

通常而言,在一定的社会、文化背景下,本应存在较为稳定的

---

〔1〕 Rodney Barker, *Making Enemies*. Hampshire: Palgrave Macmillan, 2007, p. 19.

〔2〕 张明:《中美共商网络空间国际规则》,载《光明日报》2016年5月9日,第12版。

犯罪率表征，传统犯罪即在此种犯罪率的基础上呈现规律性变化。网络犯罪脱离于传统的基本犯罪率成为一种新的情势，此种情势所直接关系的方面即社会治理体系是否有意回应网络犯罪问题，经济发展水平以及警方专业能力与此种意向紧密相关，经济发展水平越高、警务部门业务能力越强，社会治理体系打击网络犯罪的意向就更为坚定且有效。从这个角度来说，在话语交互中，当前网络犯罪国际法治理体系的民主性欠缺主要来自发展中国家。中国在提升网络犯罪国际法治理方面需要重视对发展中国家的话语关怀。发展中国家如今开始更多成为网络犯罪治理的受害者，这说明有必要在这些国家加强犯罪预防工作。[1]然而因技术能力与法律体系的缺失，发展中国家在国内法治理方面尚且自顾不暇，更遑论顾及网络犯罪的国际法治理议题。中国自积极参与国际事务以来，与广大的发展中国家建立了良好的关系，未来中国在网络犯罪治理中的话语彰显也将依赖这些良好关系。

中国在运用发展网络技术方面无疑是幸运的，21 世纪以来中国的发展甚至极大地受到网络技术便利性的促进，依托网络技术的电商将中国的贸易水平提升至更高层次。恰当的政策引导使中国得以抓住互联网发展的机遇期，在网络技术方面取得一定程度的先发优势，从与其他网络技术发达国家的博弈角度来说，中国需要首先顾及自己在网络犯罪治理中的核心立场，但从网络技术不独属于网络技术先发国家的角度来说，中国需要兼顾尚处于发展中国家的未来关切。此问题所涉及的不仅仅是中国需要维护网络犯罪治理的话语权，更在于中国对于发展中国家互联网话语权的关切，换一个角度来说，关切发展中国家网络犯罪治理立场即是中国网络犯罪治理话语权的另一重彰显。

一方面，当前一些贫困国家的网络发展程度还较低，对于此

---

〔1〕 See UNODC, *Comprehensive Study on Cybercrime*, p. XVIII.

类国家,网络犯罪治理甚至并非其当前需要考虑的议题。其中尤其以非洲国家中比较落后的国家为主,此类国家尚未建立起广泛覆盖的互联网络,物理社会价值向互联网的转移不充分,网络因素作为犯罪目标及平台的价值不大,但此类国家今后的发展将势必依赖于网络建设,更易成为未来网络犯罪的避风港。因此对于发展中国家而言,相比于网络犯罪治理,其在一定程度上更关心网络发展议题。国际电联与教科文组织建立的数字发展宽带委员会指出,没有接入互联网的地区丧失了前所未有的经济机遇和社会福利。

另一方面,当前更多发展中国家已有一定程度的网络发展水平,但在网络犯罪治理方面缺乏有效的技术和经验。此种情形常见于互联网已实现较广泛覆盖,但网络安全能力、安全意识有待增进的发展中国家。发展中国家的互联网用户经常面临网络安全意识较低带来的风险,使之更易遭到未授权访问、网络钓鱼、身份盗窃等犯罪行为的伤害,[1]并且发展中国家的执法机关通常并不能够识别非法入侵一类的网络犯罪行为,不仅此类国家自身深受其害,而且其自身也可能成为其他地区网络犯罪的避风港。对此,诸如首尔会议等议程已经注意到提升发展中国家网络安全能力对于全球网络犯罪治理的必要性。

对于中国来说,提升网络基础设施欠发达国家的网络普及水平,进而削减数字鸿沟,对从发展水平、警务能力等内在角度来增进发展中国家打击网络犯罪的意愿与能力有极大帮助,这将是治本之策。互联网经常被视作更多受到私营部门的驱动,通过与私营部门合作,政府可以发挥公共部门政策领导作用,并通过向基

---

〔1〕 Grobler M., et al., *Evaluating Cyber Security Awareness in South Africa*, 2010, In: Ottis, R. (ed.). The Proceedings of the 10th European Conference on Information Warfare and Security. Talinn: Cooperative Cyber Defence Centre of Excellence. 2011.

础设施和服务设施进行直接投资来促进互联网发展。这一事务同样可以适用于鼓励本国互联网企业(基础设施层、服务层)企业走出去,这也是中国对发展中国家话语关怀的切入点。通过网络基础建设增进此类国家对网络事务国际治理的关注度,进而增进对网络犯罪治理事务的关注度以及对中国理念的接受度;此外,中国在网络犯罪治理能力方面也需要对发展中国家予以协助,支持发展中国家构建起网络犯罪侦查、防范、合作能力,从外部援助的角度快速增进发展中国家打击网络犯罪的能力,这将是治标之策。当前,世界各国普遍仍在探索有关网络犯罪的侦查、司法措施创新,其中已经显现出一些良好的全新取证技术,以及被证明为有效的立法、执法、司法实践经验。虽然各国在网络犯罪的基本情形方面存在差异,至少在具有普遍危害性的实体罪名以及程序性规则方面,中国依然可以提取自身的经验、技术,与发展中国家展开交流合作,例如中国就在打击危害公民个人信息和数据安全违法犯罪方面建立长效机制,[1]在总结此类经验的基础上,中国可以通过执法、司法培训班等形式增进经验交流。

四、小结

本章内容主要阐述当前网络犯罪国际法治理体系中的中国话语权,中国作为世界上最主要的网络大国之一,在该体系下寻求话语权,既是中国作为国际社会一分子的责任所在,同时是本国网络利益维护措施的国际性延伸。本章主要涉及内容如下。

1. 中国参与网络犯罪国际法治理体系,首先需要确立值得支持的治理理念。我国在国际社会层面提出“人类命运共同体”的

[1] 中华人民共和国公安部:《公安部、中央网信办牵头建立跨部委打击危害公民个人信息和数据安全违法犯罪长效机制 联合打击整治侵犯公民个人信息违法犯罪活动》,载公安部官网2020年4月15日,https://www.mps.gov.cn/n2254098/n4904352/c7140709/content.html。

治理理念，目前已经在国际社会的各个方面生根发芽，在网络空间治理中也已经有“网络空间命运共同体”的提法，我国需要充实该概念的内涵，从主权、共治、普惠等方面出发，将网络命运共同体理念贯彻到网络犯罪国际法治理体系中。

2. 中国参与网络犯罪国际法治理体系，其次需要扮演好发声者的角色。在EVLN四种角色中，作为发声者参与治理体系是中国的当然选择，在面对各个国家所扮演的忠诚、退出、忽视等不同角色时，我国需要能够辨识并有针对性地采取应对措施。当中国作为发声者时，更需要注重推进更多新议题，而非单纯附和他国提案；此外，还需要概括并传播我国在网络犯罪治理中的经验，吸引更多国家（尤其是发展中国家）支持我国的治理举措。

3. 中国参与网络犯罪国际法治理体系，最后需要以更妥当的方式与他国进行交互。其中与大国关系的协调，以及对发展中国家的关怀是更为重要的方面。在前者中，中国与美国之间有机会在已有实践的基础上，建立极具示范性的网络犯罪治理国家间合作范本，未来加强中美网络犯罪治理交流意义重大。在后者中，可以从公权力部门间的治理合作，以及私营部门间的发展合作入手，使发展中国家的社会发展在受益于互联网技术的同时，也使之可以更好地参与并贡献于全球的网络犯罪治理活动。

后　记

网络犯罪问题日趋严重，这是全球范围内的共识。从人类社会真正认识网络犯罪问题开始，迄今不过三十余年，我们对网络犯罪问题的研究尚且浅薄，人类社会因网络犯罪所遭受的损失不可谓不多，我们赖以构建国际秩序的主权原则此时则成为隔绝犯罪治理合作的高墙。从事物发展的规律来说，网络犯罪必须得到治理，全球国家必然需要在网络犯罪治理问题上实现合作，然而我们的研究进度还没有跟上网络犯罪问题的客观发展状况。如果能够在这一问题上有所推动，无疑将是本书的极大荣幸，这也是我研究此选题的一些私心：恰如孩童，能够在沙滩上留下一些脚印，便已经欣喜不已。

对于网络犯罪的国际法治理，若以一言概括之，我会将其评价为“道阻且长”。国际社会其实是重视网络犯罪问题的，但是在国际形势大发展大变革大调整时期，国家间的冲突越来越多，且此种龃龉并非一日之寒，我们不能奢望前路坦途。在如此背景下，网络犯罪国际法治理只能走“顺势而为”的道路，简言之，重视国际关系中的现实主义。我一贯的研究思路都重视以现实主义视角分析问题，或许单纯的规范视角可以找到网络犯罪治理的应然（ought to）状态，可以有效揭示问题的终点，但是在国际社会环境中，起点与终点之间没有“两点之间直线最短”的简洁状态，两点之间只有无尽的猜忌与博弈，这源于国际社会无政府状态引发的混乱，恰如卢梭与洛克所描述的“自然状态”。为了在两点之间构建联系，我们必须要运用现实主义视角，从博弈的状态中去推导我们有可能经由何种路径达成何种程度的折中，即使此种路径可能是“九曲十八弯”的状态。针对网络犯罪国际法治理来说，终点已经相当明确（全球范围内具有约束力的国际法文本），但联结两点之间的路径仍未畅通。一些区域和组织已经进行了此种尝试并取得进展，却并非国际社会“共治”意义上的路径；联合国也投入许多精力，至今仍尚未形成有约束力的文本。值得庆幸的是，联合国目前已就这一问题展开文本商讨，可谓曙光初现，至于此种文本如何获得通过、如何生效以及未来将有多少缔约国，如此种种，前路不可谓不崎岖。

本书就这一主题下的部分问题做了初步探讨，视角自然是偏向现实主义的，但在分析过程中，时常感觉力有不逮，作者已在能力范围下尽力做到最好，不完善之处请诸位读者见谅。期待未来这一问题上，国际社会可以经由路径与目标的协调，达成国际道德与国际政治的调和。

本书系我的博士学位论文研究成果，主体内容成稿于博士攻读其间，回顾本书写作期间的诸种过往，有所成也有所憾，有幸走过一遭，也不枉走过一遭。此间道路对于身处其中的每个人而言都不是一件可以拿来比较的事情，每个人都在以不可复制的方式探索这条道路。

在我的经历中，其间过程，耗费六分心力，三分气力，一分洞察力。五分心力可定心神,在写作过程中,自我怀疑实为常态:选题是否有价值、行文逻辑是否周密顺畅?修改意见如何理解?诸如此般疑虑反复涌现、从不间歇,此类疑问未必可以寻得答案,也唯有靠六分心力支持,在自我怀疑中坚持前行,方才能守得云开见月明,最终找到所做事情的价值;三分气力可成血肉,写作过程烦琐无比,反复查证、持续跟进,皆是科研常态,也是经此一役,我才体会到健康的身体对于高质量地完成工作而言是何等重要,成就此两分气力既需要一时气魄,也需要一世健康;一分洞察力可以点睛,所谓洞察,也不过是一点灵性,若无前述九分努力,这一点灵性也是不得头绪,然而当此一点着墨于龙睛之上,方知何为有神,量变到质变正在于此一点,于日常行路、饮食、起居中不断琢磨,所为便是这一点灵感乍现。如今,终于要面临付梓,即使有十分付出,也难平忐忑之心,时常深感力有不逮,本书截至此后记撰写之时,瑕疵不可谓不多,然而其间倾注心血的写作经历,以及对于我心力、气力、洞察力的磨炼,未尝不是无价之宝,暂且于此后记中留存一丝念想,且观日后成长。

本书得以付梓,非我一人之力可以完成,身边有诸多良师益友搀扶相助,才使我可以颤颤巍巍地走完此段行程。

本书有幸得到法律出版社的青睐,以著作形式出版,幸甚至哉。法律出版社编辑们对待文字的严谨态度,让我深受感动,在此向法律出版社以及魏艳丽等编辑致以谢意。

在本书的写作之路上,第一件值得庆幸的事情,便是有幸可以不间断地完成学业。连续的科研学习经历使我如鱼得水,得以心无旁骛地在科研道路上前行,此间幸事首先便要感谢我的导师——蔡高强教授。作为我科研路上的引路人,老师的悉心指导对于我而言,正如甘霖之于新芽。正是因为老师在我科研道路上的独特意义,我将"老师"一词作为特称来指代导师,当我在日常中称及"老师",那必是我的恩师蔡高强教授。老师为人导师,不只是授业解惑。居于授业解惑之先的必是传道,老师于我而言,首先便是传道之师,其中两方面对我影响尤其深远。其之一者,在为学之始,我的研究方向便确定为网络空间国际法,这是老师在知悉我的兴趣之后,极力支持我确立的研究方向,此方向与导师的研究方向并不一致,对于老师来说,显然指导难度更甚以往。如今我已从最初的忧虑、自我质疑中走出,得以初窥此领域的门径,也更加感激老师一如既往地支持我进入这一领域。老师的鼓励使我明白,研究之道无可无不可,若能从心,兼之以恒心,必有所成。其之二者,在为学之前,我常深感积累不足,暗下决心要广泛涉猎,老师则反复交代要动手写作,并给予我写作任务进行锻炼,正是老师让我明白,坐而思不如起而行,若想有所成就,则必定是行以致知。倘若如今还如古人一般以号铭志,那我便是以"行知"为号,老师所授此道值得我终生去践行。本书成稿也承蒙老师指导,老师提出的大量详尽修改意见使我战战兢兢、汗如雨下,也督促我以敬畏之心对待本书的每一行、每一句。

本书的诸多观点也是在与诸位同辈的切磋琢磨中锤炼出来的,在此感谢刘功奇、刘明萍、魏远山、孔凡琛几位博士,感谢以上各位在本书观点成型过程中给予的帮助。对我而言,诸位亦师亦友,与诸位谈天侃地的时光历历在目,好不快哉!愿诸位前途似锦!

在本书写作期间,父母给予的支持是我心中的定心石,在任何时候父母的支持都让我觉得无比温暖。最后,向我的另一半唐熳婷致以谢意,当一个人心有所属,便会更努力地与这个世界较真,这般较真,既是为了这个人,也是因为明白,即使在较真的路途上疲惫不堪,也可以被这个人抚慰。

焦园博

2023 年 4 月